U0499700

浙江理工大学学术著作出版资金资助（2024 年度）

全球价值链嵌入下稳增长的实现机制研究

——基于双循环视角

文　武　程惠芳　袁佳煜　著

中国财经出版传媒集团

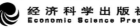

经济科学出版社
Economic Science Press

·北京·

图书在版编目（CIP）数据

全球价值链嵌入下稳增长的实现机制研究 ： 基于双循环视角 / 文武，程惠芳，袁佳煜著 . -- 北京 ： 经济科学出版社，2024.7. -- ISBN 978 - 7 - 5218 - 6184 - 6

Ⅰ . F113

中国国家版本馆 CIP 数据核字第 2024LM9918 号

责任编辑：李　雪　袁　溦
责任校对：刘　娅
责任印制：邱　天

全球价值链嵌入下稳增长的实现机制研究
——基于双循环视角
文　武　程惠芳　袁佳煜　著
经济科学出版社出版、发行　新华书店经销
社址：北京市海淀区阜成路甲 28 号　邮编：100142
总编部电话：010 - 88191217　发行部电话：010 - 88191522
网址：www. esp. com. cn
电子邮箱：esp@ esp. com. cn
天猫网店：经济科学出版社旗舰店
网址：http: //jjkxcbs. tmall. com
固安华明印业有限公司印装
710 × 1000　16 开　19.5 印张　270000 字
2024 年 7 月第 1 版　2024 年 7 月第 1 次印刷
ISBN 978 - 7 - 5218 - 6184 - 6　定价：96.00 元
（图书出现印装问题，本社负责调换。电话：010 - 88191545）
（版权所有　侵权必究　打击盗版　举报热线：010 - 88191661
QQ：2242791300　营销中心电话：010 - 88191537
电子邮箱：dbts@ esp. com. cn）

本书系

国家社会科学基金项目

全球价值链嵌入下"稳增长"的实现机制及策略研究

（18JCL011）

浙江省自然科学基金项目

基于全球价值链分工结构的国际经济周期传导机制、

传导效应及其优化对策研究

（LQ18G030015）

浙江省哲学社会科学规划项目

全球经济周期波动加剧背景下中国参与全球价值链分工

结构的优化策略研究

（18NDJC231YB）

的阶段性研究成果

前言

当前，世界经济波动性上升，不稳定不确定性突出，导致积极参与全球价值链（global value chain，GVC）分工的中国经济在共享全球化利益的同时，更是陷入外部冲击输入不断加剧的困境，对稳增长造成严重危害。在此背景下，若仅着力于对内反周期宏观调控而忽视立足于价值链干预外界经济周期输入，则可能弱化宏观调控效果而难以实现经济维稳目标。因此，迫切需要探求 GVC 嵌入下的稳增长实现机制。

本书从双循环视角出发，进行了三个层面的理论和实证分析。首先，通过分析 GVC 分工参与和地位对国际经济周期同步化的作用，厘清 GVC 对稳增长的潜在危害以及经济维稳可行路径，基于此从外循环视角探究 GVC 嵌入下的稳增长实现机制；其次，通过分析内需主导型 GVC 对经济周期同步性的影响，以及 GVC 分工内需主导化对经济波动的作用，厘清 GVC 分工需求导向与稳增长的关联，进而从外循环和内循环融合的视角探究 GVC 嵌入下的稳增长实现机制；最后，通过分析国内价值链参与和国内价值链长度对稳增长的影响，从内循环视角明晰 GVC 嵌入下的稳增长实现机制，为我国在日益严峻的全球经济环境下实现经济平稳较快增长提供了理论依据与政策抓手。研究发现：

第一，参与 GVC 分工会驱动一国经济在收敛于国外经济上行的

1

同时高度同步于国外经济下行,危害经济平稳增长,但发展中国家嵌入 GVC 分工仅能驱动其经济同步于国外经济下行。与之不同,我国参与 GVC 分工导致国家经济脱离国外经济上行并同步于国外经济下行,原因在于以后向嵌入为主参与 GVC 分工引致中间品高比例进口,进而替代本国附加值产出并加剧外界风险输入。

第二,提升 GVC 分工地位可使一国经济同步于世界经济上行并脱离世界经济下行,进而改善国际经济周期传导效应,是经济增长的重要稳定器。从提升路径来看,以资本密集型中间品对外供应为主导推动 GVC 分工地位提升,会明显弱化该稳定器的作用,发展中国家采取了这一分工地位提升路径,导致经济稳增长效果不佳,相反,以技术密集型中间品对外供应为主导提升 GVC 分工地位,是稳增长的更优路径。GVC 分工地位提升同样是我国经济增长的稳定器,并且能够更大化驱动国家经济紧跟发达国家经济上行并脱离发达国家经济下行。

第三,深化内需主导型 GVC 将通过转换附加值创造的动力结构,带来宏观经济独立于国外经济下行的利益及脱离国外经济上行的弊端,但利大于弊,有助于改善国际经济周期传导效应,然而利用中间品环节外包建立内需主导型 GVC 将抑制上述经济独立利益。同时,深化内需主导型 GVC 分工可通过增强内生增长动力的途径加快经济增长,从而弥补以上弊端。另外,随着内需主导型 GVC 不断深入,GVC 分工的内需主导化也可有效抑制经济波动,进而稳定经济增长,并且当 GVC 分工参与度较高时,这一作用尤为明显。

第四,参与国内价值链不仅能对稳增长产生直接促进作用,同时也可通过缓解全球价值链参与带来的高复杂度中间品进口而间接稳增长,当深入参与 GVC 分工时,国内价值链对稳增长的直接和间接促进作用更大。同时,推动国内价值链长度延伸也能显著降低我国经济波动水平进而稳增长,并且当 GVC 分工地位较高时,这一积极作用更为显著。

因此,要在全球价值链嵌入下实现稳增长,我国须加快优化价值链分工嵌入战略。首先，转变以后向嵌入为主的 GVC 分工参与方式，缓解各产业部门中间品进口；其次，大力提升 GVC 分工地位，并基于分工地位提升路径的稳增长效果差异和我国现实情况，合理定位提升策略；再次，深化内需主导型 GVC 分工，减少中间品环节外包，加快构建以内需为主导的国际分工体系；最后，完善国内价值链分工网络，延伸国内价值链长度，大力培育稳增长的内源动力。

　　本书的贡献体现在以下几个方面：一是以价值链分工及国际经济周期传导为切入点研究稳增长问题，交叉融合已有热点；通过对经济周期进行区间分解，使得国际经济周期同步规律可与一国经济增长的平稳性相联系，进而将已有研究范围由价值链分工下的经济周期传导与同步化规律拓展到稳增长。二是建立价值链嵌入下稳增长实现机理的分析框架，从 GVC 分工参与和地位、内需主导型 GVC 分工、国内价值链三个方面展开理论分析，明晰了价值链分工下的利益获取与风险抵御可行路径，从而跳出价值链和稳增长互斥的研究范式，揭示稳增长的具体实现机理。三是基于跨国和中国数据的多维实证分析，明晰了 GVC 嵌入下的稳增长实现机制，据此构建了价值链嵌入战略的优化方案与政策举措，为中国解决经济波动风险与下行压力增大的问题提供了新思路。四是完善 GVC 分工参与和地位的测度方法，建立内需主导型 GVC 和内循环下国内价值链长度的识别方法，并形成识别国际经济周期同步化水平区间差异的方法，为同类研究提供了可选择的实用统计工具。

作者

2024 年 6 月

目 录

一、绪　　论

（一）研究背景与意义

　　保持经济平稳增长是当前宏观调控的首要目标，也是稳定国家经济社会发展大局的重要保障，"十四五"规划更是强调要确保经济运行在合理区间，将经济平稳增长作为经济高质量发展和建成社会主义现代化强国的根基。然而，当前世界经济波动性上升，不稳定不确定性突出，导致积极参与全球价值链的中国经济在共享全球化利益的同时，更是陷入外部冲击输入不断加剧的困境，经济波动与下行风险加大，对稳增长造成了严重危害。在此背景下，若仅着力于对内反周期宏观调控而忽视立足于全球价值链干预外界经济周期输入，则可能弱化宏观调控效果而难以实现经济维稳目标。因此，迫切需要探求GVC嵌入下的稳增长实现机制，以使中国在更大化获取全球化利益的同时，尽可能遏制外界风险输入，进而实现经济持续稳定增长。然而在现有研究框架下，学者们多认为参与GVC将加剧外界冲击输入从而提升经济波动风险，导致政策往往在主动参与、推进经济全球化与稳增长目标之间顾此失彼。因此，跳出已有研究范式，探求GVC嵌入下的稳增长实现机制和策略，不仅可为中国在日益严峻的外部环境下保持经济稳定提供理论与经验支撑，更能为提升经济发展质量、加快建设社会主义现代化强国打下坚实基础。

　　当前，学界从外循环视角入手，对稳增长的实现机制（Bezemer

et al., 2016；陈彦斌和刘哲希, 2017；王志刚和黎恩银, 2022)、GVC 分工引起的国际经济周期传导及同步化规律 (NG, 2010；Johnson, 2014；唐宜红等, 2018；邵宇佳和刘文革, 2020；Wang et al., 2022) 等问题进行了细致探讨, 但仍存在以下不足: 一是以往研究多关注国内因素的稳增长作用, 未能从经济周期传导入手探求稳增长实现路径, 而在日益严峻的外部环境下, 常规稳增长手段捉襟见肘; 二是 GVC 有着极强的外界风险传输能力, 但尚未有研究揭示 GVC 分工下的稳增长实现机制, 在当前中国积极参与 GVC 的背景下, 该领域研究更具学术及应用价值; 三是已有国际经济周期分析框架仅关注 GVC 参与度而未考虑分工地位因素, 进而普遍认为参与 GVC 必然加剧外界经济波动输入, 使一国经济走势愈发同步于国外经济周期, 在此情形下, 经济 "稳定" 与 "增长" 不可兼得, 稳增长难以实现, 同时, 在我国加快构建内外 "双循环" 新发展格局的背景下, 已有研究更是忽视了内需主导型 GVC 分工以及国内价值链的重要作用, 无法为我国干预外界经济周期输入、保障稳增长提供决策参考。

鉴于此, 本书从双循环视角切入, 首先, 通过分析 GVC 分工参与和分工地位对国际经济周期同步化的作用, 厘清 GVC 对稳增长的潜在危害以及经济维稳可行路径, 基于此从外循环视角探究 GVC 嵌入下的稳增长实现机制; 其次, 通过分析内需主导型 GVC 分工对经济周期同步性的影响, 以及 GVC 分工内需主导化对经济波动的作用, 厘清 GVC 分工需求导向与稳增长的关联, 进而从外循环和内循环融合的视角探究 GVC 嵌入下的稳增长实现机制; 最后, 纳入对国内价值链的考虑, 通过分析国内价值链参与和国内价值链长度对稳增长的影响, 从内循环视角明晰 GVC 嵌入下的稳增长实现机制, 进而为我国在日益严峻的全球经济环境下实现经济维稳提供理论依据与政策抓手。本书的理论和应用价值如下。

1. 理论价值

在 GVC 嵌入下实现稳增长, 须优化价值链嵌入战略, 进而发挥其利益获取与风险抵御的双重作用，改善国际经济周期传导效应，使经济增速稳定在较高水平，已有研究无法解释该问题。本书的理论价值有：

第一，跳出 GVC 与稳增长互斥的研究框架，从价值链分工结构战略性优化的视角形成稳增长新思路。

第二，基于利益获取与风险抵御，将价值链分工、外部波动传导同经济增长的平稳性有效衔接，形成稳增长理论分析框架，丰富国际经济周期与经济增长理论。

第三，在实证研究中，改进 GVC 分工参与度和地位的度量方法，建立内需主导型 GVC 和纯国内价值链长度的测度方法，并构建识别国际经济周期同步化水平区间差异的方法，为后续研究提供可选择的工具。

2. 现实意义

本书通过构建全新分析框架，从经济周期传导入手研究稳增长问题，既能解释中国以往发展经验的不足，也能发现当前稳增长面临的困难与障碍，对未来发展更有重要指导意义。

第一，在常规逆周期调节手段效果显著减弱的背景下，本书从价值链嵌入战略优化的视角，为稳增长的长效政策工具构建提供参考。

第二，探寻价值链嵌入下的稳增长实现机制，不仅为中国在日益严峻的外部环境下保持经济平稳运行提供理论与经验支撑，也为提升经济发展质量、加快建设社会主义现代化强国打下基石。

第三，从 GVC 分工参与和地位、内需主导型 GVC 以及国内价值链三个方面，构建价值链嵌入战略优化方案及相应政策体系，为我国稳增长政策实践提供依据。

（二）研究目标

本书的总体研究目标是从理论和实证两方面，探求并明晰 GVC

嵌入下稳增长的实现机制和策略。具体包括：

第一，形成两类测度方法，准确识别我国和贸易伙伴的特征事实。基于价值分工结构及其变动趋势、国际经济周期同步等特征事实识别、归纳中国经济波动与下行压力加大的原因，为稳增长实现机制研究提供数据与事实基础。

第二，形成稳增长理论分析框架，结合多维实证揭示保障经济平稳增长的具体机制。构建价值链分工结构与稳增长有效衔接的理论分析框架，结合多维实证研究，明晰价值链分工参与下的稳增长实现机制，为政策体系构建提供经验支撑。

第三，构建稳增长政策体系，为政策制定部门提供参考。以干预外界经济周期输入进而改善国际经济周期传导效应为目标，提出价值链嵌入战略的优化方案及相应政策体系，为国家制定稳增长政策提供新思路，同时也为经济高质量发展、建设社会主义现代化强国等目标的实现提供决策参考。

（三）研究思路

本书沿着"特征事实识别→理论机理分析→实证机制挖掘→政策体系构建"的思路展开研究。

第一，特征事实识别。首先，基于王直等（2015）建立的贸易流量分解模型，在对贸易附加值的来源和去向进行准确识别的基础上，建立 GVC 分工参与度测度方法，并通过剔除初级品生产部门附加值，建立 GVC 分工地位测度方法；其次，引入识别经济周期区间（繁荣期和萧条期）的虚拟变量，形成测度国际经济周期非对称同步的方法；最后，借助 MATLAB 软件、多版本世界投入产出表（WIOD、ADB－MRIO）和宏观统计数据，对中国和各贸易伙伴参与 GVC 分工以及国际经济周期同步的特征、变动趋势进行分析，为本书的理论和实证研究提供特征事实基础。

第二，理论机理分析。首先，基于外循环视角，在分解经济"繁荣"和"萧条"区间的基础上，联系一国在 GVC 分工下的附加值利益获取及风险抵御能力，分析 GVC 分工参与、所处分工地位和国际经济周期同步化的关联机理；其次，基于外循环和内循环相融合的视角，从附加值生产的动力结构转换切入，研究内需主导型 GVC 对经济周期同步化的作用机理，并联系贸易模式变动，分析 GVC 分工内需主导化作用于经济波动的具体机理；最后，基于内循环视角，研究国内价值链参与、国内价值链长度和稳增长的理论关联。据此在理论上明晰 GVC 嵌入下的稳增长实现机理。

第三，实证机制挖掘。首先，利用 2000~2021 年 42 国跨国双边维度面板数据，基于经济周期区间分解从多维视角考察 GVC 分工参与和分工地位对国际经济周期同步性的影响与机制，解明 GVC 对稳增长的危害、成因及经济维稳可能性与条件；其次，延续上述实证分析数据和思路，考察内需主导型 GVC 对经济周期同步性的影响，并利用跨国—行业高维面板数据，研究 GVC 分工内需主导化对经济波动的影响与机制，进而基于 GVC 分工的需求导向明晰稳增长可行路径；最后，基于我国省份—行业维度面板数据，实证考察国内价值链分工参与和国内价值链长度对稳增长的影响机制，剖析国内分工体系对经济维稳的作用。据此在实证上明晰 GVC 嵌入下的稳增长实现机制。

第四，政策体系构建。结合理论与实证分析结论，联系国际经验借鉴，从 GVC 参与和分工地位、内需主导型 GVC 以及国内价值链三个方面，形成价值链嵌入战略的优化方案，并构建相应政策体系，以改善国际经济周期传导效应，保障稳增长。同时，鉴于 GVC 分工地位提升是稳增长的关键举措，本书还结合我国产业数字化转型战略，从数字技术应用水平和嵌入环节两个方面，提出促进 GVC 分工地位赶超、保障稳增长的对策建议。

（四） 创新点

第一，以价值链分工及国际经济周期传导为切入点研究稳增长问题，交叉融合已有热点；通过对经济周期进行区间分解，使得国际经济周期同步规律可与一国经济增长的平稳性相联系，据此明晰了国际经济周期传导效应，为价值链分工与稳增长之间的关系研究奠定了基础，进而将已有研究范围由价值链分工下的经济周期传导与同步化规律拓展到稳增长。

第二，建立了价值链嵌入下稳增长实现机理的分析框架，从 GVC 分工参与和地位、内需主导型 GVC 分工、国内价值链三个方面展开理论分析，揭示价值链分工下的利益获取与风险抵御可行路径，明晰了稳增长的具体实现机理。已有文献多认为参与 GVC 会加剧外界冲击输入进而损害稳增长，本书通过明晰 GVC 分工地位提升、内需主导型 GVC 和国内价值链在夯实内部增长动力、抵御外部风险输入等方面的重要作用，跳出了价值链和稳增长互斥的研究范式，得出了较为新颖的理论分析结论。

第三，基于跨国和中国数据的多维实证分析，明晰了 GVC 嵌入下的稳增长实现机制，据此构建了价值链嵌入战略的优化方案与政策举措，为中国解决经济波动风险与下行压力增大的问题提供了新思路。本书使用多种计量方法对理论分析获得的结论进行实证检验，具体包括 2SLS - Ⅳ（基于工具变量的两阶段最小二乘法）、GMM、OLS、FE、Sobel 检验等，确保了实证分析结论的可靠性。

第四，完善 GVC 分工参与和地位的测度方法，建立内需主导型 GVC 和纯国内价值链长度的识别方法，并形成识别国际经济周期同步化水平区间差异的方法，为同类研究提供了可选择的实用统计工具。具体来说，一方面，在实证研究中，通过去除第三方附加值构建双边 GVC 分工参与度指数，并将经典 GVC 位置指数的度量范围拓展到双边层面，通过排除初级产品部门增加值，构建 GVC 分工地位净变动指数，准确刻画 GVC 分工地位的变动趋势；同时，基于附加值环流特征构建内需主导型 GVC 识别方法，并在剔除中国多区域投入产出表中的国外成分的基础上，构造纯国内价值链长度度量方法，进而有效提升了测度结果的准确性和实证研究结论的可靠性。另一方面，通过引入识别经济周期区间的虚拟变量，构建了刻画国际经济周期同步化水平区间差异的方法，这不仅可识别一国同贸易伙伴在后者不同经济周期区间下的经济周期同步性，还有效提升了对国际经济周期同步化的研究深度。

第五，鉴于 GVC 分工地位提升是稳增长的关键举措，本书进一步联系我国当前大力实施的产业数字化转型战略，构建了数字技术应用水平以及嵌入产业链环节的新型识别方法，通过揭示两者对 GVC 分工地位的影响与机制，为我国合理定位数字化发展战略、实现 GVC 分工地位赶超进而稳增长提供了重要参考。

二、文献综述

　　稳增长相关研究始于学者们对于经济周期成因及对策的认识。西斯蒙第（Sismondi，1819）最早预测了资本主义生产过剩危机，马尔萨斯（Malthus，1836）将此归结为有效需求不足，主张通过促进外贸与非生产性消费以避免经济衰退。其后，以杰文斯（Jevons，1871）及马歇尔（Marshall，1890）为代表的边际学派与新古典学派却认为市场经济会自趋均衡，无须对经济波动进行政策干预。20 世纪 30 年代兴起的凯恩斯主义则主张采取积极的财政与货币政策干预经济周期，但货币学派认为该手段会加剧经济波动。此后受技术革命启发，门施（Mensch，1979）发展了熊皮特的创新周期论，强调创新对突破经济萧条的关键作用。20 世纪 90 年代，国际经济联系不断增强，巴科斯等（Backus et al.，1992）创立国际真实经济周期理论（I–RBC），开始关注外部冲击形成的经济波动，进而将此领域研究视角由"封闭"转向"开放"，研究内容由国内经济周期波动转向国际经济周期传导。

　　后续文献着重探讨国际经济周期的"贸易"与"金融"传导机制，其后几次危机使大批学者意识到经由贸易途径的外界经济波动跨国传导是经济周期的重要成因（Frankel & Rose，1998；Kose & Yi，2001；2006；Baxter & Kouparitsas，2005；程惠芳和岑丽君，2010），近期研究中又区分贸易模式，发现 GVC 分工对外界经济周期的传输作用最强（潘文卿等，2015；唐宜红等，2018；邵宇佳和刘文革，2020），这为理解中国稳增长的实现路径提供了新的理论启示。目前，学者在本领域的研究主要集中在以下五个方面。

（一）GVC 分工和国际经济周期同步的测度方法回顾

1. GVC 分工参与特征的测度

目前，国内外学者大多基于附加值分解模型对各国 GVC 分工的参与特征进行分析。胡梅尔等（Hummel et al.，2001）基于这一方法提出垂直专业化度量方法，成为该领域研究的先驱之一，此后，得益于全球贸易分析项目、世界投入产出表等高度细化的数据库相继发布，基于附加值分解模型分析各国参与 GVC 分工特征的文献不断增多。约翰逊和诺格拉（Johnson & Noguera，2012）从生产分割角度对贸易附加值展开溯源分析，并利用附加值出口比例指标反映出口品的国内、国外附加值构成。库普曼等（Koopman et al.，2010；Koopman et al.，2014）进一步以前向联系为突破口创建出口总值分解模型，将贸易附加值进行了细化拆分，并构建经典的 GVC 分工参与和位置等识别方法，被学界广泛沿用。王等（Wang et al.，2013）、王直等（2015）又纳入对后向联系的考虑将该分解模型深化至双边维度，使出口所包含国内附加值（不回流）、国外附加值、回流附加值和重复统计四类构成部分的来源及流向得以被精准识别，为精准识别双边部门维度的附加值贡献进而明晰 GVC 分工参与特征提供了便利。

后续文献基于出口内含的间接国内附加值与国外附加值[①]对各经济体参与 GVC 分工程度、位置等特征进行了深入分析，相应研究表明，发达国家主要作为中间供应者控制了 GVC 分工上游有利环节，获取了较多的贸易附加值（王岚，2014；苏庆义，2016a；文东伟，2018），而发展中国家受制于技术劣势，依附式嵌入 GVC 分工下游低

[①] 这些附加值均被他国消费所吸收，因此体现了一国以满足外需为导向参与价值链分工。

附加值环节（Timmer et al.，2014；2016；苏立君等，2018；王振国等，2019），面临着较高的冲击输入风险（Altomonte et al.，2012）。其中，我国作为 GVC 分工的重要参与者，与发达国家之间的中间品及附加值贸易更为密集（程大中，2015），但各产业部门主要从后向参与 GVC 分工的下游环节（尹伟华，2017；张会清和翟孝强，2018），导致附加值获取能力较低，并且对进口中间品保持了较强的需求偏好（罗长远和张军，2014；陈晓华等，2019），这使得我国遭遇冲击输入的风险较高且风险抵御能力较弱（梅冬州和崔小勇，2017；黄繁华和洪银兴，2020）。

2. 国际经济周期同步性的测度

国内外学者多使用两种方法对国际经济周期同步性进行度量，一是简单相关系数法，二是塞尔奎拉和马丁斯（Cerqueir & Martins，2009）提出的瞬时相关系数（Artis & Okubo，2011；粟壬波和陈乐一，2016）。前者从静态视角测度变量相关性，处理数据时会因时间段间隔设定而损失自由度，后者能以年度为单位精准识别各国经济周期相关性的事变特征，不会损失自由度，近年来被唐宜红等（2018）、邵宇佳和刘文革（2020）等应用于研究中。

学界对经济周期同步化特征事实的分析可分为两类：一是对全球经济周期同步化的考察。主要观点是：经济全球化引起国际经济周期同步趋势增强（Ductor & Leiva - Leon，2016），其中，发达国家之间、新兴市场经济体之间经济周期同步化水平较高（Bordo & Helbling，2010；Kose et al.，2012），发展中国家之间的经济周期同步水平相对更低（马丹和何雅兴，2019）。东亚各国与之不同，东亚国家间经济周期高度表现出同步化（刘恩专和刘立军，2014）。二是对我国和世界经济周期同步性的考察。我国坚持开放发展使得经济走势和世界经济周期密切同步（任志祥和宋玉华，2004；欧阳志刚，2013；粟壬波和陈乐一，2016；唐宜红等，2018），且同步水平因贸易伙伴而异（黄赜琳和姚婷婷，2018）。其中，我国和美国经济周期同步化较为明显（张兵，2015），并趋于增强（王金明和高铁梅，2014），同时与东亚等区域也保持了较高的经济周期同步性（肖文等，2015）。

（二）国际经济周期传导途径与机制研究

外部冲击经由贸易与金融渠道跨国扩散是国际经济周期同步化的主要形成途径，国内外学者大多基于以上渠道展开理论与经验分析，已有文献可分为三类：一是危机蔓延机制。2007 年美国次贷危机爆发后，此类研究迅速增多（Kaminsky & Reinhart，2010；康立和龚六堂，2014；林祺和林僖，2015），多数文献中认为当前世界经济一体化程度较高，区域经济危机或金融危机会迅速经由贸易与金融渠道进行全球化扩散，进而导致国际经济周期同步化。

二是经济周期的金融传导机制。此类研究主要关注金融一体化进程中外部冲击通过资本流动、利率和汇率等渠道对一国实体经济的影响（Kalemli – Ozcan et al.，2013；Devereux & Yu，2020；李星和邹战勇，2011；姚雯和唐爱迪，2020）。学者们发现，金融开放是一国同步于世界经济周期的重要原因（Kose et al.，2003），金融一体化加速了国别冲击的跨国扩散（Cesa – Bianchi et al.，2019），金融冲击的传递力度也会因金融一体化程度提高而增强（Yao，2019）。然而须注意到这一作用会因时期不同而异，如卡勒姆利 – 奥兹坎等（Kalemli – Ozcan et al.，2013）认为，金融一体化仅在金融危机时期对国际经济周期同步化有重要贡献，而在其他样本时期不利于经济周期同步，姚雯和唐爱迪（2020）对发展中国家的研究也获得了类似结论。

三是经济周期的贸易传导机制。在早期文献中，达拉斯（Dellas，1985）对贸易各方经济周期的同步性进行检验，成为该领域研究的先驱之一，经济周期同步化动因则被巴科斯等（1995）归结为"需求供给溢出"机制，此后巴克斯特和克鲁奇尼（Baxter & Crucini，

1995）、弗兰克尔和罗斯（Frankel & Rose，1998）、克拉克和范·温库普（Clark & van Wincoop，2001）、巴克斯特和库帕里萨斯（Baxter & Kouparitsas，2005）相继从多维视角展开经验分析，剖析全球贸易量激增与国际经济周期同步化的联系。然而伴随研究不断深入，学者们注意到传统 I－RBC 模型也并不能模拟贸易引起的国际经济周期同步现象（Kose & Yi，2001），并且两者间联系并不稳健。如费德姆克（Fidrmuc，2004）、杜瓦尔等（Duval et al.，2016）认为贸易对经济周期同步化并无显著影响，而恩（Ng，2010）发现当控制了价值链分工因素后，贸易甚至会抑制经济周期同步化；梅冬州等（2012）从贸易品类别入手分析后认为，当对外贸易以消费品为主导时，那么贸易并不能提升国际经济周期同步性，而以资本品为主导时，贸易的作用则相反。

为了考察贸易对经济周期同步化的"真实"作用及机理，一方面，学界对贸易分工模式加以区分，发现贸易对冲击传递及经济周期同步化的作用伴随贸易分工由产业间向产业内、产品内分工不断深入且增强（Shin & Wang，2004；杜群阳和朱剑光，2011；潘文卿等，2015）；另一方面，学界以垂直专业化为突破口剖析贸易引起经济周期同步化的原因，并从中间品流动（Huang & Liu，2007）、外包（Bergin，2007）、新新贸易理论（Costas & Ananth，2009）、生产碎片化（Takeuchi，2011）等不同角度展开理论和经验分析，均印证了 GVC 分工对于国际经济周期传导及其同步化的关键影响。因此，要在不稳定性上升的全球经济环境下稳增长，须重点把握外界经济周期的 GVC 传输途径。

（三）对 GVC 分工参与和经济周期同步的关系研究

产品内分工是由生产工序国际分割所导致，在这一分工体系下，各国专业化于最终品不同制造环节并基于中间品流动建立垂直生产联系，从附加值贡献的视角来看则形成了 GVC（唐遥等，2020）。需求供给溢出机制因各 GVC 参与国所处制造环节高度互补而得以强化，从而加剧外界经济周期输入，使得彼此经济周期愈发同步化（Iossifov，2014；杨继军，2019）。这一思想被国内外学者从垂直分工、中间品流动及附加值贸易等视角所证实。

垂直分工是价值链分工参与国产品生产的根本特征，基于这一事实，伯斯坦等（Burstein et al.，2008）展开国别分析后指出，GVC 分工网络中企业间垂直生产联系对美国与墨西哥经济周期同步化有重要贡献。其后，恩（Ng，2010）、乔瓦尼和列夫琴科（Giovanni & Levchenko，2010）从全球视角进行了经验分析，发现跨国生产分割和垂直专业化也是世界经济周期与产业部门产出同步化的决定性因素，并且传统贸易对经济周期同步化的作用也会因垂直分工而增强。这是因为，国际生产分离使产品制造环节的互补性扩展到全球贸易层面，导致各国经济走势因外需变动而相互串联。在东亚区域，要素垂直分工更为集中（Athukorala，2010），由此构成的 GVC 在长期中加速区域内进行经济波动传递并引致国际经济周期同步化（Takeuchi，2011）。肖威和刘德学（2013）、顾国达等（2016）对中国经验的分析也获得类似结论。

中间品流动是 GVC 分工参与国产业部门建立垂直联系的媒介，也是外界经济周期输入影响一国生产总值进而导致国际经济周期同步化的重要途径（Johnson，2014）。事实上，在 GVC 分工中，中间品的本土替代生产水平是经济周期同步化的重要决定因素，其中，垂直投入品可替代性偏低，基于此建立的 GVC 对经济周期传导的作用更大（顾国达等，2016）。潘文卿等（2015）、马淑琴等（2017）指出，一国若以国外需求为导向通过进口中间品以加工出口商品则参与了 GVC 分工，这一国际协作生产方式使垂直分工和互补品供求成为对外贸易的主导力量与核心内容，各国经济增长因此愈发呈外需拉动特征，进而对全球及区域经济周期同步产生显著推动作用，同时这也是中国同步于世界经济周期的原因之一。唐宜红等（2018）、王等

（2022）在此基础上进行拓展，分别基于中间品跨境次数与流向研究了一国参与复杂 GVC 分工及跨行业与区域 GVC 分工带来的更强经济周期同步化效应。

附加值贸易是各 GVC 参与国进行附加值创造与输出的集中体现，也是串联各国经济周期的直接媒介。杜瓦尔等（2016）以附加值贸易替代总值贸易进行经验研究时发现，前者对国际经济周期同步的影响要更加稳健。杨继军（2019）从贸易网络视角再次对该现象进行分析后指出，在 GVC 分工下各国成为国际生产体系的节点之一，任一节点需求萎缩都会导致上下游国家附加值创造与经济周期同步性增强。随后，邵宇佳和刘文革（2020）利用数值模拟法从理论视角获得类似结论，并基于大样本数据证实附加值贸易能稳健地传导经济周期，显著提升国家与行业间经济周期同步化水平。与之不同，乔瓦尼和列夫琴科（2018）利用企业数据研究发现，参与 GVC 分工的微观主体间附加值贸易对于国际经济周期同步化也至关重要。

另外，值得一提的是，基于 GVC 参与对经济周期同步的强化作用，国内外学者大多认为 GVC 分工对经济波动有着诱发甚至放大作用。纳根加斯特和施特雷尔（Nagengast & Stehrer, 2016）、倪红福和夏杰长（2016）发现 GVC 分工加剧了危机下的贸易萎缩程度，造成全球生产与贸易网络不稳定，从而增加经济波动。奥尔托蒙特等（Altomonte et al., 2012）更是指出，GVC 分工下存在的"长鞭效应"会增加一国遭受冲击的风险，冲击在 GVC 链条上的持续扩散对贸易和经济波动均有放大作用（Acemoglu & Azar, 2020），列夫琴科等（2014）、乔亚和鲁吉耶（Joya & Rougier, 2019）、吕越等（2020a）对产业和企业的考察也得到一致结论。斯威尔泽克（Swierczek, 2014）、张鹏杨和张硕（2022）总结了 GVC 分工下的主要风险，认为信息摩擦和供应链依赖不仅导致环节间生产协调不畅，而且还增大了断链的负面影响，这成为经济波动的重要诱因。以上文献从不同视角证实 GVC 分工对经济周期同步化及经济波动有重要作用。总体来说，以上文献侧重揭示 GVC 分工加剧外界经济周期输入及经济波动的规律，但并未深入探讨如何在参与 GVC 分工的情况下实现稳增长，研究范围有待进一步拓展。

（四） 对国内价值链及其经济效应研究

得益于附加值分解（Koopman et al.，2010；Johnson & Noguera，2012；王直等，2015）与国内国际投入产出数据不断完善，学界在剖析产业部门全球价值链参与特征的同时（Koopman et al.，2012；苏庆义，2016b），逐渐开始关注国内价值链的发展及其经济效应。国内价值链是一国本土要素整合与优化配置的结果，是生产者在主权领土内跨区域和行业基于比较优势建立的分工网络（黎峰，2016a）。李跟强和潘文卿（2016）首次将附加值分解模型应用于国内国际投入产出分析，发现我国参与生产分工的模式经历了从国内价值链主导向全球价值链主导的转变。从生产分割视角出发，倪红福等（2016）、陈等（Chen et al.，2022）指出我国在深入参与全球价值链的同时，国内价值链分工也在日益深化，逐步形成了高收入地区处在研发和市场端、低收入地区处于生产端的国内分工格局。从分工收益来看，孟（Meng et al.，2012）、潘文卿和李跟强（2018）认为参与国内价值链获得的附加值收益要明显高于参与全球价值链，有利于分工参与者互利共赢，这也是我国各产业国内价值链参与度提升的重要原因。

鉴于国内价值链和全球价值链并行发展，学界又进一步关注前者的经济效应。目前，该领域文献较少，且鲜有文献涉及稳增长问题。国内外学者指出，参与国内价值链，通过吸收整合区域内外先进要素并释放专业化分工收益（Meng et al.，2017），能有效提升经济增长速度（高敬峰和王彬，2020；刘瑞翔和徐瑾，2022），凭借国内价值链与 GVC 的良性互动，也可更大化经济增速（盛斌等，2020）。这与参与 GVC 分工的经济效应不同，学界指出 GVC 虽然可以通过市场扩容、外部竞争及技术溢出等渠道提高生产效率（Baldwin & Yan，2014；邵朝对和苏丹妮，2017），但也会造成产业低端锁定、贸易利得下降等问题（Humphrey & Schmitz，2002；张杰和郑文平，2017），可能会在长期中减缓经济增长。遗憾的是，学界对国内价值链经济效应的研究集中于解释其加速经济增长的作用，尚未厘清国内价值链和稳增长的联系。

（五）对稳增长的影响因素及政策的研究

美国金融危机后，如何保障经济平稳增长成为各国关注的热点问题。学者们对稳增长实现机制的讨论主要涉及两方面：一是信贷供给（Hall，2011；Elekdag & Wu，2011）、货币政策（孟庆斌等，2012；刘晓光和张杰平，2016）和杠杆治理（Eggertsson & Krugman，2012；金鹏辉等，2017；朱太辉等，2018）等金融因素对经济维稳的作用；二是增长方式转变（魏杰和施成杰，2012）、技术创新（刘诗白，2013；郭克莎和宋杰，2021）、人力资本（李静等，2017；李静和楠玉，2019）、税收（李腊生等，2017）、基建投资（王志刚和黎恩银，2022）和数字化（白雪洁等，2022）等实际因素与稳增长的关联。上述文献多考虑封闭经济中各因素对经济维稳的作用机制，未将价值链分工纳入研究框架。目前，虽有部分文献讨论了外部冲击及 GVC 分工对经济波动的影响（欧阳志刚，2013；代谦和何祚宇，2015；梅冬州和崔小勇，2017），但不直接涉及稳增长问题，而顾国达等（2016）的研究则有着重要启示：若能合理把握 GVC 分工这把"双刃剑"，GVC 可能成为经济增长的"稳定器"，遗憾的是现有文献未对此进行深入研究。

学者们对经济维稳政策实践的研究着重揭示了近年来我国宏观政策变化路径及实施效果。美国金融危机爆发后，为了保障经济平稳运行，宏观政策经历了从"四万亿"强刺激、定向调控"微刺激"到供给侧改革的转变（毛振华等，2016）。这些调控手段虽然帮助我国经济率先脱离美国金融危机的影响，但政策实施效果逐渐弱化。具体表现为以"微刺激"为主的需求管理政策效果呈现递减趋势，传统货币与财政政策对经济维稳的作用下降，逆周期调控手段的效果减弱（高培勇和钟春平，2014；郭豫媚等，2016；陈彦斌等，2017）。因此，急需发掘经济维稳的长效新工具。目前，我国宏观调控思路已转向"双循环"新发展格局下需求侧管理与供给侧结构性改革的动态同步，在以内循环为主导的同时推动国家经济高水平对外开放（黄群慧和陈创练，2021；张二震和戴翔，2023），因此，以干预外界风险输入、改善国际经济周期传导效应为目标构建经济维稳政策尤为重要。

（六）本章小结

目前，现有文献对于经济周期同步化动因与稳增长实现路径进行了大量分析，但两个领域鲜有"交集"。一方面，学界发现 GVC 分工有着较强的经济周期的传输能力，其通过强化需求供给溢出机制，导致世界各国经济周期显著同步，在全球经济波动性上升的背景下，这显然会危害稳增长，因此，对于我国而言，要实现稳增长，则须重点把握外界经济周期的 GVC 分工传输渠道。另一方面，学界重视国内金融因素和实际因素对稳增长的重要作用，同时也发现传统宏观调控手段的效果在逐渐减弱，因此亟待发掘稳增长的长效政策工具。目前，我国宏观调控已转向双循环新发展格局下的供需两侧协同管理，并在着力畅通内循环的同时全面扩大开放，那么立足于 GVC 干预外界经济周期输入则应成为当前稳增长宏观调控的重要抓手。总体来说，现有文献为本书奠定了理论与经验基础，但仍有以下不足：

第一，学界大多从国内因素入手剖析稳增长机制，未能从经济周期传导的视角明晰经济维稳可行路径，在常规经济维稳手段边际效应递减的背景下，亟待发掘稳增长的长效政策工具。从经济周期传输能力来看，当前主导国际分工的 GVC 强化需求供给溢出，是紧密连接各国经济波动的重要原因，然而鲜有文献立足于 GVC 分工探索干预外界经济周期输入进而稳增长的具体机制。

第二，在 GVC 分工中，一国获得的贸易附加值利益与遭受的风险输入并不对称，进而可能导致 GVC 分工参与对经济周期同步化的影响因经济周期区间而异，但已有文献尚未揭示这一差异与原因，进而限制所得结论对经济维稳决策的借鉴意义。同时，在双边经济体之外的第三方附加值显著影响国家间经济周期同步趋势的情形下（李跟强和潘文卿，2019），若不扣除这一成分，将必然导致基于此所得的实证分析结论的可靠性下降。

第三，已有文献在剖析 GVC 引起的国际经济周期同步作用时，仅考虑 GVC 分工参与行为而未纳入各国分工地位这一因素，从而未能将一国在不同分工地位下的附加值利益获取及风险抵御能力纳入考虑范围，因此大多文献发现了参与 GVC 会使一国愈发同步于国外经济周期的客观事实，但无法明晰干预外界经济波动输入进而稳定经济增长的具体机理。同时，现有文献对 GVC 分工地位的测度多以单边国家及行业为单位，未将该度量方法拓展到双边层面，无法为 GVC 分工地位与经济周期同步化间的关联机制分析提供变量基础。并且在部分低分工地位资源丰裕型国家大量提供农林牧渔矿等初级中间品的情况下，若不对这些产品附加值进行扣除，则可能扭曲 GVC 分工地位识别结果（戴翔和宋婕，2021）。

第四，国内外学者大多基于外需拉动下的本国附加值与国外附加值出口分析 GVC 分工的经济周期同步效应，尚未构建内需主导型 GVC 分工识别方法对这一分工模式及其经济效应进行考察。同时，尽管国内外学者发现 GVC 这一外循环媒介会明显加强外界风险扩散，然而在我国构建双循环新发展格局的当前时期，鲜有文献基于国内价值链这一内循环媒介来解明相应破解路径与稳增长实现机制，在此情形下，如何应对全面扩大开放引致的风险输入缺乏经验依据。

第五，自古典经济周期理论开始，学界即对经济周期进行分解以刻画正、负增长区间，当世界经济呈增长型周期后，学界仍沿用该做法对实际产出的波动区间进行分解，然而学界在考察 GVC 分工引起的经济周期同步化问题时却未采用区间分解法，不能将经济周期同步化规律与经济增长的平稳性相联系，导致 GVC 参与下经济维稳机制的实证研究难以开展。

三、特征事实分析

（一）GVC 参与的特征事实分析

1. 方法构建

在全球价值链领域内，各国 GVC 分工参与水平和变动趋势是国内外学者的研究重点之一，目前学界的主流识别方法是测算 VS 指数（Hummels et al.，2001）和 GVC 参与度指数（Koopman et al.，2010）两类。前者以出口品内含的进口品成分占比作为测算基础，实际上仅反映了 GVC 分工的后向参与行为，该占比上升则意味着产业部门 GVC 分工参与水平提高。但由于该方法未对进口品的附加值进行来源追溯，其所包含的大量重复统计部分金额可能会干扰计算结果。相反，GVC 参与度指数基于贸易流量细化分解，在扣除重复统计金额的基础上，同时纳入对前向和后向参与行为的考虑，识别结果更为准确且全面。因此，本书将基于贸易流量的细化分解，利用式（3.1）所示 GVC 参与度指数识别各国 GVC 分工参与水平。

$$GVC_{i,t} = (iva_{i,t} + fva_{i,t})/va\_ex_{i,t} \qquad (3.1)$$

式中，$va\_ex_{i,t}$ 代表以附加值形式计量的国家 i 出口金额，其余变量为该项附加值的重要组成部分。$iva_{i,t}$ 为国家 i 出口内含的间接国内附加值，$fva_{i,t}$ 表示国家 i 出口内含国外附加值。

GVC 分工地位是国内外学者的又一研究重点，学界通过判断产业所处物理环节或分析各国中间品供求关系形成两类识别方法。物理环节识别法以法利（Fally，2012）、安特拉斯和乔尔（Antràs & Chor，2013）的研究为代表，他们建立了上游度指数，基于一国产业部门所处环节和最终消费的距离反映分工位置，米勒和特穆尔绍夫（Miller & Temurshoev，2017）、王等（2017）等学者对此进行完善后提出类似识别方法，被广泛用于 GVC 分工地位识别。与之不同，库普曼等（2010）在对贸易流量进行细化分解的基础上提出 GVC 位置指数，以一国作为中间品供应者或需求者参与 GVC 的程度差异作为分工位置判断依据，取值越大则说明一国更多地作为供应者嵌入 GVC 上游，反映出其 GVC 分工地位越高（戴翔，2020）。该指数利用增加值信息构建测度方法，一定程度上涵盖了对产业分工位置和增值幅度的双重考量，相对于上述物理环节识别方法，在经济含义与度量结果准确性等方面更优（戴翔和宋婕，2021）。因此，本书将利用式（3.2）所示的 GVC 位置指数识别各国 GVC 分工地位。各变量含义同上。

$$GPO_{i,t} = \ln(1 + iva_{i,t}/va\_ex_{i,t}) - \ln(1 + fva_{i,t}/va\_ex_{i,t}) \quad (3.2)$$

2. 数据基础

要分析各国 GVC 分工参与水平和分工地位及其变动趋势，则必须获取其出口内含的各项贸易附加值细分数据。主流贸易流量分解模型经历了"四部分分解"（Koopman et al.，2010）、"九部分分解"（Koopman et al.，2010）和"十六部分分解"（Wang et al.，2013；王直等，2015）的演进，相比而言，十六部分分解对出口贸易附加值的拆分更为细化，且适用于单边、双边以及双边部门层面的投入产出分析，更加匹配本书研究需要。因此，本书参考王等（2013）、王直等（2015）的做法，将各国出口附加值成分进行细化分解，形成特征事实分析的数据基础。以包含 i、j 与 s 国三个典型国家 n 个行业的世界投入产出表（见表 3−1）为例进行说明。

表 3 - 1 世界投入产出表的结构

使用		产出								
		i 国	j 国	…	s 国	i 国	j 国	…	s 国	总产出
		中间产品				最终需求				
		1，…，n	1，…，n	…	1，…，n	/	/	/	/	/
i 国	1，…，n	X_{ii}	X_{ij}	…	X_{is}	F_{ii}	F_{ij}	…	F_{is}	X_i
j 国	1，…，n	X_{ji}	X_{jj}	…	X_{js}	F_{ji}	F_{jj}	…	F_{js}	X_j
…		…	…	…	…	…	…	…	…	…
s 国	1，…，n	X_{si}	X_{sj}	…	X_{ss}	F_{si}	F_{sj}	…	F_{ss}	X_s
增加值		VA_i	VA_j	…	VA_s	/	/	/	/	/
总投入		$(X_i)^T$	$(X_j)^T$	…	$(X_s)^T$	/	/	/	/	/

其中，X_{ij} 和 F_{ij} 依次表示 i 国产出被 j 国用来作为中间品和最终消费的部分，VA_i 和 X_i 分别为 i 国附加值和产出，T 是矩阵转置标记。根据国际投入产出关系，式（3.3）恒成立：

$$X = AX + F \qquad (3.3)$$

式中，X 与 F 为产出和最终需求序列，用向量可分别表示为 $X = \{X_i, X_j, \cdots, X_s\}^T$ 和 $F = \{F_i, F_j, \cdots, F_s\}^T$。

$$A = \begin{bmatrix} A_{ii} & A_{ij} & \cdots & A_{is} \\ A_{ji} & A_{jj} & \cdots & A_{js} \\ \vdots & \vdots & & \vdots \\ A_{si} & A_{sj} & \cdots & A_{ss} \end{bmatrix}$$ 为直接消耗矩阵，各元素刻画了中间品

投入产出关系，将其代入式（3.3）整理即可得到：

$$\begin{bmatrix} X_i \\ X_j \\ \vdots \\ X_s \end{bmatrix} = \begin{bmatrix} A_{ii} & A_{ij} & \cdots & A_{is} \\ A_{ji} & A_{jj} & \cdots & A_{js} \\ \vdots & \vdots & \vdots & \vdots \\ A_{si} & A_{sj} & \cdots & A_{ss} \end{bmatrix} \begin{bmatrix} X_i \\ X_j \\ \vdots \\ X_s \end{bmatrix} + \begin{bmatrix} F_{ii} + F_{ij} + \cdots + F_{is} \\ F_{ji} + F_{jj} + \cdots + F_{js} \\ \vdots \\ F_{si} + F_{sj} + \cdots + F_{ss} \end{bmatrix}$$

$$= \begin{bmatrix} B_{ii} & B_{ij} & \cdots & B_{is} \\ B_{ji} & B_{jj} & \cdots & B_{js} \\ \vdots & \vdots & & \vdots \\ B_{si} & B_{sj} & \cdots & B_{ss} \end{bmatrix} \begin{bmatrix} F_{ii} + F_{ij} + \cdots + F_{is} \\ F_{ji} + F_{jj} + \cdots + F_{js} \\ \vdots \\ F_{si} + F_{sj} + \cdots + F_{ss} \end{bmatrix} \quad (3.4)$$

式中，$\begin{bmatrix} B_{ii} & B_{ij} & \cdots & B_{is} \\ B_{ji} & B_{jj} & \cdots & B_{js} \\ \vdots & \vdots & & \vdots \\ B_{si} & B_{sj} & \cdots & B_{ss} \end{bmatrix} = \begin{bmatrix} I - A_{ii} & -A_{ij} & \cdots & -A_{is} \\ -A_{ji} & I - A_{jj} & \cdots & -A_{js} \\ \vdots & \vdots & & \vdots \\ -A_{si} & -A_{sj} & \cdots & I - A_{ss} \end{bmatrix}$ 是 Leontif 逆

矩阵。

然后，可以将 i 国向 j 国出口 E_{ij} 进行下述分解：

$$E_{ij} = A_{ij}X_j + F_{ij} = (V_iB_{ii})^T \#(A_{ij}X_j) + (V_jB_{ji})^T \#(A_{ij}X_j) + (V_sB_{si})^T \#(A_{ij}X_j)$$
$$+ (V_iB_{ii})^T \#F_{ij} + (V_jB_{ji})^T \#F_{ij} + (V_sB_{si})^T \#F_{ij} \quad (3.5)$$

式中，$V_i = VA_i(X_i)^{-1}$，为 i 国附加值总额，B_{ii}、B_{ji}、B_{si} 分别表示 i 国、j 国以及 s 国对 i 国的完全消耗系数，其他项目可以此规律类推。进一步将式（3.5）展开为：

$$E_{ij} = \{ \underbrace{[\overbrace{(V_iB_{ii})^T \#Y_{ij}}^{t1} + \overbrace{(V_iL_{ii})^T \#A_{ij}B_{jj}Y_{jj}}^{t2}]}_{ddva}$$

$$+ \underbrace{[\overbrace{(V_iL_{ii})^T \#A_{ij}\sum_{t \neq i,j}^{G} B_{jt}Y_{jj}}^{t3} + \overbrace{(V_iL_{ii})^T \#A_{ij}B_{jj}\sum_{t \neq i,j}^{G} Y_{jt}}^{t4} + \overbrace{(V_iL_{ii})^T \#A_{ij}\sum_{t \neq i,j}^{G} B_{jt}\sum_{u \neq i,t}^{G} Y_{tu}}^{t5}]}_{iva}\}$$

$$+ \{\underbrace{[\overbrace{(V_iL_{ii})^T \#A_{ij}B_{jj}Y_{ji}}^{t6} + \overbrace{(V_iL_{ii})^T \#A_{ij}\sum_{t \neq i,j}^{G} B_{jt}Y_{ti}}^{t7} + \overbrace{(V_iL_{ii})^T \#A_{ij}B_{jj}Y_{ii}}^{t8}]}_{rdv}\}$$

$$+ \{\underbrace{[\overbrace{(V_jB_{ji})^T \#Y_{ij}}^{t11} + \overbrace{(\sum_{t \neq i,j}^{G} V_tB_{ti})^T \#Y_{ij}}^{t14}] + [\overbrace{(V_jB_{ji})^T \#A_{ij}L_{jj}Y_{jj}}^{t12} + \overbrace{(\sum_{t \neq i,j}^{G} V_tB_{ti})^T \#A_{ij}L_{jj}Y_{jj}}^{t15}]}_{fva}\}$$

$$+ \{\underbrace{[\overbrace{(V_iL_{ii})^T \#A_{ij}\sum_{t \neq i}^{G} B_{ji}Y_{it}}^{t9} + \overbrace{(V_iB_{ii} - V_iL_{ii})^T \#A_{ij}X_j}^{t10}]}_{ddc}$$

$$+ \underbrace{[\overbrace{(V_jB_{ji})^T \#A_{ij}L_{jj}E_j}^{t13} + \overbrace{(\sum_{t \neq i,j}^{G} V_tB_{ti})^T \#A_{ij}L_{jj}E_j}^{t16}]}_{fdc}\} \quad (3.6)$$

式中，$B = (I - A)^{-1} = \begin{bmatrix} I - A_{11} & -A_{12} & \cdots & -A_{1G} \\ -A_{21} & I - A_{22} & \cdots & -A_{2G} \\ \vdots & \vdots & & \vdots \\ -A_{G1} & -A_{G2} & \cdots & I - A_{GG} \end{bmatrix}^{-1}$，$L_{ii} = (I - A_{ii})^{-1}$，

L_{jj}、L_{ss} 类似，为对应国家的国内 Leontif 逆矩阵，# 表示分块矩阵点乘。

根据以上方法，本书以 2016 版 WIOD 与亚洲开发银行发布的 2022 版世界投入产出数据（ADB - MRIO）为基础，将 2000～2021 年各国在双边维度的贸易流量分解成为式（3.6）所示的十六个部分，为 GVC 分工参与的特征事实分析提供数据基础①。

3. 测度结果与分析

（1）世界各国 GVC 分工参与的特征事实。

①各国 GVC 分工参与度整体上升。图 3 - 1 报告了本书依据式（3.1）测度所得各国 GVC 分工参与度均值的变动趋势，可以发现，第一，2000～2021 年，世界各国 GVC 分工参与度整体表现出上升态势。具体而言，2000 年后，在世界贸易便利化的作用下，本书所选取的 42 个国家加快融入全球贸易分工，GVC 分工参与度均值由 2000 年的 0.3056 上升到 2008 年的 0.3472，之后受全球金融危机影响，世界经济低迷且贸易增长乏力，保护主义逐渐抬头，制约全球价值链扩张（余振等，2018；吕越等，2020a），进而导致世界各国的 GVC 分工参与度明显下降。2009 年后全球经济缓慢复苏，GVC 分工参与

---

① 2000～2014 年投入产出数据来自 2016 版 WIOD，2015～2021 年投入产出数据来自 2022 版 ADB - MRIO。本书选取了 42 个样本国家，其中，发达国家有澳大利亚、奥地利、比利时、加拿大、瑞士、塞浦路斯、德国、丹麦、西班牙、芬兰、法国、英国、希腊、匈牙利、爱尔兰、意大利、日本、韩国、卢森堡、马耳他、荷兰、挪威、葡萄牙、瑞典、美国；发展中国家有保加利亚、巴西、中国、捷克、爱沙尼亚、克罗地亚、印度尼西亚、印度、立陶宛、墨西哥、波兰、罗马尼亚、拉脱维亚、俄罗斯、斯洛伐克、斯洛文尼亚、土耳其。在下文中采取相同国家分组方法进行研究，分组方法不再赘述。

度回升，由 2009 年的 0.3259 上升到 2018 年的 0.3714。2019 年以来，受逆全球化和新冠疫情的短期影响，各国 GVC 分工参与水平再度下降，但在 2021 年又有上升趋势。总体来说，在研究期内世界各国 GVC 分工总体上持续深化，使得全球建立了更加紧密的投入产出联系。

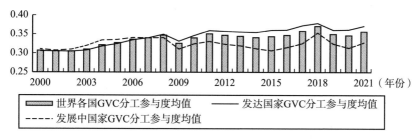

图 3-1 世界各国 GVC 分工参与度变动趋势

数据来源：WIOD、2022 版 ADB-MRIO 和笔者的计算。

第二，发达国家 GVC 分工参与水平高于发展中国家。分不同国家组别来看，发达国家和发展中国家 GVC 分工参与水平演变趋势比较类似，均呈现"危机前上升、受危机冲击下降、危机后迅速回升、受逆全球化和疫情影响再度下降"的波动态势，除全球金融危机和疫情时期以外，其余年度各国 GVC 分工参与水平均有不同程度上升。同时，两类国家 GVC 参与度有明显差异，研究期内大部分年度发达国家 GVC 参与度高于发展中国家，这表明前者具有更高的资源配置能力，能够利用全球生产体系服务于自身生产和消费需求。图 3-2 报告了部分代表性国家的情况，所选 7 国 GVC 分工参与度变动趋势也较为类似，均在全球金融危机冲击下出现下降，而后又有不同程度回升，直至 2018 年逆全球化加剧且 2019 年出现新冠的短期影响，大部分国家 GVC 参与度均有一定程度下降。另外，值得一提的是，虽然发达国家 GVC 分工参与度普遍较高，但组内差异明显，日本、英国、法国、德国等发达国家高度参与 GVC 分工，美国等国家 GVC 分工参与度相对较低。

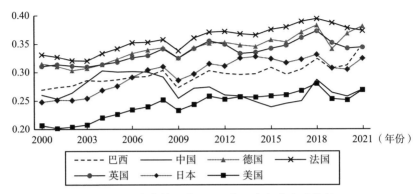

图 3 - 2　代表性国家 GVC 分工参与度变动趋势

数据来源：WIOD、2022 版 ADB - MRIO 和笔者的计算。

②发达国家 GVC 分工前向参与度更高。本书以出口内的间接国内附加值 $iva_{i,t}$ 占比反映 GVC 分工前向参与度，以出口内的国外附加值 $fva_{i,t}$ 占比反映后向参与度，并在图 3 - 3 中报告了相应结果。可知，第一，发达国家 GVC 分工前向参与度整体上高于发展中国家，该现象在近年来尤为明显。这表明，相对于发展中国家而言，发达国家更高程度地从前向参与 GVC 分工，通过向世界各国提供具有较高附加值与技术含量的中间品从而主导着 GVC 分工。第二，金融危机后，发达国家 GVC 分工后向参与度持续上升。样本期初，发达国家GVC 分工后向参与水平较低，但处于上升趋势，从 2000 年的 0.1560上涨到 2021 年的 0.1950，研究期内均值为 0.1792，高于发展中国家 0.1649 的平均水平，说明其出口品生产也使用了大量的进口中间品。这是由于发达国家不断将技术较为成熟的中间品生产环节转移至发展中国家，利用其劳动成本优势降低自身生产成本，实现了资源更优化配置，同时，发达国家之间也相互采购差异性中间产品以满足生产所需，导致中间品进口不断扩大。

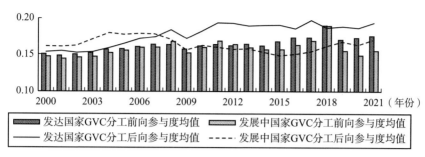

图 3 - 3　GVC 分工前、后向参与度的变动趋势

数据来源：WIOD、2022 版 ADB - MRIO 和笔者的计算。

③制造业是发达国家和发展中国家参与 GVC 分工的主体。图 3 - 4 报告了两类国家制造业和服务业的 GVC 分工参与度变动趋势，可知无论是发达国家还是发展中国家，制造业 GVC 分工参与度均高于服务业，是各国参与 GVC 的主体。其中，研究期内，发达国家制造业 GVC 分工参与度均值为 0.3633，高于服务业的 0.3053，发展中国家制造业 GVC 分工参与度均值为 0.3341，同样高于服务业的 0.2776。这是由于，制造业是各国产业发展与对外开放的主导力量，同时，与服务业相比，制造业的工序可分性与复杂性较高，对国际生产协作有更高要求，从而建立了更为频繁的中间品贸易网络，国际投入产出联系更为密切。

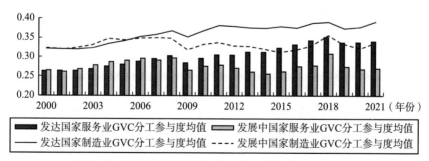

图 3 - 4　制造业及服务业 GVC 分工参与度的变动趋势

数据来源：WIOD、2022 版 ADB - MRIO 和笔者的计算。

（2）中国 GVC 分工参与的典型事实。

①中国 GVC 分工参与度有一定上升态势，制造业是参与主体。如图 3-5 所示，2000~2021 年，中国 GVC 分工参与度经历了危机前上升、受危机冲击下降、危机后波动上升等阶段，对比研究期初和期末水平可知，我国 GVC 分工参与度从 2000 年的 0.2600 略微上涨至 2021 年的 0.2693，总体有一定提升趋势。从前后向参与水平来看，2014 年之前，中国 GVC 分工后向参与度远高于前向参与度，随后前向参与度经历四年上升期后，又有下降趋势。在研究期内，中国 GVC 分工后向、前向 GVC 参与度均值分别为 0.1453 和 0.1242，这表明，后向参与是中国融入 GVC 分工的主要方式。另外，对比制造业和服务业 GVC 参与水平可知，制造业是我国参与 GVC 分工的主体，服务业参与度较低。

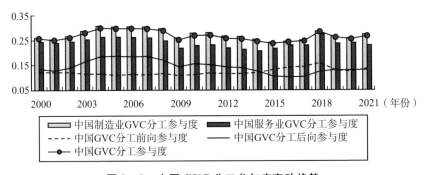

图 3-5 中国 GVC 分工参与度变动趋势

数据来源：WIOD、2022 版 ADB-MRIO 和笔者的计算。

②GVC 分工引致我国高比例进口中间品。考虑到在出口导向型战略下，我国各产业为了迅速提升产品竞争力，普遍倾向于依靠 GVC 获取质量更优的进口中间品，从事加工或代工生产，进而形成较高的后向国际生产联系，可能影响中间品进口比例。因此，本书基于 WIOD 和 ADB-MRIO 数据库，计算我国使用进口中间品金额与我国对国内外中间品消耗金额之比，以反映我国中间品的进口份

额，图3-6报告了这一份额和GVC参与度的变动趋势，其中左侧纵轴标记GVC分工参与度，右侧纵轴标记中间品进口占比。可以看出，我国中间品进口份额和GVC参与度有高度同步关系，变动趋势极为相似，这表明，我国参与GVC分工的水平在一定程度上主导了中间品进口份额的变动，GVC参与度升高会带来中间品高比例进口。

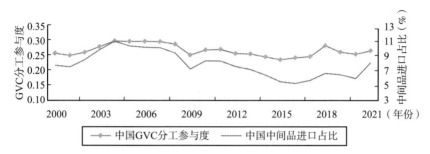

图3-6　中国GVC分工参与度和中间品进口占比的协动

数据来源：WIOD、2022版ADB-MRIO和笔者的计算。

随后，本书测算了制造业和服务业的中间品进口占比，根据图3-7可知，2001年我国加入WTO以后，外贸便利化水平提升，为中间品进口提供了极大便利，因此，制造业和服务业的中间品进口占比均有大幅度上涨，此后，该占比整体上进入了下降通道，尤其是在全球金融危机期间，下降幅度较大，然而在2015年后，两类行业中间品进口占比再次出现了明显上升趋势，由此可见，目前我国产业部门对进口中间品仍有着较高的选择偏好，并且这一选择偏好仍在不断增强。同时，与服务业相比，我国制造业在各年度的中间品进口占比更高，是我国中间品进口的主要行业，这与制造业高水平参与GVC分工有着密切关系。

③中国出口国内附加值率整体下降。本书基于贸易流量分解结果计算了我国整体及各产业部门出口内含国内附加值率，变动趋势如图3-8所示。联系上文分析可知，金融危机前，我国GVC参与度不断上升，但出口品内含国内附加值率大幅下跌，由2000年的83.32%下降

至 2007 年的 75.95%。危机后，我国 GVC 分工参与度在 2007 ~ 2009 年、2012 ~ 2015 年经历了两次下降，其间出口国内附加值率又有明显上升趋势，截至 2021 年中国出口国内附加值率仅有 81.72%，仍不及研究期初水平。这说明，我国通过 GVC 分工大量获取进口中间品，对国内附加值产出形成明显替代作用，导致出口内含国内附加值率下降。分行业看，与制造业相比，中国服务业出口国内附加值率更高，研究期均值达到 0.8987，而制造业出口国内附加值率均值仅有 0.7917。这是由于，制造业参与 GVC 分工及采用进口中间品的份额较高，显著替代了国内附加值产出，相反，服务业 GVC 参与度较低，较少使用进口中间品，对国内附加值产出的替代作用较小。

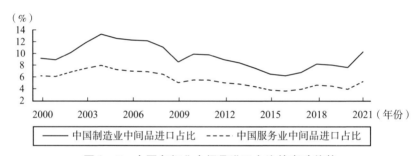

图 3 - 7　中国各行业中间品进口占比的变动趋势

数据来源：WIOD、2022 版 ADB - MRIO 和笔者的计算。

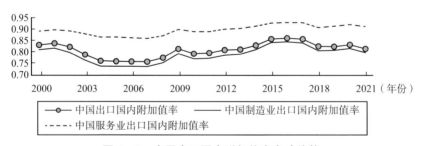

图 3 - 8　中国出口国内附加值率变动趋势

数据来源：WIOD、2022 版 ADB - MRIO 和笔者的计算。

（3）世界各国 GVC 分工地位的典型事实。

①发达国家 GVC 分工地位较高，发展中国家 GVC 分工地位较低。本书利用式（3.2）测度了发达国家和发展中国家两类群体的 GVC 分工地位，图 3-9 报告了相应变动趋势。总体来看，研究期内发达国家 GVC 分工地位的均值为 -0.0199，远高于发展中国家 -0.0276 的水平，由此说明，发达国家主要作为中间品供应者从前向参与全球价值链，GVC 分工地位较高，而发展中国家则主要作为中间品需求方从后向参与全球价值链，GVC 分工地位较低。

图 3-9　发达国家与发展中国家 GVC 分工地位均值变动趋势

数据来源：WIOD、2022 版 ADB-MRIO 和笔者的计算。

分时间段来看，在研究初期，发展中国家 GVC 分工地位较低，但处在上升通道，发达国家 GVC 分工地位较高，但处于下降通道，两类国家 GVC 分工地位的差距逐渐缩小，并在 2011～2018 年的 8 个年度，发展中国家 GVC 分工地位超越了发达国家，但在 2018 年后，发展中国家 GVC 分工地位急剧下跌，再次与发达国家形成了 GVC 分工地位差距。并且在 22 个年度的研究期内，发展中国家 GVC 分工地位仅在 8 个年度高于发达国家，其余年度均与发达国家 GVC 分工地位存在较大差距，尤其是在金融危机之前，差距非常大。

②美国、日本等国处在 GVC 分工高端，中国 GVC 分工地位较低。图 3-10 报告了部分代表性国家的 GVC 分工地位及变动趋势。研究期内，美国、日本等发达国家处于 GVC 分工相对高端，说明这

些国家凭借科技创新优势，掌控了 GVC 有利分工位置，相比而言，中国处于 GVC 分工相对低端。另外，将中国和其他国家的分工地位相比较可知，中国在 GVC 分工中所处地位不仅低于美、日等主要发达国家，并且在 2000～2015 年，甚至低于巴西等发展中国家。这是由于在劳动占有相对优势、技术占有相对劣势的要素结构制约下，我国产业部门主要以进口中间品作为生产性投入，结合国内廉价劳动进行加工装配等生产活动，在 GVC 分工中处于相对下游位置。

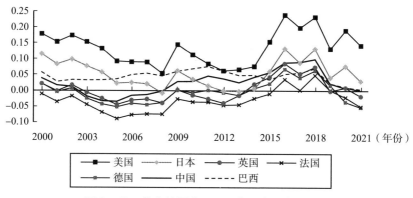

图 3－10　代表性国家 GVC 分工地位变动趋势

数据来源：WIOD、2022 版 ADB－MRIO 和笔者的计算。

（4）中国 GVC 分工地位的典型事实。

①中国 GVC 分工地位上升态势明显。图 3－11 报告了我国产业整体以及制造业和服务业 GVC 分工地位的变动趋势，结合图 3－10 可知，2001～2021 年，中国 GVC 分工地位较低，但上升态势明显。具体而言，2001 年中国加入 WTO 后，贸易自由化使得进口中间品成本下降，导致中国后向国际生产联系迅速提升，GVC 分工地位下降；全球金融危机发生后，贸易保护主义加强，导致我国产业部门在进口中间品时困难重重，倒逼其减少中间品进口，降低后向国际生产联系，同时，我国产业部门通过自主创新不断提升技术水平，中间品本土供应保障明显增强，对外供应规模也逐渐扩大，带动 GVC 分工地

位持续上升。然而在 2018 年后，中美贸易摩擦以及近年来出现的新冠疫情短期冲击，阻碍了我国中间品出口，导致 GVC 分工地位又有小幅下降。

②制造业 GVC 分工地位远远低于服务业。分不同行业看，我国制造业和服务业 GVC 分工地位也有类似变动趋势，并且在研究期内，两类行业 GVC 分工地位的均值分别为 − 0.0426 和 0.0846，进而表明制造业 GVC 分工地位低于服务业。原因可能是，长期以来我国制造业更为深入地参与 GVC，从 GVC 中获取大量进口中间品用于出口品生产，这虽然弥补了国内供给端质量较低的不足，但导致其 GVC 分工地位相对更低，同时这也使制造业形成了更低的出口国内附加值率，与上文分析相契合。

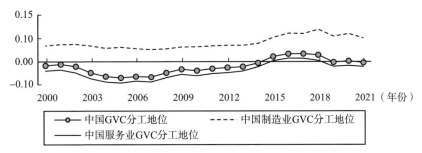

图 3 - 11　中国 GVC 分工地位变动趋势

数据来源：WIOD、2022 版 ADB - MRIO 和笔者的计算。

③技术密集型制造业 GVC 分工地位低于其他行业。本书将制造业按照要素密集度划分为技术密集型制造业、资本密集型制造业和劳动密集型制造业，分析了三者 GVC 分工地位的差异。如图 3 - 12 所示，整体来看，2000 ~ 2021 年三类要素密集型制造业 GVC 分工地位均在整体上处于上升通道，但相比而言，我国资本密集型制造业 GVC 分工地位最高，劳动密集型制造业次之，技术密集型制造业 GVC 分工地位最低且近年来还出现了下降趋势，研究期内三者 GVC 分工地位的均值分别为 0.0305、− 0.0468、− 0.0639。这说明，与

其他行业相比，我国重点发展的高技术行业在 GVC 分工中处于更为不利的地位，从而拖累产业部门整体 GVC 分工地位攀升，因此，未来促进产业跃升 GVC 中高端的战略举措实施应以技术密集型制造业为重点。

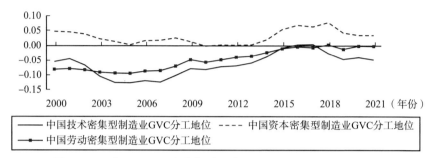

图 3 - 12　中国不同要素密集型制造业 GVC 分工地位变动趋势

数据来源：WIOD、2022 版 ADB - MRIO 和笔者的计算。

（二）国际经济周期同步的特征事实分析

1. 方法构建

从已有文献来看，简单相关系数（Liao & Santacreu，2015；李跟强和潘文卿，2019）和瞬时相关系数（唐宜红等，2018；邵宇佳和刘文革，2020）是学界测度经济周期同步性时使用的两个主流指标。其中，前者从静态视角出发测度变量的相关性，不仅难以识别偶发因素导致的经济反向波动，而且处理数据时会因时间段间隔设定而损失自由度，相比而言，后者测算方法更优，能以年度为单位精准识别各国经济周期相关性的时变特征，且不会损失自由度，从而更加适用于面板数据研究。因此，本书以塞尔奎拉和马丁斯（Cerqueira & Martins，2009）构造的瞬时相关系数 $R_{ij,t}$ 计算公式来测算国家 i 与国家 j 实际经济活动的同步性。

$$R_{ij,t} = 1 - \frac{1}{2} \left[(d_{i,t} - \overline{d_{i,t}}) \Big/ \sqrt{\frac{1}{T} \sum_{t=1}^{T} \overline{(d_{i,t} - \overline{d_{i,t}})^2}} \right.$$

$$\left. - (d_{j,t} - \overline{d_{j,t}}) \Big/ \sqrt{\frac{1}{T} \sum_{t=1}^{T} \overline{(d_{j,t} - \overline{d_{j,t}})^2}} \right]^2 \qquad (3.7)$$

式中，$d_{i,t}$、$d_{j,t}$ 分别表示经 Hodrik – Prescott 滤波所获取国家 i 与国家 j 实际国内生产总值的波动项，该波动项可在剔除长期增长趋势的基础上准确刻画一国经济周期。$\overline{d_{i,t}}$、$\overline{d_{j,t}}$ 代表上述波动项的均值。

由于这一指标在值域上对称性较差，阿提斯和奥库博（Artis & Okubo，2011）提出了如式（3.8）所示的"费舍尔（Fisher）转换法"加以改进，在保留瞬时相关系数各项优势的基础上克服了这一弊端。

$$BCM_{ij,t} = 1/2 \times \log[\, 1/(1 - R_{ij,t})\,] \qquad (3.8)$$

鉴于此，本书结合式（3.7）和式（3.8）测度了所有样本国家两两之间的经济周期同步性 $BCM_{ij,t}$，各国实际国内生产总值数据来自世界银行的 WDI 数据库。更进一步，为了识别国际经济周期同步水平是否在不同经济周期区间下存在非对称性，本书对经济周期进行了区间分解。首先，利用"繁荣期"和"萧条期"两个经济周期虚拟变量，识别一国各个贸易伙伴的经济周期区间；其次，利用 Hodrik – Prescott 滤波获取各贸易伙伴实际国内生产总值的波动项，将波动项大于零的年份定义为繁荣期，对繁荣期和萧条期变量依次取值 1 与 0，将波动项小于零的年份定义为萧条期，则对繁荣期和萧条期变量依次取值 0 与 1；最后，利用经济周期同步性 $BCM_{ij,t}$ 分别和贸易伙伴繁荣、萧条期虚拟变量交叉的方式，形成国际经济周期非对称同步的识别方法。

2. 测度结果与分析

（1）世界各国经济周期同步化的典型事实。

①各国经济周期显著同步。表 3 – 2 报告了所有样本国家经济周期的同步化水平均值。可知，2000～2021 年，本书所选 42 个样本国家之间的经济周期同步化水平均值达到 1.1103，说明国际经济周期

同步现象非常明显，一国经济周期波动引发的不确定因素会迅速传输至其余国家，进而使得各国经济走势深度串联。从各年度变动趋势来看，国际经济周期同步性有一定波动性，并且在研究期主要经历了三次下跌，但历次下跌后经济周期同步性均能再次恢复上升态势，说明国际经济周期同步趋势难以逆转。另外，值得一提的是，在全球金融危机后，国际经济周期同步性出现了研究期间最大幅度下跌，这与此间世界各国 GVC 分工参与度下降步伐保持高度一致，在一定程度上印证了 GVC 分工是引起经济周期同步化的重要原因。

表 3 - 2 世界各国经济周期同步性均值

年份	所有样本国	发达国家	发展中国家	年份	所有样本国	发达国家	发展中国家
均值	1.1103	1.1609	1.0359	2011	0.9605	0.9386	0.9927
2000	0.9495	1.0606	0.7860	2012	1.1690	1.1798	1.1530
2001	1.4594	1.5549	1.3185	2013	0.9570	1.0291	0.8509
2002	1.7754	1.7901	1.7537	2014	0.9347	0.9642	0.8912
2003	1.6041	1.5521	1.6805	2015	1.1867	1.1714	1.2092
2004	1.4971	1.5050	1.4853	2016	1.2567	1.3249	1.1564
2005	1.1378	1.1770	1.0801	2017	1.2595	1.3427	1.1371
2006	0.9898	1.0643	0.8805	2018	1.2478	1.3611	1.0812
2007	0.8992	1.0601	0.6626	2019	1.0193	1.0864	0.9206
2008	0.7114	0.8976	0.4375	2020	0.8568	0.8103	0.9251
2009	0.7088	0.7242	0.6861	2021	0.8733	0.9078	0.8225
2010	0.9729	1.0358	0.8803	/			

②发达国家和各国经济周期同步水平更高。本书进一步测度了发达国家、发展中国家分别与世界各国的经济周期同步化水平，表 3 - 2 报告的相应均值显示，无论是发达国家还是发展中国家，均和世界各国保持了较高水平的经济周期同步性。同时，研究期内，发达国家和世界各国经济周期同步性均值达到 1.1609，高于发展中国家和世界各

国的经济周期同步化水平（1.0359）。联系前文分析可知，这是由于发达国家更为深入地参与 GVC 分工，与各样本国家保持更为紧密的国际投入产出关联，那么不稳定因素则更易在发达国家和各样本国家间进行传输，从而引致了更高的经济周期同步性。长期以来，发达国家危机频发且近年来爆发新一轮危机的风险加大，这些国家处在 GVC 分工上游，能够借助自身优势分工地位将自身不稳定因素向其余国家扩散，因此，要保持经济稳定，则要警惕来自发达国家的不稳定因素输入。

③国际经济周期存在"萧条同步高于繁荣同步"的显著不对称性。表 3-3 报告了各国经济周期同步化水平的区间差异，可以得到的结论是：第一，国际经济周期普遍存在"萧条同步水平高于繁荣同步"的显著不对称性。具体而言，除了意大利、瑞典、德国、比利时、韩国、爱尔兰、瑞士和塞浦路斯等发达国家之外，其余国家和贸易伙伴的经济周期同步性均在后者萧条期更高，而在后者繁荣期更低，这意味着在 2000～2021 年，大部分国家经济走势能够在收敛于国外经济上行趋势的同时，更大程度地同步于国外经济下行趋势，这一经济周期同步性的区间不对称，将危害一国经济增长的平稳性。

表 3-3　　　　　　　各国经济周期同步性的区间差异

国家	伙伴国繁荣期	伙伴国萧条期	差额	研究期均值	国家	伙伴国繁荣期	伙伴国萧条期	差额	研究期均值
塞浦路斯#	1.1161	0.9418	-0.1743	1.0213	中国	0.7320	0.9125	0.1805	0.8296
瑞士#	1.1233	0.9837	-0.1396	1.0477	保加利亚	1.1181	1.3039	0.1858	1.2186
爱尔兰#	0.9458	0.8297	-0.1160	0.8827	捷克	1.1779	1.3838	0.2060	1.2889
韩国#	1.0984	0.9846	-0.1138	1.0366	斯洛伐克	1.0722	1.2823	0.2101	1.1861
比利时#	1.4008	1.2871	-0.1137	1.3389	加拿大#	1.1256	1.3555	0.2300	1.2501
德国#	1.1376	1.0535	-0.0842	1.0919	波兰	0.7939	1.0262	0.2323	0.9201

续表

国家	伙伴国繁荣期	伙伴国萧条期	差额	研究期均值	国家	伙伴国繁荣期	伙伴国萧条期	差额	研究期均值
瑞典#	1.3222	1.2642	-0.0580	1.2905	斯洛文尼亚	1.1035	1.3406	0.2371	1.2320
意大利#	1.3743	1.3228	-0.0515	1.3464	匈牙利#	0.9534	1.2326	0.2793	1.1045
法国#	1.3349	1.3175	-0.0174	1.3255	俄罗斯	0.7592	1.0446	0.2855	0.9136
美国#	1.2186	1.2194	0.0008	1.2190	丹麦#	1.1436	1.4298	0.2862	1.2985
日本#	1.1495	1.1689	0.0193	1.1600	奥地利#	1.1528	1.4426	0.2897	1.3096
葡萄牙#	1.1648	1.1995	0.0347	1.1836	巴西	0.3545	0.6635	0.3090	0.5223
英国#	1.1559	1.1930	0.0371	1.1761	罗马尼亚	1.0673	1.3868	0.3195	1.2398
希腊#	0.9358	0.9901	0.0543	0.9652	芬兰#	1.0468	1.3864	0.3396	1.2306
墨西哥	0.9973	1.0576	0.0603	1.0301	马耳他#	0.7418	1.1118	0.3700	0.9428
土耳其	0.9063	0.9911	0.0849	0.9525	印度尼西亚	0.5801	0.9870	0.4070	0.8007
西班牙#	1.1974	1.3012	0.1038	1.2536	立陶宛	0.8815	1.3130	0.4315	1.1145
澳大利亚#	0.8710	0.9884	0.1174	0.9349	爱沙尼亚	0.8915	1.3318	0.4403	1.1290
荷兰#	1.1862	1.3111	0.1249	1.2538	拉脱维亚	0.8793	1.3582	0.4789	1.1376
挪威#	1.0743	1.2158	0.1415	1.1512	印度	0.6382	1.1390	0.5008	0.9086
克罗地亚	1.1054	1.2567	0.1513	1.1873	卢森堡#	0.8580	1.5017	0.6437	1.2062

注：①表中数值报告了一国同贸易伙伴在后者"繁荣期"和"萧条期"的经济周期同步性均值；②"差额"为上述萧条期经济周期同步性和繁荣期经济周期同步性之差，以该差额作为本表排序依据；③"研究期均值"是指 2000～2021 年一国同其余国家经济周期同步性的均值（未进行经济周期区间分解）；④#表示发达国家。

第二，萧条同步高于繁荣同步的现象对于发展中国家更为严重。本书利用萧条期同步性和繁荣期同步性之差对各样本进行排序后发现[1]，排名靠前的 21 国中，有 18 国是发达国家，而在排名靠后的 21 国中，有 14 国是发展中国家。由此可见，相对于发达国家而言，发展中国家和贸易伙伴经济周期同步性具有更为明显的区间差异，萧条同步高于繁荣同步的不对称性对于这些国家更为严重，进而意味着在

---

[1] 这一差额越高，则说明萧条同步高于繁荣同步的现象越发严重。

研究期间，发展中国家经济走势可密切同步于国外经济下行，但难以收敛于国外经济上行，对经济平稳性造成的危害要更大。这一差别可能和各国 GVC 分工参与方式以及分工地位有着紧密联系，根据前文分析，发展中国家主要作为中间品需求方从后向参与 GVC，具有较低分工地位，导致其贸易附加值获取能力有限但外部冲击输入风险较高，那么这些国家经济则难以在国外繁荣期需求溢出的刺激下加速增长，反而会由于国外萧条期风险输入而大幅减速。

（2）中国和各国经济周期同步化的典型事实。本书利用国际经济周期同步性分别和贸易伙伴繁荣、萧条期变量交叉的方式，测度了 2000~2021 年我国和各贸易伙伴在不同经济周期区间下的经济周期同步性，结果见表 3-4。

表 3-4 　　　　　中国国际经济周期同步性的区间差异

贸易伙伴国	伙伴国繁荣期	伙伴国萧条期	研究期均值	贸易伙伴国	伙伴国繁荣期	伙伴国萧条期	研究期均值
全样本	0.7320	0.9125	0.8296	克罗地亚	0.9980	0.7217	0.8473
发达国家	0.7546	0.9292	8465	挪威	0.5768	1.1001	0.8385
发展中国家	0.6974	0.8903	0.8057	澳大利亚	0.7210	0.9515	0.8258
印度尼西亚	1.2801	1.3244	1.3043	瑞典	0.7602	0.9065	0.8200
斯洛伐克	1.3652	1.2426	1.2983	日本	0.6172	0.9976	0.8074
瑞士	1.0748	1.3786	1.2405	土耳其	0.7247	0.8282	0.7670
比利时	1.1375	1.2519	1.1895	巴西	0.2596	1.2201	0.7399
卢森堡	0.9911	1.2954	1.1709	保加利亚	0.9775	0.5666	0.7347
荷兰	1.0098	1.2080	1.1269	塞浦路斯	0.9297	0.5238	0.7268
德国	0.8200	1.4211	1.1206	马耳他	0.4889	0.8507	0.6698
韩国	1.1443	1.0814	1.1129	捷克	0.1915	0.9408	0.6683
拉脱维亚	0.2221	1.5560	1.0710	丹麦	0.8851	0.5041	0.6600
加拿大	0.5909	1.2552	0.9834	匈牙利	0.6044	0.6869	0.6532
澳大利亚	0.9698	0.9526	0.9596	芬兰	0.5892	0.6916	0.6497

贸易 伙伴国	伙伴国 繁荣期	伙伴国 萧条期	研究期 均值	贸易 伙伴国	伙伴国 繁荣期	伙伴国 萧条期	研究期 均值
法国	0.5753	1.2393	0.9374	英国	0.4577	0.6847	0.5712
印度	0.3738	1.1939	0.8957	西班牙	0.5667	0.5657	0.5661
美国	0.8937	0.8793	0.8872	罗马尼亚	0.7935	0.4335	0.5644
葡萄牙	0.9480	0.8031	0.8756	爱沙尼亚	0.3255	0.6898	0.5574
墨西哥	1.0588	0.6551	0.8753	立陶宛	-0.0010	0.8336	0.5301
波兰	0.7490	0.9776	0.8633	俄罗斯	0.3870	0.5112	0.4604
意大利	0.5505	1.1169	0.8594	爱尔兰	0.4457	0.4430	0.4443
斯洛文尼亚	1.1813	0.5742	0.8501	希腊	0.1983	0.3657	0.2896

注：①该表报告了我国同各贸易伙伴在后者"繁荣期"和"萧条期"的经济周期同步性均值；②以研究期均值为依据对国家进行排序。

可以得到的结论有：第一，2000～2021年，我国国际经济周期同步性均值达到0.8296，说明我国和各贸易伙伴保持了显著的经济周期同步趋势。第二，从不同经济周期区间来看，我国和绝大部分贸易伙伴的经济周期也存在"萧条同步高于繁荣同步"的显著不对称性，表明我国在积极参与GVC分工的2000～2021年，经济走势难以有效收敛于迈入繁荣期的国家，但却高度同步与迈入萧条期的国家，从而损害稳增长，该现象可在一定程度上解释我国经济波动风险与下行压力加大的原因。第三，区分不同贸易伙伴来看，我国和经济增长较为稳健的发展中国家在繁荣期的经济周期同步性更弱，但和危机频发的发达国家在萧条期的经济周期同步性更强，进而对稳增长形成了极大的危害。

（三）本章小结

通过构建GVC分工参与度、分工地位的识别方法，并引入虚拟变量改进经济周期同步的识别方法，进而分析 2000～2021 年各国参与 GVC 分工以及国际经济周期同步的特征事实，得到以下主要结论：

第一，世界各国 GVC 分工参与度整体表现出上升态势，其中，发达国家参与 GVC 分工的水平高于发展中国家，分行业看，制造业是各国参与 GVC 的主体。同时，我国 GVC 分工参与水平有一定上升态势，制造业 GVC 参与度总体上高于服务业。值得一提的是，在出口导向型战略下，我国各产业部门通过利用进口中间品大量从事加工和代工生产，导致 GVC 分工参与度和中间品进口占比保持高度同步关系，深度参与 GVC 会引起中间品高比例进口，由此替代了本国附加值产出，使得出口内含本国附加值率降低。

第二，从整个研究期来看，发达国家 GVC 分工地位较高，而发展中国家 GVC 分工地位较低，说明前者主要作为中间品供应者从前向参与 GVC，后者主要作为中间品需求方从后向参与 GVC，形成国际 GVC 分工地位差异。我国 GVC 分工地位较低，不仅低于主要发达国家，甚至还低于部分发展中国家，分行业看，我国制造业 GVC 分工地位远低于服务业，尤其是技术密集型制造业 GVC 分工地位更低。

第三，在全球价值链深度发展的情况下，世界各国经济周期存在显著同步性，与发展中国家相比，发达国家和各贸易伙伴的经济周期同步化水平更高。对经济周期进行区间分解后发现，各国间经济周期存在"萧条期同步高于繁荣期同步"的显著不对称性，对经济增长的平稳性有一定危害，其中，对于发展中国家来说，该现象尤为突出，因此对其经济平稳性的危害要更大，这一国家间差异可能与 GVC 参与方式和分工地位密切相关。我国和世界各国经济周期具有明显同步性，同时也存在着萧条同步高于繁荣同步的显著不对称性，危害稳增长，其中，我国和发展中国家的繁荣期同步性更弱，而和发达国家的萧条期同步性更强，对稳增长产生了极大危害。

四、理 论 分 析

　　已有文献在分析 GVC 与经济周期同步的关联时，多基于分工体系中各制造环节高度互补对"需求供给溢出机制"的强化作用展开，并认为两者之间呈完全线性关系。然而一国在 GVC 分工中获取的附加值利益及遭受的冲击输入水平可能并不对称，进而导致参与 GVC 分工对经济周期同步化的作用因经济周期区间而异，明晰这一差异是明晰国际经济周期传导效应和稳增长可行路径的基础。同时须注意到，一国附加值获取能力和风险抵御能力与 GVC 分工地位密切相关（黄繁华和洪银兴，2020），因此，分工地位成为决定国际经济周期传导效应进而影响一国经济平稳性的重要因素。另外，我国目前正在加快构建"以国内大循环为主体、国内国际双循环相互促进"的新发展格局，在此过程中，国内需求潜力逐渐得到释放，各产业部门将逐渐深化内需主导型 GVC 分工，以充分利用国际、国内要素满足持续扩大的内需，并且国内价值链分工也会因此逐渐深化。在这一情形下，一国附加值生产的动力来自内需，进而将作用于国际经济周期同步，而国内分工网络的发展，将为稳增长奠定扎实基础。因此，揭示内需主导型 GVC 分工以及国内价值链分工和稳增长的理论关联，对于明晰稳增长实现机理也有重要价值。

　　鉴于此，本章内容安排如下：首先，基于经济周期的"繁荣"及"萧条"区间分解，联系一国在 GVC 分工下的附加值获取及风险抵御能力，厘清参与 GVC 分工及分工地位与经济周期同步性的关联，明晰GVC 分工通过传输外界经济周期进而对一国经济平稳性产生的危害，进而从外循环视角解明稳增长机理；其次，以附加值生产的动力结构为切入点，解明内需主导型 GVC 分工对经济周期同步性的作用途径，并联系贸易模式的变动，剖析 GVC 分工内需主导化与经济波动的联系，进而从外循环和内循环融合的视角揭示稳增长机理；最后，从内循环视角入手，在厘清国内价值链对稳增长的直接作用机理的基础上，进一步探讨国内价值链能否改变 GVC 对稳增长的作用，并剖析国内价值链长度与稳增长的关联。最终从 GVC 分工参与和地位、内需主导型 GVC 分工、国内价值链三个层面解明 GVC 嵌入下的稳增长实现机理。

（一） GVC 参与和分工地位对稳增长的作用机理

1. 参与 GVC 分工和经济周期同步的理论关联

继巴科斯等（1995）的研究后，"需求供给溢出机制"被国内外学者视为引起国际经济周期同步的关键原因。在 GVC 分工中，产品制造流程被切割为若干制造环节并在全球优化配置，各国基于不同环节的专业化分工建立垂直生产联系，环节间高度互补使得需求供给溢出机制得以强化，进而加剧外界经济周期输入，使得 GVC 各参与国附加值产出及波动趋势紧密且稳固地相互联系，彼此经济周期愈发同步化（Iossifov，2014；杨继军，2019）。然而，这一作用在经济繁荣与萧条区间可能表现出一定差异。

具体而言，当国外经济迈入繁荣期时，一国参与 GVC 分工会因为分工体系上下游环节高度互补而使他国对其产生更强的正向需求溢出，扩大该国产业部门出口供给并驱动生产总值出现提升趋势，该国经济走势则能在国外更强需求外溢的作用下而收敛于迈入繁荣期的国家。但须注意到，当 GVC 分工中的其他经济体迈入萧条期时，一国将同时受到国外需求侧与供给侧风险的双重影响。在这一时期，国外需求萎靡，进而必然因制造环节高度互补而对一国形成负向需求冲击，导致该国出口供给及生产总值出现下降；同时，一国产品生产所需进口中间品的产量与供应也会因来源国经济萧条而出现更多不稳定、不确定风险，甚至部分来源国为了保持在 GVC 中的技术垄断优势将产生贸易保护动机，以管制高技术复杂度中间品对外供应的方式限制中间品进口国技术赶超（王雅琦等，2018；唐宜红和张鹏杨，2020；陈晓华等，2021），当后者国内缺少可替代的中间品时，其生产总值将在中间品供给不足的影响下进一步萎缩（梅冬州和崔小勇，2017），进而可能导致其经济走势高度同步于迈入萧条期的国家，这可以在一定程度上解释各国经济周期表现为"萧条期同步高于繁荣期同步"的原因。因此，从总体上看，参与 GVC 分工将为一国带来经济走势收敛于国外经济繁荣的利益及同步于国外经济萧条的弊端，并且在世界经济不稳定风险上升的情形下，这一弊端将被放大，进而危及一国经济增长的平稳性。综上所述，本书提出假说 1。

假说 1：参与 GVC 分工在增强国外繁荣期需求溢出的同时，也加剧了国外萧条期需求锐减及中间供应不稳定的双重风险输入，进而使一国经济走势收敛于迈入繁荣期的国家，同时也高度同步于迈入萧条期的国家，对稳增长产生消极作用。

2. 发达国家与发展中国家参与 GVC 分工的作用差异

本书特征事实分析发现，发达国家在 GVC 中处在高端环节，是国际分工主导国，而发展中国家作为跟随国，处在 GVC 分工较低位置，这导致两类国家参与 GVC 分工的模式表现出显著差异，进而将对经济周期同步产生不同影响。具体而言，得益于技术比较优势，发达国家主要作为高复杂度、高价值中间品供应者参与 GVC 分工，处在上游生产阶段，具有较强的附加值获取能力，并且发达国家向外提供的中间品因技术优势具有较低的替代可能性（顾国达和任祎卓，2016），因此，当 GVC 链条上其他经济体迈入繁荣期时，必然对发达国家高价值出口品产生强烈需求溢出并推动后者生产总值显著提升，发达国家经济走势则可密切同步于迈入繁荣期的国家。

相反，包括中国在内的发展中国家主要作为高复杂度、高价值中间品需求国，凭借低端要素优势以后向嵌入为主参与 GVC 分工并处在下游生产阶段（王岚和李宏艳，2015；肖宇等，2019；王振国等，2019），受制于技术和环节劣势，附加值获取能力有限，加之这些国家以服务于外需为目的，通过进口中间品制造出口品，对国内产业部门的附加值产出形成显著替代作用。由此产生的后果是，发展中国家参与 GVC 分工程度越高，其在出口品生产过程中获取的本国附加值越低。在此背景下，当 GVC 链条上其他经济体迈入繁荣期时，虽然能对发展中国家产生更强需求外溢并提升其出口供给水平，但发展中国家由于参与 GVC 分工而显著减少了出口品内拥有的本国附加值，那么出口则不能有效驱动由本国附加值构成的国内生产总值快速增长（许宪春，2019），导致发展中国家经济走势无法收敛于迈入繁荣期的国家。另外，值得一提的是，发达国家和发展中国家均在国外萧条区间面临着需求端及供给端风险输入，经济走势均会同步于迈入萧条期的国家。据此，本书提出假说2。

假说2：发达国家参与 GVC 分工使其经济走势既收敛于国外经济上行，也同步于国外经济下行。与之相比较，发展中国家凭借低端要素优势后向嵌入 GVC 分工，仅能使其经济走势同步于国外经济下行，对稳增长产生的危害要更大。

3. GVC 分工地位与经济周期同步的理论关联

在 GVC 网络中，分工地位决定了一国附加值利益获取及风险抵御能力。GVC 分工地位较低的国家多以进口中间品作为生产性投入，在对外贸易中获得的附加值利益有限，无法凭借出口将国外繁荣期需求溢出高效吸收并转化为本国附加值产出，经济走势则难以收敛于迈入繁荣期的国家；同时，这些经济体本土中间品的供应保障较为薄弱，产品生产又多以满足外需为直接目的，在国外萧条期不能抵御中间品供应不稳定及外需疲软等风险因素输入造成的经济下行压力。因此，GVC 分工地位成为一国经济增长平稳性的决定因素。下文将探讨 GVC 分工地位对国际经济周期同步的影响机理，明晰价值链分工地位提升通过干预外界经济周期输入进而对一国稳增长产生的作用。

　　一般来说，GVC 分工地位提升的主要动力源自一国中间品竞争力与本土自主生产能力增强所带动的对内、对外供应扩张（Koopman et al.，2010；杜运苏和彭冬冬，2018），具体表现为该国所能生产并向国外供应的中间品种类增多、质量与技术含量提升，并在生产领域逐步取代外源中间品。因此，随着 GVC 分工地位提升，一国将拥有更为坚实的中间品供应保障体系，逐渐减少对外源中间品的使用（郑江淮和郑玉，2020），降低其对该国产业部门附加值产出的替代作用；同时，该国也将更多地以向其他国家供应中间品的方式参与 GVC 分工，掌控并逐渐专业化于附加值更高的上游生产阶段，最终使一国在产品制造过程中获得更高附加值利益（Cheng et al.，2015；王振国等，2019）。那么根据以 GVC 为媒介的需求供给溢出机制，当国际分工网络中其他经济体迈入繁荣期时，将通过工序间紧密联系对一国产生正向需求冲击，提升该国产业部门出口供给，而在 GVC 分工地位提升的作用下，该国出口品又拥有更高本国附加值，有利于其凭借出口将需求冲击更大化地转化为本国附加值产出，进而有效吸收国外繁荣期需求溢出，驱动由本国附加值构成的国内生产总值加快增长（许宪春，2019），该国经济走势则愈发同步于迈入繁荣期的国家，提升经济上行的国际同步化水平。

　　从需求供给溢出渠道来看，具有较强风险扩散能力并能将国内、国外经济下行趋势紧密联系的关键途径在于生产的后向国际联系，即通过进口中间品制造出口品以满足外需，这一 GVC 后向参与方式使一国产出在国外萧条区间同时受到需求萎靡及中间品供应不稳定两项外部风险的影响。相反，GVC 分工地位提升可通过两条途径减少此类风险输入。第一，随着 GVC 分工地位提升，一国中间品本土供应保障增强不仅可减少后向国际生产联系，而且能保障国内产业部门在进口中间品供应不足时尽可能获取可替代的本土中间品投入生产，遏制其他国家迈入萧条期时中间品供应不稳定及出口管制风险对本国产出造成的下行压力。第二，处在较高 GVC 分工地位的国家对生产链两端拥有更强控制能力，不仅凭借对研发设计端的控制而主导靠近上游的中间品供应环节，更是通过对市场端的控制而主导靠近下游的成品销售环节。在此情形下，一国会减少依附于进口中间品与外部需求的后向 GVC 分工参与方式，转而在归核化战略的驱动下，基于本土中间品与内需进行全球化生产布局，逐步深化内需主导型贸易分工（凌永辉和刘志彪，2020）。在这一分工模式下，一国通过专业化于 GVC 两端优势环节并将其余相对劣势环节全部或部分外移，在完成中间品生产后将其输出，借助国外生产要素完成后续制造环节，然后复进口至国内供应生产消费，从而在内需的驱动下实现了附加值创造、出口并复进口的国际环流[①]。这将导致一国附加值产出更大程度地取决于本国市场需求，进而有助于遏制其他国家迈入萧条期时外需锐减对该国产出平稳性的冲击[②]。在以上两条途径的作用下，GVC 分工地位提升将使一国经济走势脱离迈入萧条期的国家的影响进而抑制经济下行同步。综上所述，本书提出假说 3 和假说 4。

假说 3：GVC 分工地位提升可驱动一国经济走势同步于国外经济上行趋势、脱离国外经济下行趋势，从而稳定经济增长。

假说 4：GVC 分工地位提升通过强化一国附加值获取能力而促进经济上行同步，并通过提高一国中间品自给率与内需主导型贸易分工深度而抑制经济下行同步。

4. GVC 分工地位提升模式的差异及作用

长期以来，发达国家和发展中国家采取了不同的 GVC 分工地位提升路径。发达国家在技术垄断优势的支撑下占据 GVC 主导地位，发展中国家作为国际分工跟随者难以在技术密集型行业塑造中间品竞

---

① 内需主导型贸易分工的代表性案例之一是美国苹果公司为手机制造组建的跨国生产网络。苹果公司专注于研发设计与市场售后而将其余环节外移，在生产过程中，由美国本土企业完成芯片、基带等核心投入品后出口到中国，中国企业再利用这些投入品与其他中间品完成加工组装，最后向美国出口成品手机以满足其内需，由此美国则在内需的驱动下实现了核心投入品附加值的创造、出口与复进口。

② 前文提到高分工地位国家出口含有更高本国附加值，可能导致附加值产出在遭受负向需求冲击时下降得更多，但这些国家通过提升内需主导型贸易分工深度使产出动力转移到内需，更有利于抵御外部风险。

争优势，只能以复杂度不高的资本密集型行业中间品对外供应为主导推动 GVC 分工地位提升。根据表 4 - 1 计算结果①，2000～2021 年，发达国家技术密集型行业国内附加值间接出口占各类要素密集型行业国内附加值间接出口总额的比重均值高于资本与劳动密集型行业，而在发展中国家，资本密集型行业国内附加值间接出口的占比要更高，该规律在制造业和服务业均成立。这表明发达国家 GVC 分工地位提升的主导力量在于技术密集型中间品对外供应，而驱动发展中国家 GVC 分工地位提升的主要动力源于资本密集型中间品出口。

表 4 - 1　　　　　　国内附加值间接出口的来源产业结构　　　　单位：%

类别	发达国家			发展中国家		
	制造业和服务业	制造业	服务业	制造业和服务业	制造业	服务业
技术密集型	47.19	49.73	39.00	35.49	39.48	27.71
资本密集型	36.66	43.78	31.07	43.73	45.92	38.45
劳动密集型	16.14	6.49	29.92	20.78	14.60	33.84

注：数据是笔者基于 WIOD 和 ADB - MRIO 测算所得。2016 版 WIOD 与 2022 版 ADB - MRIO 分别包含 56 个和 35 个行业，为统一行业分类标准，本书合并了 ADB - MRIO 的 C4 和 C5 行业以对应 WIOD 的 R6 行业，然后，根据《国际标准产业分类》将 WIOD 各行业匹配至 ADB - MRIO 行业。在 ADB - MRIO 各行业中，C1～C2 是农林牧渔矿等初级品生产部门，C3～C16 是制造业，其余行业列入服务业。本书参考樊茂清和黄薇（2014）的做法对制造业和服务业进行要素密集度分类，对应 ADB - MRIO 分类准则，技术密集型制造业为 C9、C13～C15，资本密集型制造业为 C3、C7～C8、C10～C12，劳动密集型制造业为 C4～C6、C16，技术密集型服务业为 C28、C30～C33，资本密集型服务业为 C17、C23～C27、C29，劳动密集型服务业为 C18～C22、C34～C35。

技术密集型行业是全球产业竞争与中间品出口管制的关键领域，

①　一国 GVC 地位提升表现为中间品对外供应扩张带来的国内附加值间接出口比例提升，以及中间品对外需求减少引起的国外附加值出口比例下降，其中，前者是关键。这是因为中间品供应扩张不仅说明一国向 GVC 上游跃升，同时也证实一国中间品生产能力增强，进而可减少对外源中间品的需求。因此，本书从国内附加值间接出口的来源产业结构视角剖析 GVC 分工地位提升的路径差异。基础数据源于 WIOD 和 ADB - MRIO 数据库，样本与测算方法见后文。

存在着较高的中间品供应不稳定风险；同时，一国在该行业拥有的中间品竞争优势也是建立内需主导型贸易分工的根基①。以技术密集型中间品对外供应为主导提升 GVC 分工地位，不仅可凭借此类中间品高额价值加成更为有效地增强产业部门附加值获取能力（陈晓华等，2022），使其充分吸收其他国家繁荣期需求溢出并将此高效转化为本国附加值产出，促进经济走势高度同步于世界经济上行，而且还能基于技术密集型中间品竞争优势不断深化内需主导型贸易分工，并带动高技术中间品本土供应比重持续上升，进而有效减缓其他国家迈入萧条期时外需下降与中间品供应不稳定等风险输入，在世界经济下行期间大幅降低经济走势的国际同步性。因此以技术密集型中间品对外供应为主导驱动 GVC 分工地位提升，可有力增强一国经济增长的平稳性。

从生产工序的物理流程来看，资本密集型行业普遍处在国际分工上游位置，以资本密集型中间品对外供应为主导提升 GVC 分工地位，可能导致该行业过度上游化而成为焦炭、燃油、橡胶、金属等低端工业原料以及低附加值服务的供应者（王岚，2014；张会清和翟孝强，2018）。受此拖累，产业部门整体附加值获取能力的提升幅度比较有限，进而难以有效提升经济上行的国际同步水平。同时，一国若采取这一 GVC 分工地位提升路径，则说明产业部门未能有效培育技术密集型中间品竞争力及本土供应保障能力，这一方面不利于减少高技术中间品进口需求以显著提升高风险产业领域的中间品自给率，另一方面还难以基于技术密集型中间品输出建立内需主导型贸易分工模式，进而不足以抵御国外萧条期进口中间品供应不稳定及外需下降等风险，无法有效遏制经济下行的国际同步化，导致经济维稳效果不佳。综上本书提出假说 5。

①　技术密集型行业工序可分性和复杂度相对更高，有更强生产协作需求，基于归核化战略更易产生外移劣势环节而建立内需主导型贸易分工的动机，因此这一分工模式多集中于技术密集型行业；同时，建立内需主导型贸易分工又要求一国具备较高分工地位从而在中间品领域建立较强竞争优势，那么技术密集型行业中间品竞争优势则成为建立内需主导型贸易分工的重要基础。

假说5：依靠技术密集型中间品对外供应提升GVC分工地位，可有力增强经济增长的平稳性；然而以资本密集型中间品对外供应为主导推动GVC分工地位提升，对经济上行同步的促进作用以及对经济下行同步的抑制作用均较为有限，导致稳增长效果不佳。

（二）内需主导型GVC对稳增长的作用机理

目前，双循环新发展格局的构建可能导致各产业部门不断深化内需主导型GVC分工，并导致我国参与GVC分工的目的由服务于外需逐渐转向服务内需，进而出现内需主导化趋势。这一分工模式下，产业部门附加值创造更多地取决于国内需求，并且贸易模式、分工结构等条件与外需主导型GVC分工①有着本质区别，进而将显著改变国际经济周期同步化规律及一国经济增长的平稳性。本部分一方面将从双边维度厘清内需主导型GVC分工对经济周期同步性的影响机理，另一方面从单边维度剖析GVC分工内需主导化对经济波动的作用机理，剖析这一分工模式对经济平稳性的作用及潜在风险，明晰我国在以内循环主体的双循环新发展格局下稳增长的可行策略及路径。

1. 内需主导型GVC与经济周期同步的理论关联

内需主导型GVC分工是一国以国内市场需求为导向外包部分制造环节，通过输出本国中间品或原材料，结合国外生产资源进一步加工，再以最终品或中间品形式返回国内供国民消费或供企业生产而建立的国际分工体系（刘斌等，2018），在价值环流层面则体现为一国

---

① 已有文献基于出口中的间接国内附加值与国外附加值分析价值链分工参与度与价值链分工地位，这些附加值均被国外所吸收，因此，实际上关注的是外需主导型价值链分工。

在内需主导下创造增加值并输出国外市场，与国外创造的增加值结合后回流，被国内消费直接吸收或再次结合国内生产部门创造的增加值后被吸收。因此，在内需主导型 GVC 分工中，一国增加值生产动力与外需主导型 GVC 相比有着本质区别。

目前，已有文献普遍认为 GVC 作用于国际经济同步的机制在于"需求供给溢出效应"，但这一机制仅对外需主导型价值链分工有效。原因是，在该分工模式下，各国增加值生产的根本动力在于国外需求，其他国家总需求扩张或萎靡因 GVC 各环节的衔接性而溢出至本国，足以引起本国中间品、最终品供应与生产规模同步于国外经济周期（Costas & Ananth，2009；杨继军，2019）。然而一国在其所构建的内需主导型 GVC 分工中，增加值创造以满足国内市场需求为导向，因此，这一机制无法解释内需主导型 GVC 分工对国际经济同步的影响机理。

事实上，随着内需主导型 GVC 分工深化程度的提高，一国参与 GVC 会愈发以满足内需为导向，这将使其增加值生产的动力结构出现根本性转变，即由国外市场需求拉动逐渐转向由国内市场需求拉动，导致增加值生产的内需拉动比例不断上升。在此背景下，一方面，国外经济萧条虽导致外需出现萎缩，但本国增加值创造动力已伴随内需主导型 GVC 分工深化而更多地向内需转换，这不仅可减轻外需萎缩对本国经济的冲击，而且还能使本国在相对于外需更加稳定的内需驱动下尽可能确保产出平稳，本国则可在一定程度上独立于国外经济下行进而获得经济独立利益。另一方面，增加值生产的动力向内需转换，也使得外需溢出对本国产出的贡献及刺激作用下降，那么外需扩张将不足以促进本国经济跟随国外同步增长，进而可能减弱外部增长动力，使本国增长速度滞后于处在繁荣期的经济体，这也是内需主导型 GVC 分工带来的一项弊端。但从总体来看，深化内需主导型 GVC 将通过转换附加值创造的动力结构，减少国外需求侧不确定因素输入，使一国在相对稳健的内需驱动下实现更加平稳的经济增长，获得更大的经济增长"自主权"。综上所述，本书提出假说6。

假说6：深化内需主导型GVC分工，将通过转换增加值创造的动力结构，使一国宏观经济独立于国外经济下行而享有经济独立利益，同时也滞后于国外经济上行而有一定弊端。

2. 内需主导型GVC分工构建方式的作用

在内需主导型GVC分工中，一国生产并输出国外的附加值会以中间品或最终品进口形式回流，这是该国为规避自身要素比较劣势而将对应环节外包的结果（刘斌等，2018）。相对于最终品组装工序，中间品加工环节复杂度相对较高且要素国际可替代性较低，一国输出附加值并隐含在中间品内回流，实质是其外包了中间品制造环节，通过输出原料并结合外包目的国更加先进的技术、材料等要素进行定制化生产，而后以复进口方式回流国内以满足本土企业中间品需求，以这种方式构建内需主导型GVC分工体现出该国生产体系在一定程度上依赖于外包目的国比较优势生产要素，进而也会影响经济周期同步。

目前国际科技竞争日益激烈，贸易不确定性持续上升，拥有要素比较优势的技术领先国通常通过对技术输出予以管控来打压他国技术进步（姜辉，2018；陈晓华等，2021）。当处于技术领先地位的外包目的国进入经济萧条状态，更为严格的管控措施可能导致中间品因包含外包目的国技术、材料等比较优势生产要素而遭到输出管控，无法从这些国家回流发包国，然而后者往往难以依靠国内要素生产这些中间品，其生产总值则会因中间品回流的"外源约束"而难以持续增长。在此背景下，一国依靠增加中间品环节外包的方式构建内需主导型GVC分工，则表明其生产体系对包含在回流中间品内的国外比较优势生产要素的依附性越强，那么在国外经济萧条状态下，因技术输出管控无法回流且国内难以生产的中间品数量会越多，该国经济增长将愈发因中间品回流受阻而减速并难以独立于国外经济下行，抑制内需主导型GVC分工在国外经济萧条期为一国带来的经济独立利益。相比而言，在外包目的国经济繁荣状态下，中间品回流受阻风险较低，增加中间品环节外包可能并不会显著影响内需主导型 GVC 分工对经济周期同步的作用。综上所述，本书提出假说 7。

假说 7：依靠增加中间品环节外包的方式构建内需主导型 GVC 分工，将抑制该分工模式驱动一国独立于国外经济萧条的作用，损害经济平稳增长。

3. 内需主导型 GVC、内生增长动力与经济增长

深化内需主导型 GVC 分工为一国经济带来外部增长动力减弱进而滞后于国外经济上行的弊端，但鉴于内需主导型 GVC 是一国外包比较劣势环节、吸收包含在回流产品内的外部比较优势生产要素的重要手段（刘斌等，2018），因此又可通过提升全要素生产率（TFP）的方式，使一国在更强内生增长动力的支撑下加速经济增长，进而弥补这一弊端。

内需主导型 GVC 分工可在以下三个渠道的作用下提升 TFP。一是资源优化配置效应。在内需主导型 GVC 深化过程中，一国将比较劣势环节外包，而自身专业化于比较优势环节，不仅有利于生产要素向高效率环节集中（钟世川等，2021），还能提升比较优势环节规模并获得更大规模经济，从而改善 TFP。二是中间品效应。一国输出增加值并以中间品形式回流，使该国在生产过程中能够使用包含了国外比较优势生产要素且价格更低或质量更高的中间品（吕越等，2017；Sampath & Vallejo，2018），有利于降成本并提升 TFP。三是技术溢出效应。回流国内的中间品、最终品往往是国外先进技术、设计、材料等要素的重要载体，这为一国学习吸收国外技术创造了便利条件（邵朝对和苏丹妮，2017），进而促进该国 TFP 提升。然而更要注意到，随着内需主导型价值链分工不断深化，一国持续外包比较劣势环节并借助国外生产资源填补自身短板，可能使本国企业减弱创新积极性（张建清等，2020），逐渐丧失依靠自主创新来补齐比较劣势环节短板的动力，这将抑制 TFP 提升并减缓经济增长。因此，内需主导型 GVC 分工通过增强内生增长动力进而加速一国经济增长的作用并

非是线性的，而是呈倒"U"型特征，该作用将伴随内需主导型 GVC 分工深化而递减。综上所述，本书提出假说 8。

假说 8：深化内需主导型 GVC 可使一国依靠更强内生增长动力来加速经济增长，弥补其导致一国滞后于国外经济上行的弊端，但该作用随着内需主导型 GVC 分工的深化而递减。

4. GVC 分工的内需主导化与经济波动的理论关联

在内需主导型 GVC 分工不断深化的过程中，一国逐渐形成"出口—复进口"的折返型 GVC 参与方式，那么其参与 GVC 分工的目的将由服务于外需逐渐转向服务内需，进而出现内需主导化趋势。在此情形下，一国出口贸易将更多地与服务于内需的复进口相挂钩，并且由于复进口被国内消费最终吸收，本土消费品生产供应部门因此也得以深化国际分工参与水平，那么该国贸易模式、分工结构等条件将发生重大变动，进而通过三个效应作用于经济波动，进而影响稳增长。

一是国外贸易保护抑制效应。贸易保护是引起经济波动的重要原因之一，一般来说，本国若以服务于外需为目的参与 GVC 分工，会导致大量商品或服务进入他国并构成他国消费来源，挤压后者本土供应者市场空间并减少其可供应的工作岗位，他国为了保障就业、避免本土产业受到进口冲击，则会实施贸易保护措施（唐宜红和张鹏杨，2020）。受此影响，本国对外贸易的稳定性将发生下降，进而极易引发经济波动。相反，以服务于内需为目的参与 GVC 分工时，贸易模式将发生根本性改变，本国向他国输出的商品和服务并非用来满足后者最终需求，而是作为他国生产面向本国市场的出口品所依赖的投入品，这一方面将本国出口与复进口相挂钩，避免出口对他国消费品市场空间产生直接挤占，另一方面还将他国从本国的进口和向本国的出口品生产相挂钩，他国也会因服务于本国需求而获得贸易利益，进而使双边国家构成利益共同体，削弱他国贸易保护动机。因此，随着 GVC 分工的内需主导化，本国出口对他国消费市场的直接挤占作用逐渐下降，双边国家利益关联也将不断增强，进而有利于减少他国对本国实施的贸易保护措施，提升本国出口稳定性，最终减少经济波动，提升经济增长的平稳性。

二是国内需求提振效应。GVC分工下存在国际投入产出关联机制，将服务于外需的本国生产者产出与他国需求波动紧密联系，当他国由于偶发因素在最终消费或中间投入端出现需求疲软时，必然会减少其对于本国出口品的需求，进而引发本国产出下降，此时若国内需求不振，则无法应对外需疲软导致的产出波动。为服务于内需而参与GVC分工时，国内消费品生产供应部门依靠复进口得以深化国际分工参与度，这创造了提振内需的条件。从成因来看，GVC分工内需主导化，是由本国根据国际比较优势差异对产品生产工序进行全球分散化布局而诱发的，本国生产者基于投入品输出，利用他国低成本或高质量要素进一步完成中间品与最终品生产（刘斌等，2018），而后引入国内消费品生产供应领域，这不仅能降低本土产业生产成本与最终品供应成本，还能显著提高产品与服务供应质量，进而有利于刺激国内消费，产生内需提振效应。那么在国外需求疲软时，国内消费需求则能构成支撑产出持续增长的重要动力，有利于抑制经济波动。

三是生产效率提升效应。相对于出口部门，一国国内消费品生产供应部门国际分工参与度不高，生产效率也往往更低（Melitz，2003）。当一国仅为服务于外需而参与GVC分工时，出口部门可通过后向参与全球生产网络获取低成本、高质量中间品，从而提升生产效率，但由于此类中间品并不直接进入国内消费品生产供应部门，因此这些部门难以借此获得效率提升。然而，当GVC分工向服务于内需转变时，供应国内市场的本国生产者可依靠折返型GVC参与方式深化国际分工融入程度，复进口获得的低成本、高质量中间品直接进入这些部门，会通过投入产出效应对低效率部门的生产效率产生促进作用。同时，复进口至国内的中间品或最终品往往含有国外更具优势的材料、技术或设计，从而构成同类企业学习模仿的对象，这也将产生更为直接高效的技术溢出效果，从而构成促进生产效率提升的又一重要因素。在更高生产效率的支撑下，本国各产业应对国内外冲击的能力将得到大幅提升（赵金龙等，2022），有利于减少经济波动。综上所述，本书提出假说9。

假说9：GVC分工的内需主导化将通过贸易保护抑制效应、国内需求提振效应与生产效率提升效应减少经济波动，进而助力稳增长。

5. GVC分工内需主导化作用的国家及行业差异

长期以来，发达国家是贸易保护的主要发起国，推动本国与发达国家间GVC分工实现内需主导化，则能更多地将本国向发达国家的出口与本国从发达国家的复进口相挂钩，显著降低出口品对发达国家市场空间的挤占，减少贸易保护主义主要发起国向本国实施的贸易保护，从而有效发挥贸易保护抑制效应。同时，相对于发展中国家，发达国家在技术、设计等方面普遍拥有比较优势，与发达国家间GVC分工实现内需主导化，能使本国消费品生产供应部门从发达国家复进口中获取具备更高技术含量与质量的中间品及最终品，这不仅更有利于刺激国内消费，而且通过投入产出关联与技术溢出也能为这些部门生产效率注入更强提升动力，放大内需提振效应和生产效率提升效应，从而更有利于减少本国经济波动，助力稳增长。另外，从行业特征来看，劳动密集型行业由于复杂度有限而极少参与国际分工，各环节国内配置比例较高，较少形成折返型国际分工参与模式，该行业GVC分工的内需主导化程度有限，难以发挥对经济波动的抑制作用。相反，资本密集型行业与技术密集型行业国际生产分割程度更高，其中，前者是各行业产品生产的上游供应者，后者因各环节复杂度较高，对国际生产协作有较高要求，这两个行业是形成折返型国际分工参与方式的主要力量，因此有着较高的GVC分工内需主导化水平，进而对经济波动的抑制作用更为明显。综上，本书提出假说10和假说11。

假说10：推动与发达国家间GVC分工实现内需主导化，更有利于抑制经济波动。

假说11：相对于劳动密集型行业，技术和资本密集型行业GVC分工内需主导化对经济波动的抑制作用更为明显。

（三）国内价值链对稳增长的作用机理

鉴于我国所提出的构建内外"双循环"新发展格局的战略任务，将建立独立自主的国内价值链、树立内循环主体地位作为应对外部风险的重要举措（张二震和戴翔，2023）。本部分将着重剖析国内价值链与稳增长的理论关联，一方面厘清国内价值链对稳增长的直接作用机理，并探讨国内价值链如何改变 GVC 对稳增长的影响，另一方面分析国内价值链长度作用于经济波动的具体机理，进而为我国借助内循环夯实稳定经济的内源动力并抵御外循环下的风险输入，最终实现稳增长提供理论依据。

1. 国内价值链、全球价值链与稳增长

在我国产业部门深度参与 GVC 分工的同时，国内生产分割也在并行发展，驱动产品生产过程在我国本土地域范围出现"功能分离"和"空间分离"，各区域和行业以服务于本国生产和消费为目的，通过专业化于自身优势生产工序而外移劣势工序，形成国内价值链分工体系，实现本土要素整合与优化配置，这将通过三个途径影响我国稳增长。

第一，加强技术创新。技术创新是各经济单位获得长期持续经济增长的根本动力，也是有效应对外部市场环境变动进而减少经济波动的关键手段（杨震宁等，2021），对我国稳增长有着决定性作用。通过参与国内价值链，产业部门根据比较优势原则将部分低效率工序转移，由国内其他生产者承接，自身则能专注于核心高效率工序，从而压缩成本并在生产过程中提高价值加成与利润获取空间，为技术创新提供内源融资便利。同时，参与国内价值链的生产者会由于投入产出关联而建立紧密的业务往来，这一方面能够促进生产者之间互信互助，降低商业信贷获取难度，另一方面还能凭借业务单证的信号传递

作用消除其与银行金融中介之间的信息不对称性，为创新活动提供外源信贷融资便利（陈凤兰和张鹏飞，2022）。此外，随着国内价值链深入发展，生产链条将由更多生产者分割，这又会加强竞争并迫使生产者不断进行技术创新以避免被生产链"淘汰"。最终通过上述创新驱动作用，参与国内价值链将赋予各产业更强增长动力，并使其得以有效应对市场风险，进而助力稳增长。

第二，提升消费活力。有效需求不足是阻碍我国稳增长的重要因素，在开放发展模式的驱动下，我国产业部门长期参与 GVC 分工微利环节生产，导致劳动者收入水平较低；同时，GVC 下的产品与要素流动具有外向型特征，生产者无论是采取前向参与还是后向参与模式，产品生产多以供应海外市场为目的，因此以满足外需为导向参与 GVC 分工难以起到改善国内供给的目的，进而无法有效激发本土消费活力。在此情形下，当外界需求下降时，国内消费难以为经济稳增长提供足够支撑，必然减弱经济增长动力并引发经济波动（Akyüz，2011；刘瑞翔等，2021）。参与国内价值链是各产业优化配置生产工序进而整合本土生产要素的行为，可形成提振消费的条件。首先，随着国内价值链参与度提升，生产者将不符合自身比较优势的生产环节转移至其他本土企业，仅保留优势生产工序，而对于承接工序外移的企业而言，这些工序往往处于更高的生产阶段，这有利于国内价值链参与企业将劳动力配置于更为高端的生产环节，提升各环节参与者收入水平。其次，生产者以服务本土生产和消费为目的参与国内价值链，通过吸收全国各区域更具比较优势的生产要素和投入品，有利于降低生产成本并提升产品质量，促进国内消费品提质降价。在以上两条途径的共同作用下，参与国内价值链将刺激国内消费，成为拉动经济增长并抵御外需下降所致经济波动的动力源泉，进而保障稳增长。

第三，提升市场多元化水平。长期以来，我国地方政府为了保障当地就业并实现经济增长目标，普遍采取地方保护主义手段，进而形成了较为严重的市场分割现象（李自若等，2020），由此引致的信息不对称问题导致生产者跨区域市场搜索困难，阻碍要素和产品自由流动，进而造成销售市场集中度过高，难以分散市场风险，这成为阻碍稳增长的又一因素。相反，随着国内价值链的发展和完善，生产者跨区域、跨行业配置生产工序，有助于打破流通壁垒和市场分割现象（黎峰，2016a），为其开拓销售市场奠定基础；同时，国内价值链作为有序、规范且稳定的分工网络，能够便利信息传递（盛斌等，2020），降低生产者跨区域进行市场搜索的难度和成本，助力其服务市场多元化发展，进而借助多元化市场在拉动产出快速增长的同时，有效分散局部市场冲击风险（Vannoorenberghe，2012；Caselli et al.，2020），最终实现稳增长。据此，本书提出假说12。

假说12：参与国内价值链能够通过强化创新、提高消费活力和市场多元化水平的途径稳定经济增长。

要明晰国内价值链能否改变GVC对稳增长的影响，则必须从单边层面厘清GVC对我国稳增长的直接作用机制。结合前文分析可知，长期以来，在国内供需两侧双弱的情况下，我国各产业主要通过后向参与方式融入GVC（张志明和杜明威，2018），进而面临着来自外部需求和供给端的双重冲击，这会通过两条途径影响稳增长。

一是外部市场需求依赖。由于本土市场需求不足，各产业为了追求利润最大化，普遍选择服务于国外市场，然而国外市场又对进口品设置了较为严苛的质量壁垒与产品更新换代要求，那么依靠技术与设备从事加工贸易与代工生产则成为产业部门的必然选择（凌永辉和刘志彪，2020）。通过这一方式后向参与GVC分工，一方面导致产业生产与出口相挂钩，消费端严重依赖国外市场，另一方面还造成供给结构与国内需求相脱离，难以实现出口转内销（易先忠等，2017），从而导致各产业对外部市场需求产生持续依赖性。在此情形下，国际经济周期性衰退或偶然性负向冲击引发的外需下降将更易导致我国经济波动。

二是外部高复杂度中间品供给依赖。由于我国本土供给质量不佳，各产业为迅速获取出口竞争优势，普遍依赖GVC获取外部高复杂度中间品，以进口方式替代自主生产与研发，这不仅导致国内产业攻克中间品"卡脖子"技术的动力减弱，而且还对本土同类中间品生产者的市场空间产生严重挤压，使其难以依靠本土需求获得资本与利润积累，阻碍中间品创新发展，无法弥补生产供应能力不足的短板，进一步加剧高复杂度中间品外部供给依赖，由此则形成了外部风险的重要传输渠道。当中间品供应国发生经济衰退时，高复杂度中间品生产与供应的不确定性增大，主要供应国更是会限制这些中间品对外供给以削弱我国竞争优势，而我国各产业又难以在国内获取替代品，那么产出增长的持续性必然受到高复杂度中间品短缺的冲击而下降，阻碍稳增长。综上本书提出假说13。

假说13：参与 GVC 分工通过加剧外部市场与高复杂度中间品供给依赖损害稳增长。

随着国内价值链不断完善，GVC 分工对我国稳增长的阻碍作用会逐渐下降。这是因为，参与国内价值链一方面可驱动本土生产分工进一步细化，提升中间制造环节的专业化程度，进而有利于降低中间品生产成本，提升中间品供给种类和质量，另一方面又可为我国中间品生产者创造更多本土需求，这不仅可使之在内需的拉动下实现资本和利润积累，便利研发活动融资，同时又能吸引更多生产者进入中间品领域，通过加剧竞争倒逼其提升创新动力，为中间品创新发展奠定基础，促进国产中间品生产技术与能力提升，进而实现对进口高复杂度中间品的替代，减少关键环节暴露于外界风险的比重（谷方杰等，2022），缓解 GVC 分工参与造成的外部高复杂度中间品供给依赖及其对稳增长的冲击。

另外，参与国内价值链虽然可便利各产业获取本土市场信息，并通过提升其创新水平与国内消费活力，为外向型经济基于内需创造新型出口竞争优势、灵活对接国内市场需求创造条件，然而这并不必然导致各产业以国内市场替代国外市场。原因是，在开放发展这一基本国策下，国外市场已成为各产业消费端的重要组成部分与经营利润的关键来源，那么处在全球价值链条下的企业参与国内价值链后，为了追求利润最大化，必然会在重视并积极服务于国内市场需求的同时，继续服务于国外市场；同时，我国还存在着大量并不供应国内市场的"纯出口"型企业，这些企业作为全球价值链的重要参与主体，仅面向国外需求进行产品设计与生产，消费端完全依赖国外市场，并且依赖度不会因国内价值链激发了本土消费而下降。因此，参与国内价值链难以明显降低我国对海外市场的依赖程度，进而并不能通过缓解全球价值链造成的外部市场依赖而稳增长。相反，国内各产业可依靠国内价值链降低出口转内销难度的这一积极作用，有效应对外部需求疲软的冲击，即在冲击发生时，借助国内市场弥补国外市场需求不足，进而推动经济持续增长。据此提出假说14。

假说14：参与国内价值链可缓解 GVC 参与造成的外部高复杂度中间品进口依赖，进而对稳增长产生积极影响。

2. 国内价值链长度与稳增长

目前，价值链长度被学界定义为初始投入品经加工成为消费品所经历的分工阶段数，即通过追踪附加值在生产链条留下的足迹，反映生产分工的广度、空间分布与复杂度（Wang et al.，2017；赵晓斐和何卓，2022）。随着国内价值链分工逐渐深入，企业将改变内部垂直一体化和本地化生产模式，进而使生产体系出现分散化趋势。在此情形下，各产业生产链条从功能上被细化拆分并在空间上跨区域、跨行业、跨企业拓展，导致国内价值链的长度不断延伸，这将通过提升产业韧性、优化资源配置及弥补制度环境不足等途径减缓经济波动，进而助力我国稳增长。

首先，提升产业韧性。从产业韧性的表现来看，生产分工中各环节供需匹配度以及特定环节供给的强健程度决定着产业在面临市场风险时适应调整并迅速恢复稳态的能力（陶锋等，2023），是影响经济增长平稳性的重要因素。国内价值链长度延伸可以从两个方面增强产业韧性，第一，从环节间连结来看，在国内价值链长度提升的过程中，生产者依据区域要素结构差异，以成本最小化为目标跨区域和行业分割并配置生产环节，进而可使其在更大的地域和行业范围内选择供应商，有利于增强供应来源的可替代性，减少供应端风险；同时，区域分工网络因国内价值链长度延伸而不断织密，通过融入更多参与者并使之建立常态化互动协作关系，有利于链上企业信息互通共享进而协同进行生产与库存决策，增进各环节供需匹配质量，使得产业更具韧性。那么当遭遇外部风险时，产业部门则可基于市场信号协同应对，进而形成更强适应调整能力（Ismail & Sharifi，2006；Hosseini et al.，2019），减少经济波动。第二，从各环节供给质量来看，随着国内价值链长度延伸，产品制造环节被不断拆分并由更多企业共同分担，在比较优势原则的作用下，企业必将外包劣势工序而专业化于优势制造环节，而承接工序外包的企业往往又在该承接工序具备比较优势，这有利于链上各环节企业基于自身在优势环节的知识、人力资本和资金积累，强化其在该环节实现创新的能力，进而提升各环节供应质量，驱动产业链供应链升级（陶锋等，2023）。更加值得一提的是，企业间关联与互动因国内价值链长度延伸而不断增强，不仅为链上企业组建创新联盟、促进产业开放协同创新提供了契机，同时也扩大了知识溢出的空间范围，有利于降低创新活动的成本、难度和风险，尤其是有利于推动产业协同来攻克核心技术"卡脖子"难题，实现关键环节自主可控（Goldfarb & Tucker，2019；Chu et al.，2019），进而增强产业韧性，降低经济波动水平，增强产业部门经济增长的平稳性。

其次，优化资源配置。长期以来，在粗放型经济增长方式下，我国存在严重的资源错配问题，这会引起产业生产效率损失（Brandt et al.，2013；白俊红和刘宇英，2018），进而丧失经济持续增长的动力，并导致其抵御外部冲击的能力不足（赵金龙等，2022），难以抑制经济波动。相反，随着国内价值链长度提升，企业将自身劣势工序向外转移，可引导更多生产资源流入比较优势环节，提升内部资源配置效率。在此过程中，产品制造环节跨企业、跨区域分割推动产品内分工不断细化，为了降低交易成本，相关产业则会向特定区域集中进而形成产业集群，而集群内所拥有的更优分工协作网络能够促进生产要素充分流动并精准匹配各环节需求，减少资源错配（陈凤兰和张鹏飞，

2022）。另外，伴随生产环节细化拆分，更多企业融入价值链条将引致更强竞争，这也有助于淘汰冲击抵御能力不足的低效率和技术落后企业，促进生产要素流向高效率企业，避免资源错配导致的效率损失和经济波动。

最后，弥补制度环境的不足。目前我国制度环境存在明显不足，主要体现在区域间市场分割和市场化水平有限（宋马林和金培振，2016），这导致我国难以形成一体化大市场，阻碍信息和资源跨区域流动，无法为经济持续增长提供足够的市场和要素支撑，从而构成引致经济波动的又一因素。随着国内价值链长度延伸，产业内龙头企业和核心企业凭借自身政企关系与较强的环节配置能力，将本地生产体系嵌入其他省市生产网络，可助力破除地方保护主义和区域间市场壁垒，同时，凭借国内价值链长度延伸对信息传递范围的扩大作用，还能打破市场分割造成的信息沟通障碍，推动建立市场准入畅通、竞争充分有序的全国统一大市场（邵朝对和苏丹妮，2017）。在此情形下，生产者即可及时、准确获取全国各区域消费偏好和市场规模信息，进而拓展销售市场并精准对接不同市场需求，有效分散需求端风险。另外，国内价值链长度延伸还可帮助各产业形成"地瓜经济"，通过串联上下游各区域生产者和资源，充分吸收国内多样化比较优势而支撑本地经济发展，破解市场化水平有限导致要素跨区域流动受阻的问题。在此情形下，国内价值链则会部分地行使市场功能，由中间品跨区域流动替代要素流动，这不仅会提升本地生产效率，增强各行业对风险因素的抵抗能力，还能为本地经济持续增长提供更强动力，进而减缓经济波动。据此提出假说15。

假说15：国内价值链长度提升能够通过增强产业韧性、优化资源配置与弥补制度环境不足等途径降低我国经济波动水平，提升经济增长的平稳性。

长期以来，外循环作为我国经济发展不可或缺的动力之一，对内循环下国内价值链长度延伸的作用也有重要影响。历史上我国采取了先促进外循环后促进内循环的经济赶超战略，目前国内价值链分工的发展及治理水平依然相对滞后（黎峰，2016b），而开放度更高的区域和行业，通过深度参与全球生产网络，不仅能凭借全球生产链条向国内转移而促进区域间经济开放，为国内价值链长度延伸提供良好外部条件，而且能够从更为成熟的 GVC 体系中学习先进的链条运作和管理模式，从中获取的组织协调、信息沟通和链条治理等方面经验（盛斌等，2020），可便利生产者在延长国内价值链长度的过程中，进一步提高对链上各环节空间配置和生产协作的管理效率，从而放大国内价值链长度延伸在强化产业韧性、优化资源配置与弥补制度环境不足等方面的作用，更有利于减缓经济波动。

从分工地位来看，在 GVC 分工中处于较高地位的生产者，往往处于上游供应者位置，更有可能参与组织协调、链条管理等活动，并将学习积累的此领域经验投入其所处于的国内价值链条延伸和治理活动。同时，高地位生产者在国际市场竞争的倒逼下，积累了更多高质量生产要素，这些要素包含在投入品内，伴随国内价值链长度延伸向不同环节企业传递，更有利于增强产业韧性并优化资源配置，加之这些生产者在政企关系和生产环节空间配置能力上具有独特优势，可主导国内价值链长度延伸并借此打破区域间市场壁垒，进而有效弥补制度环境的不足。因此，GVC 分工地位更高的地区和行业延伸国内价值链长度，对经济波动的减缓作用及对稳增长的促进作用要更强。据此，本书提出假说 16。

假说 16：当开放度和 GVC 分工地位更高时，国内价值链长度延伸对经济波动的减缓作用要更强，可有效稳定经济增长。

从不同行业来看，制造业和服务业的产业分工组织模式不同，可能导致国内价值链长度延伸的作用表现出异质性。具体而言，因服务难以仓储和运输，限制了区域间生产分割与分工协作，导致服务业国内价值链的长度较短，进而难以有效发挥上述各项作用进而减缓经济波动。相反，制造业生产流程的复杂性与可分性较高，是生产环节跨区域分割进而延伸国内价值链条的主导力量，因此对减缓经济波动发挥着更为关键的作用。另外，从不同区域来看，东部区域是我国高技术、高生产复杂度企业的集聚地，这些企业往往对跨区域分工协作有更高需求，进而能够串联起更多本地和其他省域上下游生产者，国内价值链长度更占优势，同时，东部区域作为我国经济开放与对外贸易的前沿阵地，参与全球生产分工更为深入，由此获取的价值链条治理经验又可提升其管理更长国内价值链条的能力，因此，东部区域各行业国内价值链长度延伸的经济波动减缓作用也会更强。据此提出假说17。

假说17：相对而言，制造业和我国东部区域各行业国内价值链长度延伸对经济波动的平抑作用更强，稳增长效果更佳。

（四）本章小结

本章首先基于外循环视角，联系一国附加值利益获取及风险抵御能力，分析了 GVC 分工参与和分工地位对国际经济周期同步性的作用机理；其次，基于外循环和内循环相融合的视角，以附加值创造的动力结构和贸易模式变迁为切入点，分析内需主导型 GVC 分工的作用；最后，基于国内大循环视角，探讨了国内价值链参与、国内价值链长度与稳增长的关联，最终在理论上从 GVC 参与和分工地位、内需主导型 GVC 以及国内价值链三个层面明晰了稳增长的具体实现机理和可行路径。研究发现：

第一，参与 GVC 分工将为一国带来收敛于国外经济上行的利益及同步于国外经济下行的弊端，并且弊大于利，危害稳增长；其中，发达国家主要作为中间品提供国参与 GVC 分工，进而导致其经济走势既收敛于国外经济上行，也同步于国外经济下行，而发展中国家以后向嵌入为主参与 GVC 分工，附加值获取能力有限，因此参与 GVC 分工仅能使其经济走势同步于国外经济下行，对稳增长的危害较大。相反，GVC 分工地位提升将改变上述不利影响，使一国在获取更高附加值利益进而更大化吸收国外繁荣期需求溢出的同时，提升中间品自给率与内需主导型贸易分工深度而更大化抵御外部风险，进而使该国经济走势同步于迈入繁荣期的国家并脱离迈入萧条期的国家，提高经济增长的平稳性。然而以资本密集型中间品对外供应为主导提升 GVC 分工地位，将显著抑制上述作用，导致经济维稳效果不佳。

第二，深化内需主导型 GVC 分工将通过转换附加值创造的动力结构，使一国经济独立于国外经济下行进而获得经济独立利益，并且也脱离国外经济上行，进而有一定弊端，但总体上能为一国带来更大的经济增长"自主权"，有助于保障稳增长。然而以中间环节外包方式构建内需主导型 GVC 会抑制上述经济独立利益。同时，深化内需主导型 GVC 又可使一国获得更强内生增长动力，进而加速经济增长并弥补以上弊端，但该作用伴随内需主导型价值链分工深化而递减。另外，随着内需主导型 GVC 不断深化，一国参与 GVC 分工的目的将出现内需主导化趋势，这会通过贸易保护抑制效应、国内需求提振效应与生产效率提升效应减少经济波动，助力稳增长，其中推动与发达国家间 GVC 分工实现内需主导化，对稳增长的促进作用更大。

第三，国内价值链是实现经济稳定的又一抓手，参与国内价值链分工不仅可以通过强化创新、提高消费活力和市场多元化水平直接提升经济增长的平稳性，而且还能通过缓解 GVC 造成的高复杂度中间品进口而间接稳增长。同时，促进国内价值链长度延伸，将通过增强产业韧性、优化资源配置与弥补制度环境不足等途径降低我国经济波动水平，进而稳定经济增长，且当开放度和 GVC 分工地位更高时，这一积极作用要更强。

五、GVC 参与、分工地位和稳增长的实证研究

本章将立足于外循环视角，研究 GVC 分工参与、GVC 分工地位对经济周期同步化的影响，基于此厘清参与 GVC 对经济平稳性的危害以及实现稳增长的可行路径及条件，进而在实证上剖析 GVC 参与下的稳增长实现机制。

（一）GVC 参与对经济周期同步的影响

GVC 通过强化需求供给溢出机制，对外界经济周期有着更强的输入能力。在此背景下，厘清 GVC 分工在不同经济周期区间对经济周期同步性产生的异质性作用与形成原因，是明晰国际经济周期传导效应及定位稳增长策略的基础。本部分将利用 2000～2021 年 42 国双边维度的面板数据，在对经济周期进行区间分解的基础上实证考察参与 GVC 分工对国际经济周期同步的影响，对第四部分理论分析中获得的假说 1 与假说 2 进行检验①，进而从实证角度解明参与 GVC 对一

① 假说1：参与 GVC 分工在增强国外繁荣期需求溢出的同时，也加剧了国外萧条期需求锐减及中间供应不稳定的双重风险输入，进而使一国经济走势收敛于迈入繁荣期的国家，同时也高度同步于迈入萧条期的国家，对稳增长产生消极作用。假说2：发达国家参与 GVC 分工使其经济走势既收敛于国外经济上行，也同步于国外经济下行。与之相比较，发展中国家凭借低端要素优势反向嵌入 GVC 分工，仅能使其经济走势同步于国外经济下行，对稳增长产生的危害要更大。

国经济平稳性带来的危害与原因，为改善国际经济周期传导效应以实现稳增长提供经验基础。本部分研究的边际贡献在于：一是将参与GVC分工对经济周期同步化的作用考察细化到经济周期区间，突破了已有文献对两者间恒存在线性关联的认识；二是在中国经验分析中，联系产业部门参与模式厘清了GVC分工参与在不同经济周期区间对经济周期同步性产生异质性作用的原因，为稳增长对策分析提供了精准依据；三是基于贸易流量分解模型对所有样本国家双边维度的出口总值进行细化分解，通过扣除第三方附加值成分，提高了双边层面GVC分工参与度识别结果的准确性。

1. 研究设计

（1）计量模型设定。

本部分实证研究旨在解释参与GVC分工对经济周期同步化作用的区间异质性，因此，本部分通过构造虚拟变量对经济周期进行区间分解，基于跨国双边维度面板数据构建GVC分工参与度和经济周期同步性的关系方程式：

$$\mathrm{BCM}_{ij,t} = \alpha + \beta_1 \mathrm{GVC}_{ij,t} \times \mathrm{BOOM}_{j,t} + \beta_2 \mathrm{GVC}_{ij,t}$$
$$\times \mathrm{DEPR}_{j,t} + \beta_3 \mathrm{Control}_{ij,t} + \varepsilon_{ij,t} \qquad (5.1)$$

式中，被解释变量 $\mathrm{BCM}_{ij,t}$ 表示 t 年国家 i 与国家 j 经济周期的同步化水平，核心解释变量 $\mathrm{GVC}_{ij,t}$ 是双边 GVC 分工的参与水平。为了对经济周期区间进行分解，本部分借鉴李翘楚和成力为（2019）的做法，构造 $\mathrm{BOOM}_{j,t}$ 与 $\mathrm{DEPR}_{j,t}$ 虚拟变量分别标记与国家 i 进行贸易的 j 国经济繁荣期及萧条期[1]。另外，为了得到更为准确的实证结果，本部分引入控制变量集 $\mathrm{Control}_{ij,t}$，其涵盖贸易、金融、产业结构、国内政策等多项因素，同时，本部分还将控制时间与"国家对"的固定效应

---

[1] 方差膨胀因子（VIF）检验结果显示，各解释变量之间并无多重共线性问题。

以尽可能缓解计量模型的内生性[①]。$\varepsilon_{ij,t}$ 是随机扰动项。

（2）变量构造。

①经济周期同步性。首先，以塞尔奎拉和马丁斯（2009）构造的瞬时相关系数式（3.7）来测算国家 i 与国家 j 实际经济活动的同步性 $R_{ij,t}$，这一方法能准确刻画同步性的时变特征而更加适用于面板数据研究。

其次，使用式（3.8）对瞬时相关系数进行费舍尔转换，以此测度样本国家两两之间的经济周期同步性 $BCM_{ij,t}$。

②双边 GVC 分工参与度（Bilateral GVC Participation，$GVC_{ij,t}$）。本书基于库普曼等（2010）提出的单边 GVC 参与度指数（GVC_Participation Index），将其度量范围拓展到双边维度，通过扣除贸易中非由双边国家产出的第三方附加值，形成双边 GVC 参与水平识别指标 $GVC_{ij,t}$ 的计算公式。

$$GVC_{ij,t} = (iva_{ij,t} + fva_{ij,t} + iva_{ji,t} + fva_{ji,t})/(va\_ex_{ij,t} + va\_ex_{ji,t})$$

$$(5.2)$$

式中，$va\_ex_{ij,t}$、$va\_ex_{ji,t}$ 分别代表以附加值形式计量的国家 i 至国家 j、国家 j 至国家 i 出口金额，其余变量为上述两项附加值的重要组成部分。$iva_{ij,t}$ 与 $iva_{ji,t}$ 依次为国家 j 为满足第三方需求而间接出口的国家 i 中间品国内附加值、国家 i 为满足第三方需求而间接出口的国家 j 中间品国内附加值；$fva_{ij,t}$、$fva_{ji,t}$ 分别表示国家 i 向国家 j 出口中的国家 j 附加值、国家 j 向国家 i 出口中的国家 i 附加值。

③经济繁荣（$BOOM_{j,t}$）及萧条（$DEPR_{j,t}$）区间的识别。已有研究多借助人为设定临界值以区分经济增速区间的方式对繁荣与萧条进行识别，因人为因素干扰可能影响识别结果的准确性。鉴于此，本部分基于 Hodrik – Prescott 滤波器估算各国实际国内生产总值对长期趋势的偏离度，得到各样本国 j 各年度实际国内生产总值的波动项，将

---

① 参考潘文卿等（2015）、唐宜红等（2018）的做法，采取"国家 i×国家 j"的形式控制国家对固定效应。

波动项大于零的年份定义为繁荣期,对 $BOOM_{j,t}$、$DEPR_{j,t}$ 变量依次取值 1 与 0;将波动项小于零的年份定义为萧条期,对 $BOOM_{j,t}$、$DEPR_{j,t}$ 依次取值 0 与 1。

④总贸易强度($TIN_{ij,t}$)。已有文献证实了总贸易强度对国际经济周期同步的作用在全球、区域和行业层面均成立,因此本部分借鉴程惠芳和岑丽君(2010)的研究,用式(5.3)对总贸易强度进行度量并在实证研究中控制该因素。

$$TIN_{ij,t} = (va\_ex_{ij,t} + va\_ex_{ji,t})/(T_{i,t} + T_{j,t}) \qquad (5.3)$$

式中,$va\_ex_{ij,t}$、$va\_ex_{ji,t}$ 含义同上文;$T_{i,t}$、$T_{j,t}$ 分别为国家 i、国家 j 的对外贸易总额。

⑤双向金融一体化程度($FII_{ij,t}$)。金融投资是经济冲击跨国境扩散造成国际经济周期同步的媒介之一,该媒介作用能否有效发挥及所发挥的作用大小取决于双向金融一体化程度。本部分基于钦和伊藤(Chinn & Ito,2006)提出的资本账户开放度指数,建立双向金融一体化程度测度公式。

$$FII_{ij,t} = FINO_{i,t} + FINO_{j,t} \qquad (5.4)$$

式中,$FINO_{i,t}$、$FINO_{j,t}$ 分别代表国家 i 与国家 j 开放度。

⑥产业结构相似度($STRU_{ij,t}$)。产业结构是否相似关系到两国经济的增长动力及对共同冲击的反应是否一致,本部分借鉴卡尔德隆等(Calderon et al.,2007)的做法对其度量。

$$STRU_{ij,t} = \sum |S_{i,t}^h - S_{j,t}^h| \qquad (5.5)$$

式中,$S_{i,t}^h$ 与 $S_{j,t}^h$ 分别表示 h 产业实现的增加值占国家 i、国家 j 的 GDP 比重。

⑦汇率波动程度($ERF_{ij,t}$)。汇率波动对贸易、投资等经济周期传输渠道带来更多不确定性,是国际经济周期同步的影响因素之一。本部分借鉴黄赜琳和姚婷婷(2018)的方法对其度量。

$$ERF_{ij,t} = |ERV_{i,t}| + |ERV_{j,t}| \qquad (5.6)$$

式中,$ERV_{i,t}$、$ERV_{j,t}$ 分别表示国家 i、国家 j 货币对美元实际汇率的增幅。

⑧政府支出同步性（SGOVEX$_{ij,t}$）。调节政府支出是各国干预经济周期的必要手段，因此支出同步性可能影响国家间经济周期同步。为控制该因素，本部分建立对其的度量公式。

$$SGOVEX_{ij,t} = |GOVEX_{i,t} - GOVEX_{j,t}| \qquad (5.7)$$

式中，GOVEX$_{i,t}$、GOVEX$_{j,t}$分别表示国家 i、国家 j 政府支出与 GDP 之比。

（3）数据说明。本部分实证研究以 2000~2021 年 42 个国家双边层面的面板数据为基础。各变量的数据来源如下：双边价值链分工参与及总贸易强度计算所需附加值双边流量数据均为笔者根据王直等（2015）建立的贸易流量分解模型与 2016 版 WIOD、2022 版 ADB - MRIO 中数据计算所得[①]。各国实际国内生产总值数据来自世界银行数据库，各国对外贸易规模数据来自 WTO 数据库，资本账户开放度数据来自 The Chinn - Ito Index 数据库，实际汇率测算所需数据来自 Penn World Table 数据库，汇率、各产业实现的增加值、政府支出等数据来自 UNCTAD 数据库。

2. 对国际规律的考察结果

（1）基准估计结果。表 5 - 1 报告了基于全球样本获得的 OLS 基准估计结果，各列结果显示，双边 GVC 分工参与和繁荣期、萧条期变量的交叉项 GVC × BOOM、GVC × DEPR 系数均显著为正，意味着参与 GVC 分工能使一国经济走势既收敛于迈入繁荣期的国家，又同步于迈入萧条期的国家。同时，列（6）估计结果中 GVC × DEPR 变量的系数与显著性水平均高于 GVC × BOOM 变量，进一步说明参与 GVC 分工为一国带来经济走势同步于国外经济下行的弊端，要大于收敛于国外经济上行的利益，进而对一国稳增长带来危害，契合假说 1

---

① 2000~2014 年基础数据来自 2016 版 WIOD，2015~2021 年基础数据来自 2022 版 ADB - MRIO。

的理论预期。本书在对经济周期进行区间分解的基础上展开实证分析，发现参与 GVC 分工对国际经济周期同步性的影响力度并非呈完全线性特征，而是随着国外经济周期区间转换而变动，一国在 GVC 分工下因国外繁荣期需求溢出而得以加速经济增长的同时，也会由于国外需求疲软与中间品供给不稳定风险输入而导致经济增速紧跟国外经济萧条出现更大幅度下跌，这成为大部分样本国家经济周期表现出"萧条期同步高于繁荣期同步"的重要原因。因此，要改善国际经济周期传导效应，使一国在参与 GVC 分工的情况下实现经济平稳增长，必须要重视并着力遏制上述风险输入。

表 5-1　　　　　　　　对全球样本的基准估计结果

变量	（1）	（2）	（3）	（4）	（5）	（6）
GVC×BOOM	0.4408 *** (0.1026)	0.3980 *** (0.1025)	0.1910 * (0.1026)	0.2324 ** (0.1022)	0.2442 ** (0.1022)	0.2439 ** (0.1022)
GVC×DEPR	0.8571 *** (0.1009)	0.8255 *** (0.1009)	0.6268 *** (0.1008)	0.6692 *** (0.1006)	0.6819 *** (0.1006)	0.6814 *** (0.1007)
TIN		0.6547 *** (0.0701)	0.4492 *** (0.0705)	0.3574 *** (0.0706)	0.3483 *** (0.0707)	0.3435 *** (0.0709)
FII			0.0803 *** (0.0050)	0.0543 *** (0.0053)	0.0529 *** (0.0053)	0.0524 *** (0.0053)
STRU				−0.6787 *** (0.0550)	−0.6863 *** (0.0550)	−0.6677 *** (0.0572)
ERF					−0.2410 *** (0.0777)	−0.2412 *** (0.0777)
SGOVEX						−0.0032 (0.0024)
常数项	0.9796 *** (0.0197)	0.9423 *** (0.0200)	0.7455 *** (0.0234)	1.0184 *** (0.0316)	1.0541 *** (0.0334)	1.0646 *** (0.0345)

续表

变量	(1)	(2)	(3)	(4)	(5)	(6)
样本量	37876	37876	37876	37876	37876	37876
时间固定效应	控制	控制	控制	控制	控制	控制
国家对固定效应	控制	控制	控制	控制	控制	控制
R^2	0.1253	0.1276	0.1341	0.1377	0.1379	0.1380

注：①括号内数值为稳健标准误；② *** 、** 、* 分别表示 1% 、5% 与 10% 的显著性水平；③下文报告实证结果时略去控制变量结果。下同。

控制变量回归结果的含义是：第一，总贸易强度对国际经济周期同步均有显著正向影响，与潘文卿等（2015）、邵宇佳和刘文革（2020）的实证研究结论相同，再次印证由外需主导的贸易是国际经济周期同步的重要成因。第二，金融一体化为跨国资本流动提供了便利，扩大不稳定因素的传输渠道，进而对国际经济周期同步有正向影响。第三，产业结构若趋一致，两国经济增长动力以及对共同冲击的反应则更加相近，经济周期同步性也越高。第四，国际贸易与投资是经济周期的重要传输媒介，货币汇率波动下降有利于增强这些经济活动的稳定性，从而使得该传输媒介扩张，经济周期的双边同步提升，这可能为一国带来更多经济波动风险，然而更应意识到，汇率波动不利于稳外贸、稳投资，反而会提升一国经济增长的不确定性和波动性。第五，政府支出水平的同步化未能带来经济周期同步，这是因为在世界经济周期波动风险上升的情况下，一国经济波动的决定因素，尤其是外部决定因素更加错综复杂，导致政府对内干预经济的效果相对弱化，在此背景下，政府调控步伐的一致性不足以导致各国经济周期产生同步性。

（2）内生性处理结果。鉴于 GVC 分工参与和经济周期同步性变量之间可能存在内生性风险，本部分采用基于工具变量的两阶段最小二乘法（2SLS–Ⅳ）进行处理，结果见表 5–2。首先，参考陈晓华等（2022）的做法，对核心解释变量进行一期滞后作为工具变量（Ⅳ-a），所得回归结果见列（1）~（2）。其次，参考金等（Jin et al.，2022）的研究，借助贸易中的重复计算部分构造工具变量。重复计算部分是进出口统计偏误，与进出口跨境次数及贸易量高度相关，但并不会计入各国 GDP，因此是建立工具变量的较好选择。鉴于此，本部分测算了双边维度下来自国内和国外账户的中间品附加值重复计算额占附加值出口总额的比重，将其滞后一期作为工具变量（Ⅳ-b）。一般来说，双边中间品进出口越密集，那么贸易量中含有的重复计算金额则越大，这使得工具变量Ⅳ-b和核心解释变量存在强相关关系，但由于重复计算部分独立于各国 GDP（王直等，2015），因此 Ⅳ-b 变量无法直接影响各国经济周期同步化趋势，从而满足外生性要求。基于该工具变量的回归结果见列（3）~（4）。从各列 2SLS-Ⅳ 估计的统计量来看，LM 检验与 C-D 检验均拒绝原假设，说明不存在识别不足与弱工具变量问题，Hansen J 检验结果为 0，计量模型恰好识别，因此，本部分工具变量选取是有效的。相应结果显示，在处理内生性后，参与 GVC 分工使一国既收敛于世界经济上行，又高度同步于世界经济下行的结论仍成立，说明上文获得的基准分析结果可靠。

表 5-2　　　　　　　　　　内生性处理结果

变量	（1）	（2）	（3）	（4）
	Ⅳ-a		Ⅳ-b	
GVC×BOOM	3.7033 *** (0.3992)	2.5247 *** (0.4104)	0.7373 *** (0.1703)	0.4801 *** (0.1702)
GVC×DEPR	4.0736 *** (0.3106)	2.9966 *** (0.3195)	1.1572 *** (0.1436)	0.9315 *** (0.1425)
控制变量	不控制	控制	不控制	控制
时间固定效应	控制	控制	控制	控制
国家对固定效应	控制	控制	控制	控制

续表

变量	(1)	(2)	(3)	(4)
	Ⅳ – a		Ⅳ – b	
LM 检验	1178. 18 ***	1133. 16 ***	1498. 80 ***	1493. 94 ***
C – D 检验	1011. 65 [7. 03]	981. 84 [7. 03]	2201. 08 [7. 03]	2194. 38 [7. 03]
Hansen J 检验	0. 000	0. 000	0. 000	0. 000
样本量	36156	36156	36156	36156

注:①本表报告了基于 2SLS – Ⅳ方法获得的第二阶段估计结果;②LM 检验即为拉格朗日乘数检验,C – D 检验为 "Cragg – Donald Wald F" 检验;③ [ ] 中数值为 Stock – Yogo 检验 10% 水平临界值。下同。

(3) 稳健性检验结果。本部分对上述估计结果进行了多项稳健性检验,结果如表 5 – 3 所示。第一,替换主要变量。一是利用瞬时相关系数测算经济周期同步性,相应实证结果如列 (1) 所示;二是利用实际国内生产总值的增长率替代波动性成分,测算经济周期同步性,实证结果如列 (2) 所示;三是将折返附加值纳入双边 GVC 分工参与水平的核算范围,对核心解释变量进行再次测算后进行实证分析,结果见列 (3);四是参考潘文卿等 (2015) 及唐宜红等 (2018) 对 GVC 参与的定义,以两国附加值出口中包含的出口目的国附加值占比之和测算 GVC 分工参与度,实证结果如列 (4) 所示。本部分采用多种方法替换主要变量后发现,实证研究结论并未因变量测算方法的变化而改变,仍然表明参与 GVC 分工为一国带来收敛于国外经济萧条的弊端大于同步于国外经济繁荣的利益。

第二,剔除特定行业。鉴于农林牧渔矿等初级产品生产部门开放度较低,并未深入参与 GVC 分工,本部分将这些行业剔除之后进行实证分析,列 (5) 研究结果未有明显变动。第三,排除特定样本。一是排除经济大国。经济大国因其经济规模对世界经济有着重要影响,同时这些国家也能更为有力地调控国内经济及其与别国的经济周期同步性,因此经济大国样本可能会主导研究结论,为避免这一可能性，本部分结合 IMF 发布的《世界经济展望报告》，剔除美国、中国、日本、德国、英国、法国、巴西七个大国样本后展开实证研究，结果见列（6）；二是剔除高开放经济体。已有文献研究中普遍发现贸易是国际经济周期同步的重要因素，而高开放经济体与世界各国有着更强的贸易关联，是否选择这些样本可能成为研究结论能否成立的关键，因此，本部分依据 2000～2021 年各样本国家外贸依存度计算结果，排除研究期均值最高的斯洛伐克、比利时、捷克、匈牙利、斯洛文尼亚、爱沙尼亚、立陶宛、荷兰、马耳他、保加利亚十个国家，利用剩余样本展开实证分析，结果见列（7）。可见排除对实证研究结果可能有重要影响的特定样本后，并未实质性改变研究结论。因此，上文估计结果是稳健可靠的。

表 5 – 3   稳健性检验结果

变量	(1) 不对称 相关系数	(2) 增长率 同步	(3) 纳入折返 附加值	(4) 仅考虑目的 国附加值	(5) 排除初级 产品部门	(6) 排除经济 大国	(7) 排除高开 放经济体
GVC × BOOM	0. 3255 *** (0. 0721)	0. 2227 ** (0. 1058)	0. 2512 ** (0. 1012)	3. 0635 ** (1. 4125)	0. 3804 *** (0. 1067)	0. 2056 * (0. 1102)	0. 4148 *** (0. 1241)
GVC × DEPR	0. 4379 *** (0. 0686)	0. 4677 *** (0. 1018)	0. 6699 *** (0. 0998)	5. 2858 *** (1. 5678)	0. 8244 *** (0. 1056)	0. 7381 *** (0. 1092)	0. 6928 *** (0. 1213)
常数项	0. 5494 *** (0. 0235)	1. 1575 *** (0. 0359)	1. 0639 *** (0. 0345)	1. 1261 *** (0. 0312)	1. 0456 *** (0. 0346)	1. 0943 *** (0. 0385)	1. 0639 *** (0. 0409)
控制变量	控制	控制	控制	控制	控制	控制	控制
时间固定 效应	控制	控制	控制	控制	控制	控制	控制
国家对 固定效应	控制	控制	控制	控制	控制	控制	控制
样本量	37884	37876	37876	37876	37876	31562	28858
R^2	0. 1746	0. 1155	0. 1379	0. 1366	0. 1382	0. 1420	0. 1415

（4）异质性检验结果。

①对国家样本分组研究结果。发达国家和发展中国家处在 GVC 的不同分工位置，因参与 GVC 的模式差异而具有不同的附加值获取能力及外界冲击输入风险，进而可能对国际经济周期同步性有不同影响。为了明晰两类国家参与 GVC 分工的后果有何异质性，本部分对 42 国进行分组，分别在不纳入和纳入控制变量的情况下，对计量模型分别进行参数估计，结果如表 5 – 4 所示。

由此研究结果可得出两项结论：第一，发达国家参与 GVC 分工使其经济走势既收敛于迈入繁荣期的国家，也同步于迈入萧条期的国家，对经济增长的平稳性产生了一定危害。第二，发展中国家参与 GVC 分工导致其经济走势仅能同步于经济萧条国家，而无法收敛于经济繁荣国家，进而使得国际经济周期萧条同步高于繁荣同步的现象对于此类国家更明显，因此，对经济平稳性的危害也要更为严重。以上结论与假说 2 相符，同时说明，发展中国家主要作为中间品需求者以后向参与为主融入 GVC 分工，并不能依靠国外繁荣期需求溢出而驱动经济加快增长，经济增速难以收敛于世界经济上行，相反仅能使其经济增长愈发受制于国外萧条期风险输入而减速，经济走势更易同步于世界经济下行，稳增长压力更大。

表 5 – 4　　　　　　　　　对发达与发展中国家的研究结果

变量	(1)	(2)	(3)	(4)
	发达国家		发展中国家	
GVC × BOOM	0.4013 *** (0.1336)	0.2347 * (0.1333)	0.2178 (0.1841)	0.1307 (0.1834)
GVC × DEPR	0.7912 *** (0.1328)	0.6454 *** (0.1333)	0.7614 *** (0.1748)	0.6865 *** (0.1737)
常数项	1.0375 *** (0.0266)	1.0700 *** (0.0508)	0.9397 *** (0.0332)	1.1581 *** (0.0570)

续表

变量	（1）	（2）	（3）	（4）
	发达国家		发展中国家	
控制变量	不控制	控制	不控制	控制
时间固定效应	控制	控制	控制	控制
国家对固定效应	控制	控制	控制	控制
样本量	22546	22546	15330	15330
R^2	0.1183	0.1280	0.1673	0.1759

②对制造业和服务业的研究结果。本部分在对发达国家和发展中国家样本进行分组的基础上，进一步实证考察制造业和服务业参与GVC分工的作用与差异，所得结果如表5－5所示。

对发达国家样本研究后发现，制造业和服务业参与GVC分工均会导致经济走势既收敛于世界经济上行，又同步于世界经济下行，同时，制造业GVC分工参与变量与繁荣、萧条期虚拟变量交叉项的估计系数要高于服务业，这表明制造业是引起这一现象的主导力量。对发展中国家的研究结果表明，相对于服务业，制造业参与GVC分工将引起国家经济走势更大程度地同步于世界经济下行，也证实了制造业的主导作用。由此可见，无论对于发达国家还是发展中国家，制造业参与价值链分工对稳增长的危害均要更大。这是因为，制造业是世界各国参与GVC分工的主体，该行业生产环节之间因零部件、技术等中间品具有更强专用性而拥有更加紧密的相互联系，相对而言，服务业GVC参与度相对较低，且各环节联系相对松散，因此，制造业参与价值链分工对国际经济周期同步的作用力度要更大。鉴于此，要改善国际经济周期传导效应以实现经济平稳增长，各国须重视并着力防范制造业参与GVC分工带来的国外风险输入。

表 5 - 5 对制造业和服务业的研究结果

变量	(1)	(2)	(3)	(4)	(5)	(6)	(7)	(8)
	发达国家制造业		发达国家服务业		发展中国家制造业		发展中国家服务业	
GVC×BOOM	1.0055*** (0.1627)	0.7567*** (0.1618)	0.4815*** (0.1112)	0.2997*** (0.1109)	0.5637* (0.3148)	0.4455 (0.3011)	0.4435 (0.2767)	0.1917 (0.2742)
GVC×DEPR	1.4394*** (0.1579)	1.2137*** (0.1578)	0.7832*** (0.1105)	0.6251*** (0.1105)	1.2598*** (0.2970)	1.1516*** (0.2821)	0.8249*** (0.2722)	0.5875** (0.2664)
常数项	0.9609*** (0.0254)	1.0167*** (0.0506)	1.0075*** (0.0261)	1.0404*** (0.0522)	0.8846*** (0.0480)	1.1009*** (0.0873)	0.8960*** (0.0582)	1.1546*** (0.0915)
控制变量	不控制	控制	不控制	控制	不控制	控制	不控制	控制
时间固定效应	控制	控制	控制	控制	控制	控制	控制	控制
国家对固定效应	控制	控制	控制	控制	控制	控制	控制	控制
样本量	22546	22546	22546	22546	15330	15330	15330	15330
R^2	0.1199	0.1290	0.1187	0.1281	0.1685	0.1770	0.1675	0.1755

3. 对中国经验的考察结果

（1）基准估计结果。在利用中国样本进行实证分析时样本量大幅下降，因此本部分采用有限样本性质更好的系统 GMM，在控制特定时期冲击（美国金融危机）的基础上[①]，对计量模型进行参数估计。同时，鉴于我国和各国经济周期的同步性因经济周期区间而异，本书还新增繁荣期虚拟变量作为控制变量。相应地，表 5 - 6 结果显示，AR（2）检验与 Hansen 检验结果均符合 GMM 估计要求，说明模型并不存在二阶序列相关与过度识别问题，估计结果是可靠的。

表 5 - 6 　　　　　　　　　对中国样本的研究结果

变量	（1）	（2）	（3）
	全行业	制造业	服务业
GVC × BOOM	- 1.8894 ** （0.8959）	- 3.3883 ** （1.4668）	3.6529 （3.5780）
GVC × DEPR	4.6964 *** （0.9510）	4.4202 *** （1.5959）	3.8992 * （2.1289）
常数项	0.5026 ** （0.2054）	0.5733 * （0.3315）	1.0165 *** （0.1902）
控制变量	控制	控制	控制
金融危机	控制	控制	控制
AR（1）	0.000	0.000	0.000
AR（2）	0.104	0.425	0.211
Hansen 检验	0.374	0.389	0.302

---

　　① 以设置年份虚拟变量的方法进行控制，美国金融危机于 2007 年爆发并迅速影响我国经济，因此实证研究中对 2007～2008 年金融危机的影响实施控制。

变量	（1）	（2）	（3）
	全行业	制造业	服务业
样本量	902	902	902
工具变量数	46	46	46

根据列（1）结果可知，我国参与 GVC 分工导致经济走势脱离迈入繁荣期的国家，但又同步于迈入萧条期的国家，这一结论解释了我国和大部分贸易伙伴经济周期存在萧条同步高于繁荣同步特征的原因，同时也意味着，相对于其他发展中国家，参与 GVC 分工对我国稳增长的危害要更大。笔者认为，产生这一结论的原因在于，长期以来，我国作为技术追赶国，在技术比较劣势的限制下依靠低端要素优势大量从事下游的加工与代工生产活动，主要从后向参与 GVC 分工（尹伟华，2017；王振国等，2019），进而相对于其他发展中国家建立了更高的后向国际生产联系；同时，由于国内外中间品质量的巨大差异，我国企业更加倾向于进口技术水平与质量更佳的中间品，而外贸便利化又减小了国内外中间品的价差（施炳展和张雅睿，2016），加剧这一选择倾向，我国本土中间品部门因此未能发展壮大，从而"放任"各产业在中间品选择中形成进口依赖（陈晓华等，2019）。

在此背景下，一方面，参与 GVC 分工导致国内产业部门愈发密集地投入进口中间品并对本国附加值产出产生替代作用，在我国 GVC 分工地位较低进而限制附加值获取能力的情况下，出口品内含本国附加值率会明显下降，受此影响，我国凭借出口将国外繁荣期需求溢出转化为本国附加值产出的能力大幅降低，进而使得产出总值增长速度滞后于世界经济上行。另一方面，GVC 分工参与度提升导致我国产业部门越发依赖于中间品进口，在国外经济迈入萧条期时中间品供应不稳定及出口管制风险上升，导致我国所需进口中间品供应不足，然而受限于技术劣势本土中间品又难以对其进行替代，从而加强了外界风险输入，使我国生产总值锐减进而愈发同步于世界经济下行。

列（3）~（6）对制造业和服务业的研究结果显示，服务业参与价值链分工并不会导致我国经济走势脱离世界经济下行，而制造业才是引起上述现象的主导力量。原因是制造业是我国产业发展与对外开放的核心行业，凭借大规模附加值国际流动能够主导国际经济周期同步性的变动，同时，制造业有着更高的开放水平和价值链分工参与度，更易接触并倾向于采购国外高质量中间品，对本国附加值产出的替代作用及其带来的外界风险输入更强；相反，服务业开放度相对较低，无法主导经济周期同步性的变动。鉴于此，下文实证分析中将不再单独考察服务业的情况。

（2）异质性检验结果。

①对贸易伙伴分组研究结果。从各国经济增长与危机发生历史来看，发展中国家实现了更快经济增长且增速相对稳健，发达国家则相反，近年来陷入增长乏力的困境，并且经济不稳定和爆发新一轮危机的风险上升，那么我国经济走势若能和前者在繁荣期实现高度同步而和后者在萧条期脱钩，则是稳增长的更优路径，遗憾的是上文特征事实分析发现现实情况并非如此。为了获知成因，本部分进一步对发达国家和发展中国家贸易伙伴分组进行实证研究，鉴于欧盟国家以发达经济体为主，因此本部分也采取了欧盟和非欧盟国家的分组研究方法。具体做法是，以 HIC、LIC、EU、NEU 虚拟变量标记发达、发展中、欧盟和非欧盟贸易伙伴，构造各变量与核心解释变量的交叉项进行实证研究，结果见表 5 - 7。

可见参与 GVC 分工将使我国经济走势更大化地脱离发展中国家和非欧盟国家经济上行，而更大化地同步于发达国家和欧盟国家经济下行，这一现象对我国经济平稳性造成了极大危害。原因在于，一方面，我国和发展中国家、非欧盟经济体之间的 GVC 分工更为集中于劳动密集型产业部门，该部门不同生产阶段的互补性相对于资本和技术密集型产业部门更低（顾国达和任祎卓，2016），从而导致我国和这些国家之间基于 GVC 分工的需求供给溢出效应较弱，正向需

表 5 - 7　区分贸易伙伴的研究结果

变量	(1) 全行业	(2) 全行业	(3) 制造业	(4) 制造业	变量	(5) 全行业	(6) 全行业	(7) 制造业	(8) 制造业
GVC×BOOM×HIC	-1.9929*** (0.9422)		-1.7372** (0.9653)		GVC×BOOM×EU	-1.3966* (0.7944)		-2.0158** (0.8008)	
GVC×BOOM×LIC	-2.7193*** (0.6715)		-2.3353*** (0.6537)		GVC×BOOM×NEU	-3.1307** (1.1678)		-4.2694*** (1.4089)	
GVC×DEPR×HIC		5.5585*** (0.8754)		5.6404*** (1.0962)	GVC×DEPR×EU		6.2349*** (1.3139)		2.7219*** (0.9376)
GVC×DEPR×LIC		2.8445*** (0.9588)		2.2104*** (0.8300)	GVC×DEPR×NEU		5.2405** (1.6144)		1.8753* (1.0119)
常数项	1.7229*** (0.1291)	1.0188*** (0.1754)	1.9316*** (0.1107)	0.9068*** (0.1377)	常数项	1.3914*** (0.0747)	3.0131*** (0.3887)	2.1289*** (0.1570)	0.9733*** (0.1407)
控制变量	控制	控制	控制	控制	控制变量	控制	控制	控制	控制
金融危机	控制	控制	控制	控制	金融危机	控制	控制	控制	控制
AR(1)	0.000	0.000	0.000	0.000	AR(1)	0.000	0.000	0.000	0.000
AR(2)	0.372	0.163	0.272	0.275	AR(2)	0.336	0.294	0.498	0.135
Hansen 检验	0.575	0.408	0.559	0.397	Hansen 检验	0.583	0.336	0.394	0.377
样本量	902	902	902	902	样本量	902	902	902	902
工具变量数	46	46	46	46	工具变量数	46	46	46	46

求溢出的相互传递作用较为有限，因此，GVC 分工会使我国更大化脱离发展中国家和非欧盟国家经济上行。另一方面，我国在 GVC 分工下获取的进口中间品，尤其是高质量中间品多源自发达国家和欧盟国家等中间品出口管制的主要发起国，从而使我国在这些国家萧条期面临极大的中间品供应管制甚至断供风险，在此情形下，参与 GVC 分工会使我国经济走势更大化地向发达国家和欧盟国家经济下行收敛。

②对危机前后时段的研究结果。为了明晰参与 GVC 分工的作用在全球金融危机发生后是否发生明显改变，本部分建立金融危机前（BF）和金融危机后（AF）虚拟变量，对于 BF 变量，2008 年以前各年度取值为 1，以后各年度取值为 0，AF 变量则相反。通过构造两者和核心解释变量的交叉项进行研究，表 5-8 结果显示，无论在危机前还是危机后，我国参与 GVC 分工导致经济走势脱离世界经济上行趋势而同步于世界下行趋势的现象始终存在，但相比而言，在金融危机后该现象明显缓解，进而减轻了我国稳增长的压力。

这一结论的成因在于，后危机时期，全球经济增长乏力，主导 GVC 供给端的发达国家加大了贸易保护力度，导致供应链断裂的风险明显加大，我国产业部门则被迫减少了中间品进口。同时，国内产业在"干中学"、自主研发的推动下技术水平获得明显提升，逐渐向 GVC 分工上游延伸（王振国等，2019；倪红福和王海成，2022），部分依靠国外供应的中间品已可实现本土生产，中间品国内供应保障逐步增强，导致进口比例缩减，各产业在对外贸易中获取的附加值也明显提高（张会清和翟孝强，2018）。由于这一转变，我国在 GVC 分工下将国外需求溢出转化为本国附加值产出的能力有所上升，并且在一定程度上减少了经由中间品供应途径输入的外界风险，在此情形下，参与 GVC 分工驱动我国经济走势脱离世界经济上行并收敛于世界经济下行的作用则明显下降，对稳增长的危害逐渐减轻。

表 5 - 8　　　　　　　　　　　对危机前后时段的研究结果

变量	(1)	(2)	变量	(3)	(4)
GVC × BOOM × BF	- 4. 2002 *** (1. 5103)	- 4. 8091 *** (1. 3317)	GVC × DEPR × BF	4. 9089 ** (2. 2808)	5. 9898 *** (1. 8962)
GVC × BOOM × AF		- 3. 9885 *** (0. 9835)	GVC × DEPR × AF		3. 8148 ** (1. 8799)
常数项	1. 0415 *** (0. 1404)	1. 1022 *** (0. 1315)	常数项	1. 2206 ** (0. 5549)	1. 0302 *** (0. 3321)
控制变量	控制	控制	控制变量	控制	控制
金融危机	控制	控制	金融危机	控制	控制
AR (1)	0. 000	0. 000	AR (1)	0. 000	0. 000
AR (2)	0. 562	0. 102	AR (2)	0. 243	0. 071
Hansen 检验	0. 164	0. 368	Hansen 检验	0. 126	0. 371
样本量	902	902	样本量	902	902
工具变量数	28	46	工具变量数	28	46

（3）GVC 分工危害稳增长的原因识别。本部分利用中国样本数据检验 GVC 分工参与对经济周期同步性的影响时发现，我国参与 GVC 分工导致宏观经济走势脱离国外经济繁荣而同步于国外经济萧条，对稳增长产生极大危害，危害程度甚至高于其他发展中国家。究其原因，可能是因为我国各产业部门主要从后向参与价值链分工，导致中间品进口的比例较高。鉴于此，本部分将研究中间品进口对 GVC 分工参与和经济周期同步间联系的调节作用，以识别 GVC 分工危害稳增长的具体原因。做法是，首先基于 WIOD 和 ADB - MRIO 数据库，计算我国使用某国中间品金额与我国对国内外中间品消耗金额之比，以反映我国对该国中间品的进口比例（IPD），然后构造该变量与核心解释变量的交叉项进行实证分析，结果见表 5 - 9。

表 5 – 9　　　　　　　　　中间品进口比例的调节作用研究结果

变量	（1）	（2）	（3）
GVC × BOOM	– 2.5425 *** （0.2686）	– 2.5393 ** （1.2137）	– 2.6210 *** （0.2682）
GVC × DEPR	4.7073 *** （1.0915）	1.7861 *** （0.5164）	1.8982 *** （0.3494）
GVC × BOOM × IPD	– 2.6317 *** （0.2936）		– 2.4965 *** （0.2872）
GVC × DEPR × IPD		1.4795 *** （0.4449）	1.3577 *** （0.2729）
常数项	– 1.4614 *** （0.3826）	2.3675 *** （0.3177）	– 0.3695 （0.3420）
控制变量	控制	控制	控制
金融危机	控制	控制	控制
AR （1）	0.000	0.000	0.000
AR （2）	0.161	0.092	0.132
Hansen 检验	0.449	0.351	0.434
样本量	902	902	902
工具变量数	47	47	48

据此可得出以下结论：第一，随着我国中间品的进口比例升高，参与 GVC 分工将导致国家经济走势进一步脱离世界经济上行并进一步同步于世界经济下行。这说明产业部门主要从后向参与 GVC 分工，对进口中间品的投入比例和需求依赖较高，一方面通过替代本国附加值产出，导致出口内含本国附加值大幅下降，显著削弱产业部门凭借出口将国外需求溢出转化为本国附加值产出的能力，另一方面也加剧了国外萧条期中间品供应不稳定风险输入，进而成为我国经济走势脱离世界经济上行而同步于世界经济下行的重要原因。第二，减少中间品进口可提升我国产业部门的附加值获取能力，进而更为有效地吸收

国外繁荣期需求溢出，推动经济加快增长并收敛于世界经济上行，同时也有利于遏制国外萧条期风险输入进而使经济走势脱离世界经济下行，最终可改善国际经济周期传导效应，实现经济平稳增长。

随后，本部分在区别进口来源国的基础上对中间品进口的作用进行考察。参考盛斌等（2020）的做法，再次引入发达国家（HIC）变量，以检验从我国在 GVC 分工下从发达国家进口中间品是否对稳增长有更大危害，同时鉴于美国、日本、韩国和澳大利亚也是各产业获取中间品的主要来源，而这些国家属于非欧盟国家，为对此加以区别，本部分还构造了美日韩澳（MRHA）虚拟变量，联合欧盟国家变量（EU）再次区分进口来源进行考察，结果见表 5-10。

可知，引入上述虚拟变量构造的交叉项均显著，相应结果显示，从发达国家、欧盟国家，以及美日韩澳四个国家进口中间品，将导致我国经济走势更大程度地脱离这些国家的经济繁荣，并更大程度地同步于这些国家的经济萧条，对稳增长造成的危害要更大，原因在于我国各产业部门在 GVC 分工下，密集使用源自发达国家、欧盟国家，尤其是美日韩澳等国的高质量、高附加值中间品，而上述国家长期以来危机频发且实施中间品出口管制的倾向较强，是外源供应端风险输入的主要来源。因此，从这些国家进口中间品，不仅使我国出口品内含本国附加值大幅下降，同时也导致经由供应端的外界风险输入明显上升。未来我国要在参与 GVC 分工的情况下实现稳增长目标，应着力降低中间品进口，尤其是要降低对上述国家中间品的投入占比，这一重要举措一方面可减少进口中间品对本国附加值产出的替代作用，提升我国附加值获取能力，另一方面能够有效遏制主要的外界风险输入，进而助力稳增长。

另外，为检验进口中间品通过替代本国附加值产出，是否造成 GVC 分工驱动国家经济脱离国外经济繁荣，本部分还检验了出口本国附加值率的调节作用。鉴于我国主要从后向参与 GVC 分工，商品出口和中间品进口紧密挂钩，那么国外繁荣期需求溢出引致我国出口扩大，产业部门又将显著提升中间品进口数量，从而再次带动进口

表5-10　中间品进口的调节作用研究结果——分进口来源考察

变量	(1)	(2)	(3)	变量	(4)	(5)
GVC×BOOM	-2.9389*** (0.6950)	-3.7652*** (0.8094)	-2.0243*** (0.4263)	GVC×BOOM	-3.7530*** (0.5718)	-3.6014*** (0.7403)
GVC×DEPR	1.2393*** (0.1671)	1.9962*** (0.4082)	1.1986*** (0.3788)	GVC×DEPR	0.8337*** (0.1863)	0.8567*** (0.2996)
GVC×BOOM×IPD	-3.2062*** (0.5628)		-1.9128*** (0.3785)	GVC×DEPR×IPD	-3.2263*** (0.6895)	0.4995* (0.2497)
GVC×BOOM×IPD×HIC	-0.6422*** (0.1443)		-0.3569*** (0.1075)	GVC×DEPR×IPD×MRHA	-3.7569*** (0.6070)	0.5904** (0.2613)
GVC×DEPR×IPD		1.5345*** (0.3309)	0.6474** (0.2893)	GVC×RE×IPD×EU	-0.7766*** (0.2817)	0.1704** (0.0841)
GVC×DEPR×IPD×HIC		0.3249*** (0.0758)	0.4833*** (0.1516)	—		
常数项	-2.4331*** (0.5428)	2.1698*** (0.2031)	-0.2178 (0.3264)	常数项	-3.6991*** (0.7709)	1.7849*** (0.1829)
控制变量	控制	控制	控制	控制变量	控制	控制
金融危机	控制	控制	控制	金融危机	控制	控制
AR(1)	0.000	0.000	0.000	AR(1)	0.000	0.000
AR(2)	0.093	0.147	0.445	AR(2)	0.193	0.234
Hansen检验	0.616	0.297	0.609	Hansen检验	0.452	0.457
样本量	902	902	902	样本量	902	902
工具变量数	48	48	50	工具变量数	49	49

来源国生产总值变动，影响经济周期同步趋势。鉴于此，本部分构造附加值率比（VDF）变量，以双边维度下我国出口内含本国附加值份额和进口所含来源国附加值份额之比表示，构造其与核心解释变量的交叉项，获得表 5 - 11 所示的实证结果。

可知，交叉项 GVC × BOOM × VDF 显著为正，说明随着出口内含本国附加值份额下降，参与 GVC 分工将驱动我国经济走势进一步脱离国外经济上行，再次证明在参与 GVC 分工的情况下，中间品进口通过替代本国附加值产出，造成出口附加值率下降，确实是我国脱离世界经济上行的原因。这也表明，提高我国在对外贸易中的附加值获取能力，是充分吸收国外繁荣期需求溢出进而加快经济增长的关键之举。另外，再次引入发达国家和欧盟国家虚拟变量进行研究，结果显示，出口内含本国附加值率上升，将使我国经济走势更大化同步于发达国家和欧盟国家经济上行趋势。原因在于，我国和这些国家之间的 GVC 分工更为紧密，投入产出关联也更强，在此情形下，促进向发达国家和欧盟国家出口本国附加值率提升，能凭借这些国家繁荣期旺盛的需求溢出和双边较强的投入产出关联，有力促进我国经济加快增长。

表 5 - 11　　　　　出口本国附加值率的调节作用研究结果

变量	（1）	（2）	（3）
GVC × BOOM	- 2.2975 *** （0.1144）	- 2.2700 *** （0.1965）	- 2.2653 *** （0.1039）
GVC × DEPR	1.2210 *** （0.1269）	1.0072 *** （0.0979）	1.1791 *** （0.1441）
GVC × BOOM × VDF	7.1289 *** （0.7747）	7.6446 *** （1.2306）	4.2008 ** （2.0455）
GVC × BOOM × VDF × HIC		0.4132 ** （0.2031）	

续表

变量	（1）	（2）	（3）
GVC × BOOM × VDF × EU			2.6846 * （1.3741）
常数项	− 2.0193 *** （0.1615）	− 1.6090 *** （0.1751）	− 1.8403 *** （0.1847）
控制变量	控制	控制	控制
金融危机	控制	控制	控制
AR（1）	0.000	0.000	0.000
AR（2）	0.251	0.139	0.269
Hansen 检验	0.572	0.518	0.494
样本量	902	902	902
工具变量数	47	48	48

4. 主要研究结论

本部分基于 2000 ~ 2021 年 42 国双边维度的面板数据，在对经济周期进行区间分解的基础上，研究 GVC 分工参与对国际经济周期同步性的影响，主要得到以下结论：

对国际规律的研究结果表明：第一，参与 GVC 分工将为一国带来收敛于世界经济上行的利益及脱离世界经济下行的弊端，并且弊大于利，导致国际经济周期同步性表现为"萧条同步高于繁荣同步"的不对称性，危害稳增长，这一结论经过了更换主要变量、剔除特定行业和特定样本的稳健性检验。第二，发达国家作为中间品供应者参与 GVC 分工，使其经济既收敛于世界经济上行，又同步于世界经济下行，而发展中国家作为中间品需求者参与 GVC 分工，仅能使其经济走势同步于世界经济下行，对稳增长的危害要更大，而上述危害主要源于制造业参与 GVC 分工。第三，要在参与 GVC 分工的情况下改善国际经济周期传导效应，以维持经济平稳增长，则应以制造业为重点，着力遏制国外萧条期需求锐减与中间品供应不稳定的风险输入，而要实现这一目的，发展中国家须着力减少 GVC 分工的后向参与行为。

对中国经验的分析表明，第一，各产业部门参与 GVC 分工导致宏观经济既脱离世界经济上行，又同步于世界经济下行，对稳增长的危害甚至大于其他发展中国家，制造业在其中扮演了关键角色；全球金融危机后该现象明显缓解。第二，参与 GVC 分工会驱动我国经济走势更大化地脱离增长稳健的发展中国家和非欧盟国家经济上行趋势，而更大化地同步于发达国家和欧盟国家这一高风险群体的经济下行趋势，对稳增长造成极大危害。第三，GVC 分工危害我国稳增长的原因在于，产业部门主要从后向参与 GVC，对进口中间品形成需求依赖，进而替代国内附加值产出并加剧外界风险输入，其中，在 GVC 分工下，从发达国家、欧盟国家进口中间品，对稳增长的危害要更大。

（二）GVC 分工地位对经济周期同步的影响

长期以来，GVC 通过串联上下游国家与产业，凭借"需求供给溢出机制"为全球经济共同发展做出积极贡献（杨继军，2019），但同时也搭建起某一经济体甚至某一产业经济波动沿着价值链条向各国蔓延的途径，成为风险全球化扩散进而影响各国经济平稳性的重要因素（马淑琴等，2020；宋宪萍和曹宇驰，2022）。尤其对坚持开放发展的中国而言，参与 GVC 分工引起的外界风险输入客观上提升了经济维稳的难度，为当前"六保""六稳"等重大任务目标落实造成障碍。因此，在世界经济不稳定不确定性突出、外部冲击风险加剧的背景下，应立足于 GVC 视角积极干预外界经济波动输入，以改善国际经济周期传导效应进而保障经济平稳增长。

上文研究发现，参与 GVC 分工使我国经济脱离世界经济上行并同步于世界经济下行，这对我国稳增长产生的危害甚至比对其他发展中国家更大。究其原因，则在于我国主要从后向参与 GVC 分工，导致各产业部门附加值获取能力较低并且遭受的外部风险输入较强。然而须注意到，一国附加值获取能力及风险抵御能力与其 GVC 分工地位密切相关（沈春苗和郑江淮，2020；黄繁华和洪银兴，2020），那么处在不同分工地位的国家，外界经济波动输入水平和经济增长的平稳性也不尽相同，因此，提升 GVC 分工地位可能成为改善国际经济周期传导效应、增强一国经济平稳性的关键手段。鉴于此，本部分将采用 2000~2021 年 42 国双边维度的面板数据，研究 GVC 分工地位对国际经济周期同步性的影响，对第四部分理论分析中所得假说 3、4、5 进行验证①，进而从 GVC 分工地位视角挖掘干预外界经济周期输入、实现稳增长的可行路径。

目前，学界在剖析 GVC 与国际经济周期同步化的联系时，仅关注 GVC 分工参与行为而忽视分工地位因素，从而未能将一国在不同分工地位下的附加值利益获取及风险抵御能力纳入考虑范围，因此，大多文献中发现了参与 GVC 会使一国愈发同步于国外经济周期的客观事实，但无法明晰干预外界经济波动输入进而稳定经济增长的具体机理。相对于已有文献，本部分内容的边际贡献在于，一是基于经济周期区间分解，研究 GVC 分工地位对国际经济周期同步性的影响，从利益获取和风险抵御两个方面揭示了稳增长的实现机制；二是明晰了不同 GVC 分工地位提升路径对经济维稳效果的差异与成因，增强研究结论对政策执行部门的参考价值；三是将库普曼等（2010）构建的经典 GVC 位置指数的度量范围细化至双边层面，并构建 GVC 分工地位净变动指数，进而精准度量一国 GVC 分工地位的变动趋势；

---

① 假说 3：GVC 分工地位提升可驱动一国经济走势同步于国外经济上行趋势、脱离国外经济下行趋势，从而稳定经济增长。假说 4：GVC 分工地位提升通过强化一国附加值获取能力而促进经济上行同步，并通过提高一国中间品自给率与内需主导型贸易分工深度而抑制经济下行同步。假说 5：依靠技术密集型中间品对外供应提升 GVC 分工地位，可有力增强经济增长的平稳性；然而以资本密集型中间品对外供应为主导推动 GVC 分工地位提升，对经济上行同步的促进作用以及对经济下行同步的抑制作用均较为有限，导致稳增长效果不佳。

四是利用贸易中的重复统计附加值为 GVC 分工地位构建工具变量以克服计量模型内生性，确保了工具变量选择的合理性，同时为后续研究提供了有益借鉴。

1. 研究设计

（1）计量模型设定。根据本书的理论分析，GVC 分工地位是国际经济周期传导的重要影响因素，同时也决定了一国经济平稳性，接下来本部分将基于式（5.8）对此进行量化分析。

$$BCM_{ij,t} = \beta_0 + \beta_1 NVGP_{ij,t} \times BOOM_{j,t} + \beta_2 NVGP_{ij,t} \times DEPR_{j,t}$$
$$+ \beta_3 Control_{ij,t} + \varepsilon_{ij,t} \tag{5.8}$$

式中，$BCM_{ij,t}$ 表示 t 年国家 i 与国家 j 经济周期同步化水平，$NVGP_{ij,t}$ 是 GVC 分工地位净变动指数，用以刻画 i 国 GVC 分工地位相对于 j 国的变动方向与幅度。要证实 GVC 分工地位提升能否使一国经济走势同步于国外经济上行趋势而脱钩于国外经济下行趋势，则须辨别该国贸易伙伴的经济周期区间，为此，本部分再次借鉴李翘楚和成力为（2019）的做法对经济周期进行区间分解，以 $BOOM_{j,t}$ 与 $DEPR_{j,t}$ 虚拟变量分别标记与国家 i 进行贸易的 j 国繁荣期及萧条期。$Control_{ij,t}$ 为控制变量，$\varepsilon_{ij,t}$ 为残差项。本部分实证分析数据和样本选择同上文；同时，为尽可能缓解计量模型内生性，本部分也将控制时间与国家对固定效应。

（2）变量构造与数据说明。

①价值链分工地位净变动指数。鉴于各国 GVC 分工地位均处于动态变化过程，若只考虑一国分工地位而忽略与之进行贸易的其余国家，则不能准确反映该国 GVC 分工地位的变动特征。因此本部分构建样本国家两两之间的 GVC 分工地位净变动指数 $NVGP_{ij,t}$，以刻画 i 国 GVC 分工地位相对于国家 j 的具体变动趋势，该变量数值增大则表明 i 国 GVC 分工地位相对于国家 j 有所提升。

$$NVGP_{ij,t} = GPO^i_{ij,t} - GPO^j_{ji,t} \tag{5.9}$$

式中，$GPO^i_{ij,t}$、$GPO^j_{ji,t}$ 分别表示国家 i 与国家 j 在两国构建的双边

GVC 中所处分工地位，本部分基于库普曼等（2010）提出的 GVC 位置指数对其进行度量。该指数以一国作为中间品供应者或需求者参与 GVC 的程度差异作为分工位置判断依据，取值越大则说明一国更多地作为供应者嵌入 GVC 上游，反映出其 GVC 分工地位越高（戴翔，2020）。鉴于研究需要，本部分将 GVC 位置指数度量范围拓展至双边层面，构造如下测度方法。

$$GPO_{ij,t}^{i} = \ln(1 + iva_{ij,t}/va\_ex_{ij,t}) - \ln(1 + fva_{ij,t}/va\_ex_{ij,t}) \quad (5.10)$$

$$GPO_{ji,t}^{j} = \ln(1 + iva_{ji,t}/va\_ex_{ji,t}) - \ln(1 + fva_{ji,t}/va\_ex_{ji,t}) \quad (5.11)$$

式中，$va\_ex_{ij,t}$、$va\_ex_{ji,t}$ 分别代表以附加值形式计量的国家 i 至国家 j、国家 j 至国家 i 出口额，其余变量为这两项附加值的重要组成部分。具体而言，$iva_{ij,t}$ 与 $iva_{ji,t}$ 分别表示国家 j 为满足第三方需求而间接出口的国家 i 国内附加值、国家 i 为满足第三方需求而间接出口的国家 j 国内附加值；$fva_{ij,t}$、$fva_{ji,t}$ 分别表示国家 i 至国家 j 出口内含国家 j 附加值、国家 j 至国家 i 出口内含国家 i 附加值。各项附加值是基于贸易流量分解模型和 2016 版 WIOD、2022 版 ADB‑MRIO 中数据计算所得。目前，GVC 位置指数虽被学界广泛应用于测度价值链分工地位，但其客观上存在不足之处，主要体现在度量结果受初级产品生产部门的干扰过大。从制造工序的流程来看，这些行业往往位于其他产业上游，但并不意味着其分工地位较高。鉴于此，本部分参考戴翔和宋婕（2021）的处理方法，在将农林牧渔矿等初级产品生产部门排除后进行 NVGP 指数测算。

②其他变量。为保持前后文研究方法的一致性，本部分依然利用经费舍尔转换的瞬时相关系数度量国际经济周期同步性，并选取总贸易强度、双向金融一体化程度、产业结构相似度、汇率波动程度、政府支出同步性作为控制变量。同时，鉴于上文分析，参与 GVC 分工对经济周期同步的作用在不同经济周期区间而不同，进而导致各国经济周期同步性也有区间差异，因此本部分将加入经济周期区间虚拟变量（BOOM）作为控制变量。另外，要研究 GVC 分工地位对国际经济周期同步性的影响，则必须控制 GVC 参与度（$GVC_{ij,t}$）的作用，

因此，本部分将该指标引入计量模型作为控制变量，依然以国家 i 与国家 j 双边附加值出口总值中 $iva_{ij,t}$、$iva_{ji,t}$、$fva_{ij,t}$、$fva_{ji,t}$ 四项附加值总和的占比对其进行衡量。以上各变量具体度量方法与数据来源同上文，此处不再赘述。

2. 对国际规律的考察结果

（1）基准估计结果。

本部分通过方差膨胀因子（VIF）检验发现，计量模型各变量没有多重共线性问题，不需要进行特殊处理，然后在依次加入时间固定效应和"国家对"固定效应的情况下，采用 OLS 方法对计量模型进行基准估计，结果如表 5-12 所示。其中，列（1）~（3）结果显示，价值链分工地位净变动指数和繁荣期变量的交叉项（NVGP × BOOM）显著为正，和萧条期变量的交叉项（NVGP × DEPR）显著为负，意味着提升 GVC 分工地位能使一国经济走势同步于迈入繁荣期的国家，脱钩于迈入萧条期的国家，那么该国经济将以紧跟各国经济上行趋势并脱离各国经济下行趋势的模式运行，提升经济增长的平稳性。该结论与假说 3 相契合，证实了 GVC 分工地位提升是一国经济增长的"稳定器"。随后，本部分分别测算了制造业和服务业的价值链分工地位净变动指数，基于此进行实证分析后，根据列（4）~（5）的结果可获得相同结论。

表 5-12　　　　　　　对全球样本的基准估计结果

变量	(1)	(2)	(3)	(4)	(5)
	全行业			制造业	服务业
NVGP × BOOM	0.0908 *** (0.0192)	0.0535 *** (0.0195)	0.0460 ** (0.0188)	0.0757 *** (0.0224)	0.0435 ** (0.0175)
NVGP × DEPR	-0.0996 *** (0.0178)	-0.0614 *** (0.0178)	-0.0537 *** (0.0171)	-0.0818 *** (0.0204)	-0.0520 *** (0.0163)

续表

变量	（1）	（2）	（3）	（4）	（5）
	全行业			制造业	服务业
TIN	0.5326 *** (0.1087)	0.5438 *** (0.1128)	0.3475 ** (0.1348)	0.3477 ** (0.1348)	0.3472 ** (0.1348)
GVC	−0.1578 (0.1319)	0.0688 (0.1310)	0.4737 ** (0.1910)	0.4725 ** (0.1910)	0.4743 ** (0.1910)
FII	0.0434 *** (0.0072)	0.0671 *** (0.0072)	0.0528 *** (0.0107)	0.0528 *** (0.0107)	0.0528 *** (0.0107)
STRU	−0.5648 *** (0.0813)	−0.4923 *** (0.0798)	−0.6691 *** (0.1113)	−0.6693 *** (0.1113)	−0.6689 *** (0.1113)
ERF	0.0077 (0.0679)	−0.3302 *** (0.0984)	−0.2444 ** (0.1017)	−0.2443 ** (0.1017)	−0.2446 ** (0.1017)
SGOVEX	−0.0017 (0.0031)	−0.0001 (0.0031)	−0.0033 (0.0045)	−0.0033 (0.0045)	−0.0032 (0.0045)
BOOM	−0.1770 *** (0.0154)	−0.1279 *** (0.0164)	−0.1173 *** (0.0162)	−0.1168 *** (0.0162)	−0.1174 *** (0.0162)
常数项	1.2186 *** (0.0504)	1.0925 *** (0.0519)	1.1190 *** (0.0643)	1.1192 *** (0.0643)	1.1188 *** (0.0644)
时间固定效应	不控制	不控制	控制	控制	控制
国家对固定效应	不控制	控制	控制	控制	控制
样本量	37876	37876	37876	37876	37876
R^2	0.0232	0.0850	0.1386	0.1386	0.1386

注：全行业是指除去农林牧渔矿等初级品部门之外的行业整体。

基于此结果可得出以下推论：第一，GVC 分工地位较低是一国经济增长平稳性较差的重要原因。长期以来，我国各产业部门普遍处在国际分工下游，这可能导致经济增速难以收敛于经济繁荣国家，但更易同步于经济萧条国家，从而加大了经济维稳的难度。第二，在不稳定性与衰退风险上升的世界经济环境下，我国可通过促进产业向 GVC 高端环节跃迁以干预外界经济波动输入，改变经济走势与外界经济周期的同步趋势，在更大化收敛于世界经济上行以使经济加快增长的同时，脱钩于世界经济下行以维持经济增长态势，进而保障经济稳定。其余变量估计结果和前文相比无明显变动，此处不再赘述。

（2）内生性检验结果。为了消除价值链分工地位净变动指数潜在内生性可能引致的估计偏差，本部门中采取基于工具变量的两阶段最小二乘法进行处理，结果见表 5 - 13。

表 5 - 13　　　　　　　　内生性检验结果

变量	(1)	(2)	(3)	(4)	(5)	(6)
	Ⅳ - c			Ⅳ - d		
NVGP × BOOM	1. 3923 *** (0. 3539)	1. 3915 *** (0. 4549)	1. 1934 *** (0. 3948)	0. 3521 *** (0. 0712)	0. 2735 *** (0. 0698)	0. 2545 *** (0. 0706)
NVGP × DEPR	- 1. 2013 *** (0. 3259)	- 1. 1862 *** (0. 3648)	- 0. 6228 *** (- 5. 01)	- 0. 3297 *** (0. 0620)	- 0. 2522 *** (0. 0605)	- 0. 2345 *** (0. 0611)
控制变量	控制	控制	控制	控制	控制	控制
时间固定效应	不控制	控制	控制	不控制	控制	控制
国家对固定效应	不控制	不控制	控制	不控制	不控制	控制
LM 检验	19. 50 ***	20. 12 ***	20. 08 ***	189. 95 ***	191. 57 ***	189. 88 ***
C - D 检验	68. 54 [7. 03]	71. 84 [7. 03]	72. 23 [7. 03]	2579. 10 [7. 03]	2515. 77 [7. 03]	2462. 92 [7. 03]
Hansen J 检验	0. 000	0. 000	0. 000	0. 000	0. 000	0. 000
样本量	36156	36156	36156	36156	36156	36156

目前，鲜有文献探讨 GVC 分工地位变动的经济效应，可参考的工具变量构建方法尚不多见。然而从一国附加值出口构成来看，其所

包含大量源自国内和国外账户的重复统计部分能在一定程度上体现各国中间品贸易状况，同时又独立于国内生产总值统计，可成为构建工具变量的基础。鉴于此，本部分从双边维度测算一国中间品出口内含进口国附加值重复统计额与中间品出口内含本国附加值重复统计额之比，以反映一国 GVC 分工地位，然后延续 NVGP 变量的测算思路，以双边国家该比值之差的一期滞后作为 GVC 分工地位净变动指数的工具变量（Ⅳ－c），分析结果见表 5－13 中列（1）~（3）。一方面，一国中间品出口内含进口国附加值重复统计额越大，说明该国从贸易伙伴进口了更多中间品，从而在双边 GVC 分工中偏向下游（Jin et al.，2022）；另一方面，一国中间品出口内含本国附加值重复统计额越大，又说明该国向贸易伙伴提供了更多中间品，从而在双边 GVC 分工中偏向上游。两项重复统计附加值之比能够反映一国在其与贸易伙伴组成的双边 GVC 分工中所处分工地位，这使得本部分选取的工具变量与核心解释变量存在较强相关性。同时，由于重复统计附加值是贸易核算偏误，并不计入任一国家的国内生产总值，也不会形成任一国家最终需求（王直等，2015），进而无法直接影响各国经济走势及其国际同步性，因此该工具变量具有严格外生性。另外，本部门中还以核心解释变量的一期滞后项作为工具变量（Ⅳ－d），分析结果见列（4）~（6）。

结果显示，在依次控制时间和国家对固定效应的情况下，各列 LM 检验拒绝了工具变量识别不足的原假设，证实工具变量和内生变量具有较强相关性，C－D 检验结果大于 Stock－Yogo 检验 10% 水平下的临界值（7.03），表明不存在弱工具变量问题，同时，工具变量和内生变量数一致，计量模型恰好识别，可见本部分工具变量选取是合理的。相应实证结果表明，在处理内生性问题后，GVC 分工地位提升使一国经济同步于国外经济上行趋势并脱离国外经济下行趋势进而稳定经济增长的结论依然成立，印证了基准研究结论的可靠性。

（3）稳健性检验结果。本部分对基准估计结果进行了多项稳健性检验，结果如表 5 - 14 所示。第一，更换主要变量。首先，更换被解释变量，一是基于各国产出总值测算经济周期同步性，实证结果见列（1），各国产出总值数据来自 WIOD 和 ADB - MRIO 数据库；二是测算各国实际国内生产总值增长率，替换上文波动项并借助瞬时相关系数衡量经济周期同步性，实证结果见列（2）；三是以杜瓦尔等（2016）构造的"拟相关系数"计算经济周期同步性[①]，实证结果见列（3）。其次，更换核心解释变量，一是纳入农林牧渔矿等初级产品生产部门，再次测算 GVC 分工地位净变动指数，实证结果见列（4）；二是进一步将增值能力纳入考虑范围，以 GPO 变量和一国对他国出口国内附加值率（DVAR）交叉的方式构建价值链分工地位测度方法，基于此测算 NVGP 指数，实证结果见列（5）。最后，同时更换核心解释变量与被解释变量，利用上述拟相关系数衡量经济周期同步性，然后利用王岚和李宏艳（2015）构建的能综合考量一国在GVC 中增值能力及所处位置的 GS 指数测度价值链分工地位[②]，以此作为 NVGP 变量测算基础，最终获得列（6）实证结果。采用多种方法更换主要变量后可以发现，研究结论并未因变量测算方法不同而改变。

第二，限定样本时期。样本期间发生了影响世界经济运行的全球金融危机，在此期间多数国家经济遭受重创，也有少数经济体保持正增长，将时间跨度缩小至金融危机期间，可进一步检验 GVC 分工地位提升能否在全球经济出现重度风险时依然稳健发挥经济增长的稳定

---

① 测算方法为 $[(d_{i,t} - \overline{d_{i,t}})(d_{j,t} - \overline{d_{j,t}})] / \sqrt{\frac{1}{T}\sum_{t=1}^{T}(d_{i,t} - \overline{d_{i,t}})^2} \sqrt{\frac{1}{T}\sum_{t=1}^{T}(d_{j,t} - \overline{d_{j,t}})^2}$，各变量含义同式（3.7）。

② GS 指数公式为 $GS_{i,k} = va_{i,k} + \sum_{i,j=1,k=1}^{G}\sum_{l=1}^{N}(d_{ik,jl}Y_{j,l}/Y_{i,k})GS_{j,l}$。式中，G、N 分别是国家和行业数量，$GS_{i,k}$、$GS_{j,l}$ 分别表示 i 国 k 行业及 j 国 l 行业的 GS 指数，$va_{i,k}$ 是 i 国 k 行业直接增值系数，$d_{ik,jl}$ 为 j 国 l 行业对 i 国 k 行业中间品的直接消耗系数，$Y_{i,k}$、$Y_{j,l}$ 分别为两国对应行业产出。

表 5-14　　稳健性检验结果

变量	(1) 产出同步化	(2) 不对称相关系数	(3) 拟相关系数	(4) 包含初级品部门	(5) NVGP和DVAR交叉	(6) GS和拟相关系数	(7) 危机后五年	(8) 删除高低位样本	(9) NVGP和参与度交叉
NVGP × BOOM × L	0.0668*** (0.0251)	0.0289** (0.0129)	0.0320* (0.0181)	0.0437** (0.0185)	0.0514** (0.0208)	0.0908** (0.0413)	0.3009*** (0.0595)	0.1641*** (0.0577)	0.1372** (0.0631)
NVGP × DEPR × L	−0.0640*** (0.0217)	−0.0238** (0.0111)	−0.0327** (0.0161)	−0.0522*** (0.0172)	−0.0602*** (0.0190)	−0.0721** (0.0339)	−0.2117*** (0.0396)	−0.1085** (0.0534)	−0.1692*** (0.0600)
常数项	1.3619*** (0.0744)	0.7340*** (0.0377)	0.3471*** (0.0555)	1.1190*** (0.0643)	1.1190*** (0.0643)	0.3473*** (0.0555)	0.6448*** (0.1332)	1.1074*** (0.0673)	1.1188*** (0.0644)
控制变量	控制	控制	控制	控制	控制	控制	控制	控制	控制
时间固定效应	控制	控制	控制	控制	控制	控制	控制	控制	控制
国家对固定效应	控制	控制	控制	控制	控制	控制	控制	控制	控制
样本数	37876	37884	37884	37876	37876	37884	8608	34070	37876
R^2	0.1360	0.2464	0.4393	0.1386	0.1386	0.4393	0.1828	0.1435	0.1386

注：为便于标记，引入 L 变量，列（9）中 L 变量为双边 GVC 参与度（GVC），其余各列 L 变量为数值 1。

器作用。从危机发展历程来看，此次危机最先于 2007 年在美国爆发，次年演化为全球性金融危机，因此，本部分对次贷危机演化为全球危机后的五年（2008~2012 年）进行检验。列（7）结果显示在全球经济出现重度风险的金融危机时期，GVC 分工地位提升仍有利于一国经济平稳增长。第三，剔除高地位国家。处于较高 GVC 分工地位的国家对价值链分工的控制能力较强，能够从对外贸易中获得更高附加值并面临较低外部风险，为证实高地位国家并非上述结论成立的决定因素，本部分首先计算了各样本研究期内价值链分工地位净变动指数的均值，均值越高则说明一国相对于贸易伙伴越处于 GVC 上游，然后剔除该均值最高的前 10% 样本，利用剩余样本进行研究，相应列（8）结果与基准估计一致。第四，构造交叉项检验 GVC 分工地位作用力度的稳健性。列（9）为将核心解释变量与 GVC 分工参与度（GVC）的交叉项引入实证分析后的结果，结果显示 GVC 分工地位提升的作用非常稳健，在考虑 GVC 参与度变动的情况下仍能成为经济增长的"稳定器"。各检验均说明上文研究结论是稳健的。

（4）作用机制检验结果。本书理论分析中提出了 GVC 分工地位提升可通过强化一国附加值获取能力而促进经济上行同步，并通过提高一国中间品自给率与内需主导型贸易分工深度而抑制经济下行同步的机制，本部分在检验这一机制时，构建了如下变量。一是附加值获取能力（VAC）。以一国国内附加值产出占产出总值的比重测度，该比重提高则说明一国在生产流程中可创造更多本国附加值，从而具备更高附加值获取能力；二是中间品自给率（IPS）。以一国使用的本土中间品金额占进口中间品金额比重度量；三是内需主导型贸易分工深度（DDT）。以一国出口后返回国内的附加值占其与间接国内附加值和国外附加值出口总额之比表示[1]。中间品自给率与内需主导型贸

---

[1] 出口后返回国内的附加值是一国基于内需进行全球化生产布局，通过中间品出口并借助国外生产要素完成后续环节，然后复进口满足国内生产消费而引起的附加值流动，可用于刻画内需主导型贸易分工深度（刘斌等，2018）。

易分工深度越高，说明一国抵御外部中间品供应不稳定及外需下降风险的能力越强。各变量数据来自 WIOD 及 ADB – MRIO 数据库及基于双边贸易流量分解模型获得的分解结果。基于上述变量进行两阶段机制检验的结果如表 5 – 15 所示。

表 5 – 15 机制分析结果

变量	(1)	(2)	(3)	(4)	(5)	(6)
	阶段一	阶段二	阶段一	阶段二	阶段一	阶段二
	VAC	BCM	IPS	BCM	DDT	BCM
NVGP	0.2868 *** (0.0169)		6.7064 *** (0.3074)		0.0428 *** (0.0046)	
NVGP × BOOM		0.0022 (0.0290)		0.0448 ** (0.0188)		0.0459 ** (0.0187)
NVGP × DEPR		– 0.0536 *** (0.0172)		– 0.0030 (0.0275)		– 0.0130 (0.0204)
VAC × BOOM		0.1469 * (0.0759)				
IPS × DEPR				– 0.0073 ** (0.0031)		
DDT × DEPR						– 0.9704 *** (0.3098)
常数项	– 0.7131 *** (0.0121)	1.1135 *** (0.0645)	6.9870 *** (0.3094)	1.1591 *** (0.0645)	0.0195 *** (0.0027)	1.1361 *** (0.0640)
Sobel Z	8.24 ***		3.23 ***		– 4.43 ***	
控制变量	控制	控制	控制	控制	控制	控制
时间固定效应	控制	控制	控制	控制	控制	控制
国家对固定效应	控制	控制	控制	控制	控制	控制
样本量	37884	37876	37884	37876	37884	37876
R^2	0.4537	0.1387	0.4686	0.1387	0.4444	0.1390

首先，各列阶段一结果显示，GVC 分工地位净变动指数均显著为正，表明提高 GVC 分工地位能够增强一国附加值获取能力，并提升中间品自给比率与内需主导型贸易分工深度。其次，在进行阶段二分析后，列（2）结果显示，附加值获取能力增强可使一国经济走势同步于世界经济上行，同时，列（4）和列（6）结果表明，中间品自给率与内需主导型贸易分工深度提高能使一国经济走势脱离世界经济下行。最后，本部分还利用 Sobel 检验再次验证上述机制分析结果，相应 Z 统计量均在 1% 水平上显著。由此证实，附加值获取能力、中间品自给率与内需主导型贸易分工深度是 GVC 分工地位作用于经济周期同步化的有效机制。以上检验表明，GVC 分工地位提升能够通过增强一国附加值获取能力，使其更大化吸收国外繁荣期需求溢出，进而驱动经济走势同步于世界经济上行趋势，同时通过提升一国中间品自给率与内需主导型贸易分工深度，进而遏制国外萧条期中间品供应不稳定及外需下降等风险输入，防止经济走势收敛于世界经济下行趋势，增强经济增长的平稳性。这印证了第四部分中假说 4 的准确性。

（5）异质性检验结果。目前，各国受制于自身产业发展阶段和要素比较优势，采取了不同的 GVC 分工地位提升路径，这可能导致各国经济维稳效果不一。本部分将针对不同 GVC 分工地位提升路径，分析经济维稳效果的差异，并基于此进一步进行国家异质性分析，以提升研究结论对经济维稳政策构建的参考价值。为了获得更为稳健的异质性研究结果，本部分将利用上文构建的 $\mathbb{N} - c$ 工具变量与 $2SLS - \mathbb{N}$ 方法在处理内生性的基础上展开实证分析。

①GVC 分工地位提升路径的异质性作用。在刻画 GVC 分工地位提升路径时，本部分基于双边贸易流量分解结果，首先，计算一国资本密集型行业国内附加值间接出口额占各类要素密集型行业国内附加值间接出口总额的比重（CIM），利用该比重变动反映一国是否更为偏向以资本密集型中间品对外供应为主导提升 GVC 分工地位，然后将其引入实证分析，结果见表 5 - 16 中列（1）~（3）。

CIM 变量和核心解释变量构造的两个交叉项估计结果显示，伴随资本密集型行业国内附加值间接出口比例的扩大，GVC 分工地位提升对经济上行同步的促进作用以及对经济下行同步的抑制作用将逐步减弱，说明依靠资本密集型中间品对外供应提升 GVC 分工地位，经济维稳效果不佳。

其次，本部分还测算了技术密集型行业国内附加值间接出口额占比（TIM），以对数形式引入实证分析，结果如表 5 - 16 列（4）~（6）所示，结果表明当技术密集型行业国内附加值间接出口占比提高时，GVC 分工地位上升将驱动一国经济走势在更大化同步于其他国家经济上行趋势的同时，更大化脱离其他国家经济下行趋势，进而证实以技术密集型中间品对外供应为主导提升 GVC 分工地位，可更为有力地强化经济增长平稳性。这是由于将技术密集型中间品对外供应作为 GVC 分工地位提升的主导力量，不仅可凭借此类中间品高附加值属性而大幅增强一国附加值获取能力，使其得以将国外需求溢出高效转化为本国附加值产出，而且还能为提升高风险产业领域的中间品自给率及深化内需主导型贸易分工打下坚实基础，有效遏制外界风险经由中间品供应与外部需求途径输入国内，是更优稳增长路径，由此第四部分中假说 5 得以验证。

②GVC 分工地位提升作用的国家异质性。鉴于发达国家和发展中国家价值链分工地位提升的路径迥异，会导致经济维稳效果存在异质性。同时，从 GVC 分工格局来看，发展中国家产业部门普遍处于发达国家下游，不仅对发达国家中间品有较强需求并在双边贸易中获取有限附加值，而且成为发达国家风险扩散的被动吸收国，对经济平稳增长产生极大危害，那么发展中国家能否通过提升 GVC 分工地位而增强经济增长的平稳性？鉴于此，本部分对发达国家和发展中国家的情况分别进行研究，获得如表 5 - 17 所示的实证结果。

表 5 - 16　价值链分工地位提升路径的异质性作用研究结果

变量	(1)	(2)	(3)	变量	(4)	(5)	(6)
NVGP × BOOM	2.1146** (0.8469)	1.6797** (0.7188)	2.8197** (1.3500)	NVGP × BOOM	2.0518** (0.8608)	1.6545** (0.6744)	2.6670** (1.3229)
NVGP × DEPR	-0.9796*** (0.3039)	-3.0381* (1.7159)	-2.7383* (1.4298)	NVGP × DEPR	-1.0557*** (0.3385)	-2.4794* (1.2767)	-2.3689** (1.1728)
NVGP × BOOM × CIM	-4.6936** (1.9191)		-6.1141** (2.9561)	NVGP × BOOM × TIM	1.1473** (0.4839)		1.4194** (0.7026)
NVGP × DEPR × CIM		6.5853* (3.8506)	5.7725* (3.1454)	NVGP × DEPR × TIM		-1.2993* (0.7300)	-1.1599* (0.6352)
控制变量	控制	控制	控制	控制变量	控制	控制	控制
时间固定效应	控制	控制	控制	时间固定效应	控制	控制	控制
国家对固定效应	控制	控制	控制	国家对固定效应	控制	控制	控制
LM 检验	17.73***	4.64**	4.96**	LM 检验	15.30***	5.96**	5.61**
C - D 检验	73.95 [7.03]	24.29 [7.03]	26.56 [7.03]	C - D 检验	60.23 [7.03]	23.20 [7.03]	303.47 [7.03]
Hansen J 检验	0.000	0.000	0.000	Hansen J 检验	0.000	0.000	0.000
样本数	36156	36156	36156	样本数	36156	36156	36156

表 5 – 17　　　　　GVC 分工地位提升作用的国家异质性研究结果

变量	(1)	(2)	(3)	(4)
	发达国家		发展中国家	
NVGP × BOOM	1. 1638 ** (0. 4564)	0. 9791 ** (0. 4216)	1. 8365 * (1. 0445)	1. 7628 * (0. 9948)
NVGP × DEPR	− 1. 0430 ** (0. 4151)	− 1. 0239 *** (0. 3755)	− 1. 0717 * (0. 6042)	− 0. 4526 (0. 6604)
控制变量	控制	控制	控制	控制
时间固定效应	控制	控制	控制	控制
国家对固定效应	不控制	控制	不控制	控制
LM 检验	18. 71 ***	19. 13 ***	8. 59 ***	8. 62 ***
C – D 检验	47. 77 [7. 03]	48. 99 [7. 03]	29. 08 [7. 03]	31. 62 [7. 03]
Hansen J 检验	0. 000	0. 000	0. 000	0. 000
样本数	21522	21522	14634	14634

　　从以上结果可以得到两项结论：第一，发达国家 GVC 分工地位提升可使其经济走势同步于世界经济上行，同时脱离世界经济下行，对经济增长有明显"稳定器"作用。第二，和本部分对发达国家样本的研究结果相比，发展中国家 NVGP 指数和繁荣期变量的交叉项显著性相对较低，在同时控制时间和国家对固定效应时，该指数和萧条期变量的交叉项并不显著，表明发展中国家 GVC 分工地位上升仅能使其经济走势同步于世界经济上行，且作用力度相对于发达国家较为有限，而无法使其经济走势脱离世界经济下行，因此并不能有效提升经济增长的平稳性。以上结论从国家异质性视角再次印证了不同 GVC 分工地位提升路径的经济后果差异，从而说明发达国家以技术密集型中间品对外供应为主导推动 GVC 分工地位提升，能大幅增强附加值获取能力并显著减少外界风险输入，更易实现经济维稳。发展中国家依靠资本密集型中间品对外供应提升 GVC 分工地位，不仅未能抑制外界风险输入，而且导致产业部门附加值获取能力提升乏力，

难以增强经济平稳性。因此，发展中国家须摒弃以资本密集型中间品对外供应为主导的 GVC 分工地位提升路径，转而着力增强技术密集型中间品竞争力及本土供应能力，基于此构建 GVC 分工地位攀升的核心动力，以有效提高附加值获取并强化风险抵御，进而稳定经济增长。

3. 对中国经验的考察结果

（1）中国样本实证分析结果。鉴于单独分析中国经验时样本量较少，因此本部分采用有限样本性质更佳的系统 GMM 进行实证分析，并在以年度虚拟变量控制样本期内全球金融危机（2007～2008年）影响的情况下进行实证分析。根据表 5－18 结果可知，AR（2）检验与 Hansen 检验结果显示模型无二阶序列相关与过度识别问题，表明估计结果是可靠的。

表 5－18　　　　　　　　　　对中国样本的研究结果

变量	（1）	（2）	（3）
	全行业	制造业	服务业
NVGP × BOOM	2. 2404 *** (0. 4151)	2. 0264 *** (0. 4683)	1. 3229 ** (0. 4926)
NVGP × DEPR	－ 1. 9477 *** (0. 5918)	－ 1. 5943 ** (0. 6088)	－ 0. 6239 (0. 5083)
常数项	1. 1934 *** (0. 1815)	1. 1710 *** (0. 1641)	1. 1558 *** (0. 1851)
金融危机	控制	控制	控制
控制变量	控制	控制	控制
AR（1）检验	0. 000	0. 000	0. 000
AR（2）检验	0. 215	0. 221	0. 216
Hansen 检验	0. 634	0. 542	0. 782
样本数	902	902	902
工具变量数	47	47	47

注：全行业是指除去农林牧渔矿等初级品部门之外的行业整体。

列（1）结果显示，与发达国家情况类似，GVC 分工地位提升同样能够驱动我国经济走势同步于世界经济上行并脱离世界经济下行，进而有效改善国际经济周期传导效应，是经济增长的"稳定器"。从结果中可以发现，我国 GVC 分工地位提升趋势明显，且主要提升动力在于技术密集型中间品对外供应[①]，这表明我国中间品，尤其是技术密集型中间品的竞争力与本土供应能力不断增强，在此支撑下，一方面，国内产业部门不断上游化，进而能够凭借贸易附加值获取能力增强而更大化地吸收国外繁荣期需求溢出；另一方面，我国也得以建立并逐渐深化内需主导型贸易分工模式，出口中返回国内的附加值以年均 29.11% 的速度增长，并且产业部门后向国际生产联系不断降低，中间品自给水平上升，进而有利于遏制其他国家迈入萧条期时外需下降与中间品供应不稳定等风险输入。

列（2）~（3）制造业和服务业的研究结果显示，服务业 GVC 分工地位净变动指数和繁荣期变量的交叉项显著，但显著性低于制造业的相应交叉项，同时，制造业该指数和萧条期变量的交叉项不显著，表明服务业 GVC 分工地位上升仅能驱动国家经济同步于世界经济上行，且作用有限，而无法使国家经济脱离世界经济下行；与之不同的是，制造业 GVC 分工地位提升可有力提升经济平稳性，是形成上述"稳定器"作用的核心力量。原因是中国产业结构与对外开放以制造业为主导，服务业开放度与国际分工参与度并不高，对总出口的贡献有限，因此，服务业价值链分工地位提升通过有限的附加值流动渠道难以主导经济周期同步性。同时，我国制造业更加偏向于以技术密集型中间品对外供应为主导提升 GVC 分工地位，该行业中间品附加值间接出口占比达到 60.16%，可有效增强其附加值获取和外部风险抵御能力，服务业 GVC 分工地位提升路径则相反，技术密集型中间品

---

① 我国技术密集型行业间接出口的中间品附加值在中间品间接出口附加值总额中的占比均值达到 52.15%，远高于资本（占比均值为 26.64%）与劳动密集型行业（占比均值为 21.20%）中占比。

附加值间接出口占比仅为 26.81%，因此经济维稳效果不佳。鉴于此，下文实证分析中不再单独考察服务业的情况。

（2）异质性检验结果。

①对贸易伙伴分组研究结果。从 GVC 分工格局来看，中国产业整体上处于发达国家的相对下游，不仅对发达国家中间品有较强需求，在对外贸易中获取有限附加值，而且成为发达国家风险扩散的被动吸收国。同时，长期以来以美国、日本、欧盟多国为代表的发达国家市场需求虽较为旺盛，但自美国金融危机开始，这些国家经济不稳定性与新危机爆发的风险加大，成为风险全球化扩散的源头输出国。那么中国在 GVC 体系中能否够依靠分工地位提升，既能从发达国家的价值链贸易中获得更多附加值利益，高效吸收这些国家旺盛的需求溢出，同时又能遏制发达国家风险扩散？为了解答该问题，本部分分别以 HIC 与 LIC 虚拟变量标记发达国家与发展中国家贸易伙伴[①]，构建其与核心解释变量的交叉项进行实证分析，结果如表 5 - 19 所示。

表 5 - 19　　　　区分发达国家和发展中国家贸易伙伴的研究结果

变量	(1)	(2)	(3)	(4)
	全行业		制造业	
NVGP × BOOM × HIC	3.2026 *** (0.6486)		6.4337 *** (1.2742)	
NVGP × BOOM × LIC	1.3164 ** (0.5510)		2.2564 *** (0.6022)	
NVGP × DEPR × HIC		- 4.8096 *** (0.8086)		- 3.5395 *** (0.6041)
NVGP × DEPR × LIC		- 2.5703 ** (1.1416)		- 2.3425 *** (0.8321)

① 对于发达国家，令 HIC = 1，LIC = 0，对于发展中国家，令 HIC = 0，LIC = 1。

续表

变量	（1）	（2）	（3）	（4）
	全行业		制造业	
常数项	2.4327 *** （0.1503）	3.0195 *** （0.1833）	2.0196 *** （0.2890）	1.4630 *** （0.2077）
控制变量	控制	控制	控制	控制
金融危机	控制	控制	控制	控制
AR（1）检验	0.000	0.000	0.000	0.000
AR（2）检验	0.105	0.162	0.272	0.083
Hansen 检验	0.652	0.672	0.619	0.609
样本数	902	902	902	902
工具变量数	47	47	47	47

列（1）~（2）报告了对全行业 GVC 分工地位提升作用的考察结果，各列中引入的发达国家虚拟变量（HIC）构造的交叉项估计系数显著性与绝对值均要更大，表明 GVC 分工地位提升能够更大化地驱动国家经济走势紧跟发达国家经济上行并脱离发达国家经济下行，对于经济维稳的积极作用非常明显，不仅可使我国有效吸收发达国家繁荣期旺盛的需求溢出，而且还能遏制源自此类高风险国家的风险输入，进而更大程度地改善发达国家经济周期对我国的传导效应。这是因为，在 GVC 分工地位提升的过程中，国内产业部门大幅减少对发达国家中间品的进口需求（张定胜等，2015；张会清和翟孝强，2018），不仅从向发达国家的出口中获得更高的附加值，增强对其需求溢出的吸收效率，而且避免了发达国家中间品供应不稳定对产出平稳性的冲击；同时，值得一提的是，我国对发达国家出口的内需主导特征更为明显①，进而能更大程度地降低发达国家需求下降对我国产

---

① 计算结果显示，我国出口中从发达国家返回的附加值金额是从发展中国家返回金额的 4.32 倍。

出的影响。进一步区分国家样本对制造业 GVC 分工地位提升的作用进行考察后，根据列（3）~（4）结果可获得相同结论。

②对制造业行业分别检验结果。另外，本部分还对制造业进行要素密集度分类，以明晰 GVC 分工地位提升的作用是否有行业异质性。表 5-20 估计结果显示，第一，各类要素密集型制造业 GVC 分工地位提升均有利于经济维稳，进一步验证了上述稳定器作用的稳健性。第二，值得注意的是，从 NVGP × DEPR 交叉项的系数值与显著性来看，相对于劳动密集型制造业，技术和资本密集型制造业 GVC 分工地位提升在驱动国家经济走势脱离世界经济下行趋势时作用要更强，进而可更为有效地抵御外部风险。

表 5-20 　　　　　　　　　对不同制造业行业的研究结果

	（1）	（2）	（3）
	劳动密集型制造业	资本密集型制造业	技术密集型制造业
NVGP × BOOM	11.7991 *** (1.1029)	1.9318 *** (0.6507)	1.2827 ** (0.4889)
NVGP × DEPR	-1.4375 * (0.7818)	-1.8982 ** (0.7661)	-1.9102 ** (0.7351)
常数项	0.6092 ** (0.2475)	1.3896 *** (0.2401)	1.3402 *** (0.1738)
控制变量	控制	控制	控制
金融危机	控制	控制	控制
AR（1）检验	0.000	0.000	0.000
AR（2）检验	0.119	0.297	0.184
Hansen 检验	0.495	0.550	0.622
样本数	902	902	902
工具变量数	47	47	47

然而遗憾的是，本书上文特征事实分析发现，我国技术密集型制造业 GVC 分工地位在三类要素密集型行业中最低，研究期内虽有一

定上升，但近年来却趋于下降，因此可能难以发挥对外界风险的抵御作用。目前，从中间品生产能力来看，我国技术密集型行业仍处于相对劣势，关键技术环节及制造材料多被发达国家所掌控（王雅琦等，2018），部分高技术中间品仍需进口，因此，技术密集型制造业依然保持着一定程度的后向国际生产联系；同时，当技术密集型行业价值链分工地位不断接近技术前沿国家时，会遭受更为严重的技术封锁与中间品出口管制甚至断供风险，部分高技术中间品又面临"卡脖子"技术难题而无法自主生产，因此，亟待进一步提升该行业中间品自给率进而夯实风险抵御能力。综合以上研究结论可知，在经济维稳目标下，我国要大力推动技术密集型制造业 GVC 分工地位提升，以充分发挥其风险抵御和稳增长作用，对于短期内无法自主生产的高技术中间品，应适当增加进口可控性，并在长期中集中研发资源以逐步增强本土生产能力与供应保障。

4. 主要研究结论

本节利用 2000～2021 年 42 国双边维度面板数据，基于经济周期区间分析，通过研究 GVC 分工地位对经济周期同步化的影响，剖析稳增长实现机制，从中获得以下主要结论：

对国际规律的研究结果表明：第一，推动 GVC 分工地位提升能使一国经济同步于世界经济上行趋势并脱离世界经济下行趋势，进而改善国际经济周期传导效应，是经济增长的重要"稳定器"，这一结论通过了更换变量、限定样本时期、剔除特定样本、以交叉项引入变量等多重稳健性检验。第二，机制分析结果显示，GVC 分工地位上升可通过增强一国附加值获取能力而促进经济上行同步，并通过提高一国中间品自给率及内需主导型贸易分工深度而抑制经济下行同步。第三，不同 GVC 分工地位提升路径的经济维稳效果存在显著差异，依靠资本密集型中间品对外供应推动 GVC 分工地位上升，会导致上述稳定器作用明显减弱，发展中国家采取这一分工地位提升路径，仅能使其经济同步于世界经济上行，且作用较为有限，而无法使其经济脱离世界经济下行，并不能增强经济增长的平稳性，相反，发达国家以技术密集型中间品对外供应为主导提升 GVC 分工地位，经济维稳效果更佳。因此，将 GVC 分工地位提升动力向技术密集型中间品对外供应转换，是发展中国家稳增长的更优路径。

利用中国样本进行实证分析时发现，GVC 分工地位提升同样是国家经济增长的稳定器，其中，制造业是形成这一积极作用的主导力量。同时，在 GVC 分工地位提升的过程中，我国经济走势能够更大化地同步于发达国家经济上行并且脱离发达国家经济下行，进而更大程度地改善发达国家经济周期对我国的传导效应，对稳增长的积极作用非常明显，能有效遏制高风险国家风险输入对经济平稳性的影响。另外，各类密集型制造业 GVC 分工地位提升均有利于经济维稳，并且技术和资本密集型制造业分工地位上升的风险抵御能力更强；但要注意到，目前我国技术密集型制造业 GVC 分工地位低于其他行业，部分高技术中间品尚无法实现自主生产，仍须从发达国家进口，进而无法有效抵御外界风险经由中间品供应途径输入，因此，要实现稳增长则须大力提升技术密集型制造业 GVC 分工地位，夯实其中间品自给能力并适当提升进口可控性，进而加强风险抵御。

（三）本章小结

本章从外循环视角出发，利用跨国双边维度面板数据，实证研究 GVC 分工参与、分工地位对国际经济周期同步性的影响，为改善国际经济周期传导效应，进而保障稳增长提供了新视角与经验证据。

本章通过研究发现了参与 GVC 分工对稳增长的潜在危害与成因，以及提升 GVC 分工地位通过利益获取与风险抵御对经济增长产生的稳定器作用，研究结论有重要政策启示。我国要在积极参与 GVC 分工的情况下通过改善国际经济周期传导效应实现稳增长，一方面，应以制造业为重点加快转变 GVC 分工参与模式，减少后向参与，避免各产业部门对进口中间品产生过强需求依赖，以尽可能遏制外界风险输入，在国外萧条期保持经济独立性；同时，须提升产业部门附加值获取能力，使国家经济可在国外需求溢出的作用下加快增长，以收敛于世界经济上行。另一方面，还要加快提升我国 GVC 分工地位，并继续以技术密集型行业中间品对外供应作为 GVC 分工地位提升的主导力量；同时，根据不同 GVC 分工地位提升路径的经济维稳效果差异和我国现实情况，合理定位提升策略，即在大力推动技术密集型制造业 GVC 分工地位提升的同时，也要增强高技术中间品进口可控性，以更大化缓解外部风险通过中间品供应途径输入国内，并在长期中着力攻克中间品"卡脖子"技术难题以实现自主生产。

六、内需主导型 GVC 和稳增长的实证研究

本章将立足于外循环和内循环融合的视角，在双边维度上研究内需主导型 GVC 分工对经济周期同步性的影响，然后在单边维度上再次检验 GVC 分工的内需主导化对一国经济波动的影响，进而在实证上基于 GVC 分工的需求导向明晰稳增长实现机制。

（一）内需主导型 GVC 对经济周期同步的影响

随着世界贸易分工深入至产品工序层面，GVC 已成为全球化资源配置、生产协调与价值分配的重要手段，链上各国以外需为主导完成产品特定制造环节，实现了生产阶段的国际分离与价值创造的国际融合，构成串联世界经济的重要纽带。受此影响，全球经济体的外源依赖特征不断增强，经济增长与波动趋势深度协动而难以相互独立，伴随着数次危机爆发，以外需为主导的 GVC 分工已然成为外部风险的"传输器"与全球经济波动的"放大器"（Altomonte et al.，2012；唐遥等，2020）。特别是我国因需求侧与供给侧"双弱"而依附式嵌入 GVC，导致产出水平严重依赖外需，受制于国外经济波动的影响，维持经济稳定困难重重。在世界经济持续低迷、不确定性日益增大的背景下，我国提出要加快构建以国内大循环为主体、国内国际双循环互相促进的新发展格局，以形成内需驱动型经济增长模式。在此过程中，国内需求潜力持续得到释放，各产业部门将逐渐转变以满足外需

为导向的 GVC 参与模式而不断深化内需主导型 GVC 分工，以充分利用国内、国外生产要素满足不断扩大的内需，这一深刻变迁能否减轻国外经济波动对国内经济的影响，以实现经济平稳增长，成为亟待研究的又一重要问题。

从现有文献来看，国内外学者大多关注外需主导型 GVC 与经济周期同步之间的关系①，尚未从理论及经验视角明晰内需主导型 GVC 分工的作用与机理，目前虽有少数文献对这一分工模式的特征、内涵与构建思路进行了探讨（刘斌等，2018；凌永辉和刘志彪，2020），但并未系统剖析其经济后果，无法为国内大循环主体发展格局下的经济维稳政策制定与风险防范提供依据。同时，内需主导型 GVC 分工识别方法的缺失，也导致其与经济周期同步之间关系的实证研究难以开展。鉴于此，本部分将以附加值生产的动力结构为突破口明晰两者之间的关联机理，然后基于价值环流特征，构建内需主导型 GVC 分工深化程度的识别方法，并利用 2000～2021 年 42 国双边维度的面板数据，通过考察这一分工模式对国际经济周期同步化的影响，剖析其对经济维稳的作用及潜在风险，进而对第四部分理论分析中提出的假说 6、7、8 进行检验②，这对于中国在以国内在循环为主体的新发展格局中维持经济稳定有重要政策启示。本部分的边际贡献体现在以下几个方面，一是解明内需主导型价值链分工对国际经济周期同步性的影响，进而有助于从 GVC 分工视角明晰双循环新发展格局中的经济维稳实现机制；二是基于内需主导型 GVC 分工下的价值环流特征，

---

① 已有文献采用出口中的国外与间接国内附加值测算 GVC 分工参与度，从增加值流向和动因来看，这两项附加值均被他国生产或消费所吸收，体现出一国以外需为导向参与 GVC 分工。

② 假说 6：深化内需主导型 GVC 分工，将通过转换增加值创造的动力结构，使一国宏观经济独立于国外经济萧条而享有经济独立利益，同时也滞后于国外经济繁荣而有一定弊端。假说 7：依靠增加中间品环节外包的方式构建内需主导型 GVC 分工，将抑制该分工模式驱动一国独立于国外经济萧条的作用，损害经济平稳增长。假说 8：深化内需主导型 GVC 可使一国依靠更强内生增长动力来加速经济增长，弥补其导致一国滞后于国外经济上行的弊端，但该作用随着内需主导型 GVC 分工的深化而递减。

构建这一分工模式深化程度的识别方法，为后续文献提供可选择的研究工具。

1. 研究设计

（1）计量模型设定。本部分聚焦于内需主导型 GVC 分工对经济周期同步的影响，根据第四部分中提出的理论假说，将基准计量模型设定如下：

$$BCM_{ij,t} = \beta_0 + \beta_1 DDG_{ij,t} \times BOOM_{j,t} + \beta_2 DDG_{ij,t} \times DEPR_{j,t}$$
$$+ \beta_3 Control_{ij,t} + \varepsilon_{ij,t} \tag{6.1}$$

式中，t 表示时间，$DDG_{ij,t}$ 表示 i 国与 j 国双边维度的内需主导型 GVC 分工深化程度，$BCM_{ij,t}$ 表示两国经济周期同步化水平。为检验内需主导型 GVC 分工能否令 i 国独立于国外（j 国）经济周期，本部分选取 $BOOM_{j,t}$ 与 $DEPR_{j,t}$ 变量依次刻画 j 国经济繁荣与萧条区间。$Control_{ij,t}$ 代表控制变量，$\varepsilon_{ij,t}$ 是随机扰动项。本章将控制时间与国家对固定效应以尽可能缓解计量模型内生性[1]，并基于 2000 ~ 2021 年 42 国双边维度面板数据进行实证分析。

（2）变量构造与数据说明。

①内需主导型 GVC 分工的深化程度（Domestic Demand Oriented GVC，$DDG_{ij,t}$）。根据已有文献，内需主导型 GVC 分工在价值环流层面体现为一国所创造的增加值输出国外后再次回流国内被最终吸收（刘斌等，2018）[2]，本部分基于这一价值环流特征，以一国出口中回流的国内增加值作为识别内需主导型 GVC 分工的依据，继而构建双边维度内需主导型 GVC 分工深化程度 $DDG_{ij,t}$ 的测度方法。

---

① 参考潘文卿等（2015）、唐宜红等（2018）的做法，采取"国家 i × 国家 j"的形式控制国家对固定效应。

② 美国苹果公司构建的产品价值链是内需主导型 GVC 分工模式的典型案例。该公司将手机组装环节外包至国外，由美国高通及英特尔公司提供芯片、基带等部分中间品，当这些中间品输入中国后，再由中国厂商从事组装环节并将成品输出至美国供其国民消费，那么美国产出芯片、基带等中间品时创造的增加值则经历了输出国外再回流的过程。外包最终品环节所引起的这一价值环流则成为其构建内需主导型 GVC 分工的重要标志。

$$DDG_{ij,t} = (rdv_{ij,t} + rdv_{ji,t}) / (va\_ex_{ij,t} + va\_ex_{ji,t}) \qquad (6.2)$$

式中，$rdv_{ij,t}$代表 i 国生产、输出至 j 国并回流 i 国的增加值，$rdv_{ji,t}$表示 j 国生产、输出至 i 国并回流 j 国的增加值，$va\_ex_{ij,t}$、$va\_ex_{ji,t}$分别代表 i 国出口到 j 国的增加值总额及 j 国出口到 i 国的增加值总额。$DDG_{ij,t}$数值越大则意味着双边维度的内需主导型 GVC 分工深化程度越高。要测算以上增加值成分则须对各国间出口进行分解，王直等（2015）构建的贸易流量分解模型是较好的选择，该方法能够对增加值回流来源国进行准确定位，并可区分以中间品及最终品形式回流的增加值，更加匹配本部分研究需要，本部分基于这一方法获得以上增加值成分①。

②其他变量。为保持前后文研究方法的一致性，这里沿用上文的做法，基于瞬时相关系数与经费舍尔转换方法度量国际经济周期同步性，并选取总贸易强度、GVC 分工参与度、双向金融一体化程度、产业结构相似度、汇率波动程度、政府支出同步性、经济周期区间虚拟变量作为控制变量，各变量度量方法与数据来源同上文，这里不再赘述。

2. 估计结果与分析

（1）基准估计结果。本部分共分两个步骤进行基准检验。首先，在不进行经济周期区间分解的情况下回归计量模型，表 6 - 1 第（1）、（2）列结果表明，双边出口中回流的国内增加值占比提高，将导致国家间经济周期同步性下降，意味着深化内需主导型 GVC 分工会令各国经济波动相互脱钩，进而在一定程度上独立于国外不稳定、不确定因素。其次，基于经济周期区间分解进行研究，表 6 - 1 第（3）、（4）列结果显示上述结论在国外经济繁荣与萧条区间下恒成立，从而进一步说明，深化内需主导型 GVC 分工可为一国带来独立于国外经济下行的利益，使其获得持续经济增长，同时也会造成一国

---

① 该方法从增加值层面将双边出口分解为 16 项，其中，rdv 是分解结果中的第 6~8 项。

脱离国外经济上行的弊端，使其难以依靠外需扩张的刺激加速经济增长，这印证了假说 6。但结合 DDG × DEPR 系数绝对值与显著性明显高于 DDG × BOOM 变量的事实可知，上述利益要大于弊端，说明这一分工模式不仅可有效减少外需疲软对一国经济的冲击，赋予其更大的经济增长"自主权"，同时也使一国避免由于外部增长动力减弱而使经济增速大幅下滑，进而对改善国际经济周期传导效应、提升经济平稳性具有积极作用。

这是由于，深化内需主导型 GVC 分工是通过转换增加值创造的动力结构来实现的，这虽然是导致外需溢出对产出的促进作用下降，但内需可为经济增长提供重要的动力支撑；同时，一国在深化内需主导型 GVC 分工时通常将劣势环节外包，并可吸收包含在回流中间品或最终品内的国外比较优势生产要素，进而能提升总体生产效率，这也会赋予该国更强的内生增长动力，因此并不会使其大幅滞后于国外经济繁荣。目前，全球经济持续低迷且不确定性增大，外需间歇性疲软成为影响一国经济平稳性的重要因素，内需主导型 GVC 分工虽然导致一国脱离国外经济繁荣，但由于内需提供的支撑以及该分工模式对内生增长动力的强化作用，由此带来的弊端比较有限；相反，其通过减少外需疲软对宏观经济的冲击，有助于化解制约经济稳定的重要阻力并增强经济增长的持续性，在国外经济萧条状态下赋予一国的经济独立利益将远远超过上述弊端，进而可为稳增长带来净利益。其余变量结果与上文类似，这里不再赘述。

表 6 – 1　　　　　　　　　　基准检验结果

变量	(1)	(2)	(3)	(4)
DDG	– 0.1069 *** (0.0112)	– 0.1006 *** (0.0165)		
DDG × BOOM			– 0.0959 *** (0.0142)	– 0.0847 *** (0.0189)

变量	(1)	(2)	(3)	(4)
DDG × DEPR			-0.1180 *** (0.0138)	-0.1161 *** (0.0179)
TIN	1.1685 *** (0.0701)	0.8575 *** (0.1037)	1.1690 *** (0.0700)	0.8559 *** (0.1036)
GVC	0.4701 *** (0.0772)	0.6892 *** (0.1008)	0.4714 *** (0.0773)	0.6922 *** (0.1009)
FII	0.0134 *** (0.0041)	0.0532 *** (0.0056)	0.0135 *** (0.0041)	0.0535 *** (0.0056)
STRU	-0.6425 *** (0.0441)	-0.4273 *** (0.0589)	-0.6429 *** (0.0441)	-0.4271 *** (0.0589)
ERF	0.0454 (0.0755)	-0.3128 *** (0.0773)	0.0450 (0.0754)	-0.3140 *** (0.0773)
SGOVEX	0.0031 * (0.0019)	0.0035 (0.0025)	0.0031 * (0.0019)	0.0035 (0.0025)
BOOM	-0.0273 * (0.0155)	-0.0298 ** (0.0148)	-0.0362 ** (0.0168)	-0.0424 *** (0.0160)
常数项	2.1150 *** (0.0289)	1.9502 *** (0.0365)	2.1189 *** (0.0290)	1.9550 *** (0.0366)
时间固定效应	控制	控制	控制	控制
国家对固定效应	不控制	控制	不控制	控制
样本量	37876	37876	37876	37876
R^2	0.0768	0.1601	0.0769	0.1602

（2）内生性处理结果。鉴于被解释变量与内需主导型 GVC 深化程度之间有内生性风险，本部分借助工具变量下的两阶段最小二乘法对计量模型进行回归，在构建工具变量时，参考杨继军（2019）的研究，先加总得到双边实际 GDP 总和值，再以年度为单位将其按照 5、10、15…95 分位数分割为 20 组，并测算各组内部 DDG 变量的均

值，将其作为组内所有国与国之间双边维度内需主导型 GVC 分工深化程度的工具变量。该工具变量与核心解释变量之间存在紧密相关性，但因其是一组内部诸多国家双边维度的内需主导型 GVC 分工深化程度均值，又无法直接对单一双边国家的经济周期同步性产生影响，同时满足工具变量相关性和外生性的要求。表 6 - 2 报告了基于以上内生性处理方法获得的实证结果，与 OLS 回归结果相比并无较大差异，验证了基准结论的可靠性。同时，各列结果中 LM 检验与 C - D 检验分别拒绝识别不足与弱工具变量的原假设，Hansen J 检验结果为 0，模型恰好识别，说明工具变量选取与各列结果是有效的。下文将基于相同工具变量构造方法对计量模型进行 2SLS - Ⅳ 回归。以上检验印证了构建以国内大循环为主体的新发展格局的正确性和重要性，因此，当前在世界经济持续低迷且不确定性日益加大的背景下，我国应加快转变以满足外需为导向的 GVC 参与模式，大力深化内需主导型 GVC 分工，尽可能减轻国外需求侧风险冲击，转而依靠相对稳定的内需驱动经济平稳增长。

表 6 - 2   内生性处理结果

变量	(1)	(2)	(3)	(4)
DDG	- 0. 2041 *** (0. 0259)	- 0. 3843 *** (0. 0410)		
DDG × BOOM			- 0. 1447 *** (0. 0304)	- 0. 3147 *** (0. 0442)
DDG × DEPR			- 0. 2644 *** (0. 0322)	- 0. 4553 *** (0. 0445)
控制变量	控制	控制	控制	控制
时间固定效应	控制	控制	控制	控制
国家对固定效应	不控制	控制	不控制	控制
LM 检验	1979. 28 ***	2123. 21 ***	1865. 34 ***	2107. 27 ***

续表

变量	（1）	（2）	（3）	（4）
C－D 检验	9811.67 ［16.38］	7433.23 ［16.38］	4876.53 ［7.03］	3710.70 ［7.03］
Hansen J 检验	0.000	0.000	0.000	0.000
样本量	37876	37876	37876	37876

（3）稳健性检验结果。本部分进行了三项稳健性检验，结果如表 6－3 所示。第一，指标替换。一是基于杜瓦尔等（2016）构造的拟相关系数测算经济周期同步性；二是以双边出口中回流增加值在其与双边出口中间接国内增加值、国外增加值三者总额中的占比测度内需主导型 GVC 深化程度①，并参照前文做法以分位数对各年度分 20 组重新测算各组均值，作为工具变量展开回归分析。列（1）、列（2）分别报告实施两种指标替换方法的实证结果，与前文相比未有较大变动。

第二，样本剔除。一是剔除欧元区国家。欧元区统一货币体系、较低的贸易壁垒和国家间地理距离优势为区内各国创造了较高的贸易便利性，同时也为增加值回流提供了便利环境，为避免该区域样本主导研究结论，本部分将其剔除后再度检验内需主导型 GVC 分工的作用，结果如列（3）所示。二是剔除内需强劲国家。这些国家经济增长的内在动力更强进而对外需的依赖性较低，选择这些样本可能成为上述实证结果产生的关键。因此，本部分基于 Penn World Table 数据库提供的居民消费占 GDP 比重的数据，在剔除样本期该比重均值最高的八个国家后再度进行实证检验②，结果见列（4）。根据以上方法

---

① 间接国内增加值及国外增加值出口反映了外需主导型 GVC 分工下的增加值流动，而增加值回流反映了内需主导型 GVC 分工下的增加值流动。因此，本部分构建的该度量方法可从 GVC 分工的内需主导程度视角刻画内需主导型 GVC 分工深化程度。

② 八个内需强劲国家为塞浦路斯、希腊、美国、墨西哥、马耳他、葡萄牙、英国、立陶宛。

变更样本后，本部分发现内需主导型 GVC 能使其余各国独立于国外经济下行进而享有经济独立利益，同时也脱离国外经济上行进而有一定弊端，并且利大于弊，样本选择并不影响研究结论的稳健性。

表 6 - 3　　　　　稳健性检验结果

变量	(1) 替换 BCM 度量方法	(2) 替换 DDG 度量方法	(3) 剔除欧元区国家	(4) 剔除内需强劲国家	(5) 分工深化程度较高国家	(6) 分工深化程度较低国家
DDG × BOOM	- 0.0675 *** (0.0244)	- 5.4453 *** (0.7438)	- 0.5963 *** (0.0682)	- 0.2237 *** (0.0744)	- 0.3619 *** (0.1011)	- 0.6618 ** (0.3183)
DDG × DEPR	- 0.1257 *** (0.0246)	- 7.5568 *** (0.7169)	- 0.7306 *** (0.0680)	- 0.2678 *** (0.0740)	- 0.6944 *** (0.1008)	- 0.9170 ** (0.3605)
控制变量	控制	控制	控制	控制	控制	控制
时间固定效应	控制	控制	控制	控制	控制	控制
国家对固定效应	控制	控制	控制	控制	控制	控制
LM 检验	2108.11 ***	2075.32 ***	1172.98 ***	1096.92 ***	373.14 ***	666.68 ***
C - D 检验	3712.03 [7.03]	1.2e + 04 [7.03]	1786.20 [7.03]	1610.66 [7.03]	428.45 [7.03]	1390.56 [7.03]
Hansen J 检验	0.000	0.000	0.000	0.000	0.000	0.000
样本量	37884	37876	20742	30661	10556	27320

第三，分组检验。各国内需主导型 GVC 分工的深化程度不尽相同，可能导致其对国际经济协动的影响存在差异，为了确保上述结论对于分工深化程度较低与较高的国家同时成立，本部分测算了 2000 ~2021 年一国与世界各国双边维度内需主导型 GVC 分工深化程度的均值，将该均值高于全样本均值的国家定义为内需主导型 GVC 分工深化程度较高的国家，反之定义为分工深化程度较低的国家，然后进行分组检验。列（5）与列（6）结果显示无论对于分工深化程度较低还是较高的国家，进一步深化内需主导型 GVC 分工对其与世界各

国的经济周期同步性均有显著负向影响，并且依然能更大化驱动两类国家独立于国外经济下行。综上可见，基准检验结果是稳健的。

（4）异质性分析结果。

①考虑内需主导型 GVC 构建方式的异质性分析。一国可通过外包中间品或最终品环节两种方式构建内需主导型 GVC 分工，鉴于外包中间品环节时，一国面临着中间品回流的外源约束风险，进而影响经济周期同步化，本部分进一步研究了内需主导型 GVC 分工构建方式的调节作用。即构建增加值回流结构指数（RS），以一国输出并以中间品形式回流的国内增加值在国内增加值回流总额中的比重来度量，以反映该国是否更多地以外包中间品环节的方式构建内需主导型 GVC 分工①，考虑该因素后的实证结果如表 6 - 4 所示。

表 6 - 4　　对内需主导型 GVC 构建方式的异质性作用考察结果

变量	（1）	（2）	变量	（3）	（4）
	引入附加值回流结构			考虑附加值回流来源国	
DDG × BOOM	- 0. 3657 * (0. 2070)	- 0. 3007 *** (0. 0443)	DDG × BOOM	- 0. 2923 *** (0. 0439)	- 0. 3123 *** (0. 0442)
DDG × DEPR	- 0. 4530 *** (0. 0445)	- 2. 1274 *** (0. 2919)	DDG × DEPR	- 0. 8979 *** (0. 0916)	- 0. 4540 *** (0. 0478)
DDG × BOOM × RS	0. 1206 (0. 3920)		DDG × DEPR × RS × HIC	1. 2035 *** (0. 1530)	
DDG × DEPR × RS		3. 7374 *** (0. 5847)	DDG × DEPR × RS × LIC		0. 0173 (0. 0851)
控制变量	控制	控制	控制变量	控制	控制
时间固定效应	控制	控制	时间固定效应	控制	控制
国家对固定效应	控制	控制	国家对固定效应	控制	控制

---

　①　以中间品形式回流的增加值对应本部分分解结果第 8 项。实际上回流增加值由分解结果中第 6、7、8 项构成，前两项增加值以最终品形式回流。

变量	（1）	（2）	变量	（3）	（4）
	引入附加值回流结构			考虑附加值回流来源国	
LM 检验	198.97 ***	142.09 ***	LM 检验	253.29 ***	1950.84 ***
C – D 检验	946.41 [7.03]	563.70 [7.03]	C – D 检验	1705.16 [7.03]	3677.40 [7.03]
Hansen J 检验	0.000	0.000	Hansen J 检验	0.000	0.000
样本量	37876	37876	样本量	37876	37876

列（1）~（2）数据显示，DDG × BOOM × RS 变量并不显著，而 DDG × DEPR × RS 变量系数显著为正，表明一国若通过增加中间品环节外包的方式构建内需主导型 GVC 分工，则会显著抑制这一分工模式驱动一国独立于国外经济下行的作用，阻碍经济平稳增长，从而验证了假说 7。随后，本部分在区别外包目的国的基础上，再次考察内需主导型 GVC 分工构建方式的调节作用，即通过引入 HIC、LIC 虚拟变量，对于以中间品进口形式从发达国家获得附加值回流的样本，令 HIC = 1，LIC = 0，对于以中间品形式从发展中国家获得附加值回流的样本，令 HIC = 0，LIC = 1。代入模型后，列（3）~（4）结果显示，当一国向发达国家外包中间品环节时，上述现象更加突出。这是因为，发达国家是技术输出管制的主要发起国，当一国输出原料并依赖发达国家高端要素进行中间品加工时，中间品回流将面临极大的受阻甚至中断风险。以上结论说明，以内需为导向基于原料输出而外包中间品加工环节时，因中间品回流客观上面临外源约束风险，可能会抵消内需主导型 GVC 分工通过转换增加值创造动力结构而在国外萧条期赋予一国的经济独立利益，使其经济增长再度陷入外源约束困境。因此，一国若要通过深化内需主导型 GVC 分工而增强经济增长的持续性与独立性，则不可过于依靠外包中间品环节这一国际分工构建方式，尤其要警惕因发达国家技术输出管制而导致中间品无法从这些国家回流的风险。

②国别异质性分析。笔者注意到，经济发展水平不同的国家构建内需主导型 GVC 分工的方式有明显区别，进而可能导致这一分工模式对各国经济周期同步性的影响产生异质性，因此，本部分分别对不同国家群体深化内需主导型 GVC 分工的作用进行研究。表 6 - 5 的检验结果表明，对于经济发展水平较高的发达国家、欧盟国家和 OECD 国家，深化内需主导型 GVC 分工均能使这些国家独立于国外经济下行并滞后于国外经济上行，并且利大于弊；但发展中国家深化内需主导型 GVC 只能使其脱离国外经济上行，而无法独立于国外经济下行，不仅未获得经济独立利益，反而还减弱了外部增长动力。

表 6 - 5   国家异质性检验结果

变量	（1）	（2）	（3）	（4）
	发达国家	欧盟国家	OECD 国家	发展中国家
DDG × BOOM	− 0.3358 *** （0.0597）	− 0.4701 *** （0.0590）	− 0.2575 *** （0.0529）	− 0.1939 * （0.1042）
DDG × DEPR	− 0.4757 *** （0.0593）	− 0.6489 *** （0.0566）	− 0.4168 *** （0.0527）	− 0.0854 （0.1105）
控制变量	控制	控制	控制	控制
时间固定效应	控制	控制	控制	控制
国家对固定效应	控制	控制	控制	控制
LM 检验	1184.93 ***	1107.89	1395.54 ***	542.02 **
C − D 检验	1956.82 [7.03]	3013.74 [7.03]	2909.31 [7.03]	784.83 [7.03]
Hansen J 检验	0.000	0.000	0.000	0.000
样本量	22546	25250	27956	15330

造成这一结果的原因是，经济发展水平较高的国家大多拥有技术优势，但劳动力成本较高，出于成本最小化动机通常会以输出中间品

的方式将低复杂度最终品加工环节外包（刘斌等，2018），增加值回流以最终品形式为主；发展中国家普遍在中间品加工环节具有比较劣势，通常基于原料输出外包该环节，并利用国外优势生产要素进行定制化生产以满足内需，导致发展中国家以中间品形式回流的国内增加值比重高于发达国家。依赖外包中间品环节的方式构建内需主导型 GVC 分工，体现了发展中国家对国外高端生产要素的依附性，因此，国外经济低迷时技术输出管制升级，导致发展中国家获得定制中间品回流的难度增加，必然使其难以独立于国外经济下行。然而，迫于技术、材料等要素劣势，通过外包中间品环节构建内需主导型 GVC 分工又是发展中国家未来产业发展的常态，短期内无法彻底改变这一现状，在此背景下，包括中国在内的发展中国家应充分认识到外包中间品环节带来的潜在风险，应大力夯实该环节高端要素基础，加快提升国内同类中间品的加工能力，进而逐渐减少外包中间品环节这一内需主导型 GVC 构建方式，这样才能使内需主导型 GVC 成为发展中国家获得经济增长"自主权"的有力抓手。

3. 拓展分析——内需主导型 GVC、内生增长动力与经济增长

深化内需主导型 GVC 分工虽然造成一国外部增长动力减弱进而在一定程度上滞后于国外经济上行的弊端，但须注意到，这一分工模式可通过提升一国内生增长动力的方式加速经济增长，又可弥补这一弊端。鉴于此，本部分建立以下中介效应模型，厘清内需主导型 GVC、内生增长动力与经济增长的联系。

首先，建立计量模型式（6.3）研究内需主导型 GVC 分工对一国全要素生产率（TFP）的影响，其中，采用一国出口中回流的国内增加值占比度量内需主导型 GVC 分工深化程度 $DDG_{i,t}$。其次，利用式（6.4）研究 TFP 对一国经济增长的影响，借鉴陈晓华等（2021）的研究以人均 GDP 对数值度量各国经济增长水平 $EG_{i,t}$。最后，在借助式（6.5）研究内需主导型 GVC 对一国经济增长的影响之后，纳入 TFP 变量建立模型式（6.6），考察该变量引入能否导致内需主导型

GVC 对经济增长的影响力度与显著性下降，进而判定 TFP 的中介作用是否成立。鉴于内需主导型 GVC 通过提升 TFP 进而对经济增长的作用可能存在倒 "U" 型特征，本部分在式（6.3）、（6.5）、（6.6）中引入 $DDG_{i,t}$ 变量的二次项。另外，本部分选取研发强度（研发经费内部支出在 GDP 中占比）、FDI 强度（FDI 占 GDP 比重）、政府支出（政府支出占 GDP 之比）、贸易开放度（出口额占 GDP 比重）与人力资本作为各模型控制变量，各新增变量数据来自 Penn World Table 数据库。鉴于该数据库时间数据更新至 2019 年，因此这里将基于 2000 ~ 2019 年 42 个国家的单边维度面板数据进行实证分析。

$$TFP_{i,t} = \alpha + \beta_1 DDG_{i,t} + \beta_2 DDG_{i,t}^2 + \beta_3 Control_{i,t} + \mu + \varepsilon_{i,t} \quad (6.3)$$

$$EG_{i,t} = \alpha + \beta_1 TFP_{i,t} + \beta_2 Control_{i,t} + \mu + \varepsilon_{i,t} \quad (6.4)$$

$$EG_{i,t} = \alpha + \beta_1 DDG_{i,t} + \beta_2 DDG_{i,t}^2 + \beta_3 Control_{i,t} + \mu + \varepsilon_{i,t} \quad (6.5)$$

$$EG_{i,t} = \alpha + \beta_1 DDG_{i,t} + \beta_2 DDG_{i,t}^2 + \beta_3 TFP_{i,t} + \beta_4 Control_{i,t} + \mu + \varepsilon_{i,t}$$

$$(6.6)$$

在进行实证分析时，考虑到 TFP 较高的国家借助技术优势垄断 GVC 两端，更有可能构建并深化内需主导型 GVC 分工；同时，人均产出较高的国家内需较为旺盛，导致内需主导型 GVC 深化程度也更高，那么 DDG 变量则成为模型式（6.3）、式（6.5）与式（6.6）的内生变量，因此，本部分依然采用前述工具变量构造方法，对计量模型进行 2SLS - Ⅳ回归。鉴于单边维度面板数据样本量较少，对于计量模型式（6.3），本部分以 TFP 为依据将各年度样本均按照 10、20⋯、90 分位数分割为 10 组，对于计量模型式（6.5）与式（6.6），以人均 GDP 为依据将各年度样本分割为 10 组，然后测算各组 DDG 变量均值，取一阶滞后项作为组内各国内需主导型 GVC 分工深化程度的工具变量。上述模型回归结果如表 6 - 6 所示。

表 6 - 6　内需主导型 GVC、内生增长动力与经济增长间联系的检验结果

变量	(1)	(2)	(3)	(4)
	TFP	EG	EG	EG
DDG	1.7312 *** (0.3157)		0.4495 *** (0.0974)	1.2751 *** (0.2472)
DDG^2	-0.2187 *** (0.0445)		-0.0475 *** (0.0119)	-0.1661 *** (0.0349)
TFP		2.2588 *** (0.1539)		1.9384 *** (0.1942)
控制变量	控制	控制	控制	控制
时间固定效应	控制	控制	控制	控制
国家固定效应	控制	控制	控制	控制
LM 检验	37.20		27.82	36.24
C - D 检验	16.55 [7.03]		14.01 [7.03]	15.01 [7.03]
Hansen J 检验	0.000		0.000	0.000
样本量	838	838	838	838

注: 列 (2) 为采用 OLS 估计的结果。

　　其中, 列 (1) 结果显示, DDG 变量显著为正, 其二次项显著为负, 意味着深化内需主导型 GVC 分工对一国 TFP 有倒 "U" 型影响; 同时列 (2) 结果表明, TFP 是一国经济增长的重要动力, 由此推断, 内需主导型 GVC 将通过作用于 TFP 对一国经济增长也产生倒 "U" 型影响, 列 (3) 结果印证了该推断。值得一提的是, 列 (4) 结果显示, 当本部分引入 TFP 变量时, 内需主导型 GVC 分工深化程度及其二次项的系数绝对值、显著性与列 (3) 结果相比均有明显下降, 表明 TFP 是内需主导型 GVC 分工影响一国经济增长的重要中介变量。以上结果的含义是, 深化内需主导型 GVC 分工确实可以通过提升内生增长动力的途径使一国获得更快的经济增长, 弥补其导致一国外部增长动力减弱进而脱离国外经济上行的弊端, 然而该作用伴随内需主导型 GVC 分工深化而递减, 持续外包比较劣势环节将使一国逐渐丧失依靠自主创新补齐比较劣势环节短板的动力，抑制 TFP 提升并使经济增长减速。该结论印证了第四部分中假说 8，同时说明要通过深化内需主导型 GVC 分工而加速经济增长，一方面应畅通这一分工模式提升 TFP 的作用渠道，有效发挥其在优化资源配置、促进技术溢出等方面的积极作用；另一方面也要把握外包比较劣势环节与弥补比较劣势环节短板之间的平衡，避免因外包低效率劣势环节而丧失自主创新动力，进而更大化发挥内需主导型 GVC 对内生增长动力的强化作用，以实现更加平稳且快速的经济增长。

4. 主要研究结论

本部分基于价值环流特征构建内需主导型 GVC 分工深化程度的测度方法，利用 2000～2021 年 42 国跨国双边维度面板数据，通过研究其对经济周期同步的影响及机制，明晰了内需主导型 GVC 分工对一国经济稳定的作用与带来的潜在风险，最终获得以下主要结论：

第一，深化内需主导型 GVC 分工通过转换增加值创造的动力结构导致国内、国外经济波动相互脱钩，为一国带来独立于国外经济下行的利益以及滞后于国外经济上行的弊端，但总体上利大于弊，对改善国际经济周期传导效应、助力经济平稳增长有积极作用。第二，依靠外包中间品环节构建内需主导型 GVC 将显著抑制这一分工模式驱动一国独立于国外经济下行的作用，尤其当一国向发达国家外包中间品环节时，该现象更加突出。第三，发展中国家主要通过中间品环节外包的方式构建内需主导型 GVC 分工，进而无法使其经济独立于国外经济下行，经济发展水平较高的发达国家与 OECD 国家相反；因此，发展中国家要依靠内需主导型 GVC 分工在国外萧条期获得经济独立利益，则须转变以外包中间品环节为主的内需主导型 GVC 构建方式。第四，深化内需主导型 GVC 分工能通过提升内生增长动力的方式加速一国经济增长，弥补其导致一国外部增长动力减弱进而滞后于国外经济上行的弊端，但该作用伴随内需主导型 GVC 分工深化而递减，持续外包比较劣势环节可能减弱一国创新动力，不利于内生增长。

（二） GVC 分工内需主导化对经济波动的影响

受出口导向型战略驱动，我国各产业以服务于外需为目的积极融入 GVC，在利用更大外部市场实现加速发展的同时，也增加了遭受冲击的可能性，不断上升的贸易保护甚至断链风险，以及全球经济间歇性衰退导致的外需疲软，均成为我国经济波动的重要诱因（宋宪萍和曹宇驰，2022）。那么在全面扩大开放的当前时期，如何应对参与 GVC 引致的经济波动成为重要议题。在 GVC 分工不断深入的过程中，值得注意的一项重大变动是，我国参与 GVC 的需求导向已有明显转变，从附加值贸易结构来看，2000～2021 年各产业为服务于外需而实现的国内附加值间接出口及国外附加值出口额增长率分别仅有 17.80% 和 15.34%，但为服务内需而实现的出口附加值回流额增长率达 24.27%[①]，增速明显快于外需引致的附加值出口。这意味着我国参与 GVC 分工的目的由服务于外需逐渐转向了服务内需，进而出现内需主导化趋势。更加值得一提的是，随着以国内大循环为主体的双循环新发展格局加快构建，我国 GVC 分工的内需主导化趋势将更为突出。基于以上事实的疑问是，GVC 分工内需主导化如何影响产出波动，我国能否通过加速 GVC 分工内需主导化进程而稳定经济增长。深入分析上述问题可为我国在 GVC 体系中稳定经济提供参考。

继美国金融危机后，GVC 分工与经济波动之间的联系迅速成为研究热点，截至目前，学界在该领域进行了细致分析（张少军，2013；Swierczek，2014；Joya & Rougier，2019；吕越等，2020a；张鹏杨和张硕，2022），但仍存在不足之处：一是忽视对 GVC 分工需求导向的考虑，无法洞察 GVC 分工内需主导化如何影响经济波动，进而未能基于 GVC 需求导向视角为稳经济政策设计提供依据。二是本

---

① 各数据为研究期均值，数据与测算方法详见后文。

领域文献多采用的 GVC 参与度测算方法所依赖的国内附加值间接出口和国外附加值出口均由外需引致，难以刻画 GVC 分工内需主导化趋势及特征演变，导致其与经济波动间联系的实证研究缺失变量和数据基础。

鉴于此，本部分将基于附加值贸易的引致原因建立 GVC 分工内需主导化水平识别方法，并利用 42 国行业维度的面板数据研究其对经济波动的影响，继而对第四部分中假说 9、10 和 11 进行检验①。本部分的边际贡献体现在：一是在研究框架中纳入对 GVC 分工内需主导化的考虑，从而将 GVC 与经济波动的研究由 GVC 参与行为深化至参与 GVC 分工的需求导向，有效拓展该领域文献解释范围；二是联系 GVC 分工内需主导化引起的贸易模式、分工结构等方面演化的经济后果，从国外贸易保护、国内需求动力和生产效率等视角检验了 GVC 分工内需主导化对经济波动的作用机制；三是在考虑附加值贸易引致原因的基础上建立 GVC 分工内需主导化识别方法，不仅可准确识别 GVC 分工的需求导向转变趋势，而且为同类研究提供了可参考的分析工具。

1. GVC 分工内需主导化特征识别

GVC 分工内需主导化是指一国参与 GVC 的目的由服务于外需向服务于内需转变，内化于国际贸易、由外需和内需分别引致的附加值流动及相对比例可作为判断这一转变的关键依据。根据王等（2013）的研究，在 GVC 分工下有三类附加值流动分别由外需或内需引致，一是间接国内附加值出口（iva），即一国出口国内附加值被进口国贸易部门间接出口，最终被他国吸收；二是国外附加值出口（fva），即一国出口国外附加值被他国最终吸收；这两项附加值分别是一国为了满足外

---

① 假说 9：GVC 分工的内需主导化将通过贸易保护抑制效应、国内需求提振效应与生产效率提升效应减少经济波动，进而助力稳增长。假说 10：推动与发达国家间 GVC 分工实现内需主导化，更有利于抑制经济波动。假说 11：相对于劳动密集型行业，技术与资本密集型行业 GVC 分工内需主导化对经济波动的抑制作用更为明显。

需出口中间品或基于进口中间品生产出口品所引致，反映出该国为服务外需而参与 GVC 分工；三是折返附加值（rdv），即一国出口国内附加值经他国出口部门流转后折返国内被最终吸收，这一附加值"出口—回流"的折返式流动，是由该国通过投入品输出并依托他国要素完成后续工序，然后复进口满足本土需求所导致，表明其为服务内需而参与 GVC 分工（刘斌等，2018）。结合上述附加值贸易的引致原因，本部分构建式（6.7）所示 GVC 分工内需主导化指数 $NXG_{ik,t}^{j}$，根据内需引致的附加值流动占内外需引致附加值流动总额的比重度量。

$$NXG_{ik,t}^{j} = rdv_{ik,t}^{j} / (rdv_{ik,t}^{j} + iva_{ik,t}^{j} + fva_{ik,t}^{j}) \qquad (6.7)$$

式中，$rdv_{ik,t}^{j}$ 表示 i 国 k 行业出口到 j 国后折返 i 国的国内附加值，是由 i 国内需引致的附加值流动。$iva_{ik,t}^{j}$ 代表 j 国间接出口的 i 国 k 行业国内附加值，$fva_{ik,t}^{j}$ 是 i 国 k 行业向 j 国出口的 j 国附加值，两者刻画 i 国外需（j 国需求）引致的附加值流动。$NXG_{ik,t}^{j}$ 指数增大说明 i 国 k 行业参与其与 j 国间 GVC 分工愈发以服务于 i 国需求为目的，即 i 国 GVC 分工出现内需主导化趋势。本部分以 2016 版 WIOD 与 ADB – MRIO 中数据为基础，依据王等（2013）提出的 WWZ 分解法获得以上数据，然后测算了 2000~2021 年所有样本国家各行业参与其与贸易伙伴国间 GVC 分工的内需主导化水平。为便于图示，本部分以 i 国 k 行业对 j 国出口占 i 国总出口的比重为权数，将 GVC 分工内需主导化指数加总到国家层面，最终以我国和部分代表性国家为例，利用图 6 – 1~图 6 – 3 报告 GVC 分工的内需主导化水平及演变趋势①。

---

① 2000~2014 年数据来自 WIOD，2015~2021 年数据来自 ADB – MRIO。其中，ADB – MRIO 包含 63 国（地区）35 个行业，WIOD 包含 43 国（地区）56 个行业，本书首先将前者 c4 和 c5 行业合并，然后参考《国际标准产业分类》将 WIOD 中 56 个行业匹配至 ADB – MRIO 行业分类，最终得到的数据包含 42 国 34 个行业。ADB – MRIO 中，c1~c2 行业为初级产品行业，c3~c16 为制造业，其余归入服务业，对制造业和服务业进行分类，劳动密集型行业包含 c3、c4~c6、c16、c18~c22、c26、c34~c35；资本密集型行业包含 c7~c8、c10~c12、c17、c23~c25、c27、c29；技术密集型行业包含 c9、c13~c15、c28、c30~c33。

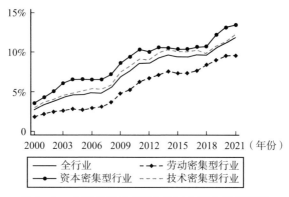

图 6 – 1　中国各行业 GVC 分工内需主导化趋势

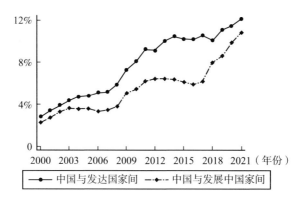

图 6 – 2　中国和不同国家间 GVC 分工内需主导化趋势

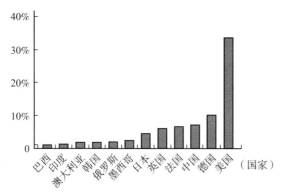

图 6 – 3　各国 GVC 分工内需主导化指数均值

资料来源：WIOD、2022 版 ADB – MRIO 和笔者的计算。

由图可见：第一，在研究期初，我国 GVC 分工内需主导化指数偏低，各产业普遍以服务于外需为目的参与 GVC 分工，其后该指数持续上升，说明我国参与 GVC 的目的逐渐转向服务于内需，出现内需主导化趋势，这一转变在 2008 年美国金融危机后加速，并且近年来该趋势尤为明显。第二，相比而言，我国参与发达国家 GVC 分工的内需主导化水平更高且上升更快，表明我国与发达国家建立的 GVC 分工有着更为突出的内需主导化趋势。第三，我国资本与技术密集型行业 GVC 分工的内需主导化水平明显高于劳动密集型行业，并且资本密集型行业 GVC 分工内需主导化进程相对更快。第四，虽然我国 GVC 分工有明显内需主导化趋势，但研究期内 GVC 分工内需主导化水平均值仍然低于美、德等发达国家。

我国 GVC 分工由外需主导向内需主导化转变的原因在于，加入 WTO 后，贸易自由化和出口导向型战略引导各产业积极开拓海外市场，在国内供给质量较低且内需不足的情况下，融入 GVC 分工迅速提升产品质量以获取竞争优势与出口机会，成为各产业实现利润更大化的理性选择（凌永辉和刘志彪，2020），因此，各产业普遍以服务于外需为目的参与 GVC 分工。此后，随着我国经济发展，国民收入逐渐提升，内需不断释放且需求结构出现高端化趋势，尤其在美国金融危机后外需持续疲软，国内产业逐渐减少对外需的依赖并更加重视内需。在此过程中，我国通过"干中学"、自主创新等方式大力推动技术进步，各产业向 GVC 上游延伸，逐渐成为全球中间品主要供应者，对国际分工的掌控能力获得一定提升（倪红福和王海成，2022）。为更高效地服务内需，我国企业实施"归核化"战略，基于投入品输出将自身处在相对劣势的生产工序外移，统筹使用本土和海外生产要素降成本、提质量，推动内需主导型 GVC 不断深化。在此情形下，我国参与 GVC 分工的目的逐渐向服务于内需转变，进而表现出 GVC 分工内需主导化趋势。

2. 研究设计

为了检验 GVC 分工内需主导化能否降低经济波动，同时考虑后文机制分析需要，本部分基于"出口国—出口市场—行业—年份"四维面板数据建立以下计量模型。

$$VOT_{ik,t} = \beta_0 + \beta_1 NXG_{ik,t}^{j} + \Gamma X_{ik,t} + \Psi X_{i,t} + \varepsilon_{ik,t} + d_t + d_k + d_{ij} \quad (6.8)$$

式中，t 表示年份，i 和 j 表示国家，分别为出口国和出口市场，k 表示行业。被解释变量 $VOT_{ik,t}$ 代表 i 国 k 行业经济波动水平，核心解释变量 $NXG_{ik,t}^{j}$ 表示 i 国 k 行业与 j 国所建立 GVC 分工的内需主导化程度，测算方法如式（6.7）所示。$X_{ik,t}$ 代表国家—行业维度控制变量，$X_{i,t}$ 代表国家维度控制变量，$\varepsilon_{ik,t}$ 是随机扰动项。d_t、d_k、d_{ij} 分别表示时间、行业和"国家对"固定效应[①]。本部分基于 2000 ~ 2021 年 42 国 34 个行业的面板数据进行实证分析，各变量构造如下。

（1）被解释变量。目前，以总产出增长率的五年滚动标准差衡量经济波动程度是学界的普遍做法（Maggioni et al.，2016），然而考虑到总产出中包含了大量国外中间品价值，若不将其去除则可能干扰计算结果的准确性，同时，以增长率作为经济波动测算基础会缺失首年度样本进而损失自由度。因此，本部分以剔除了国外价值投入的各国行业维度国内附加值产出为基础，利用 HP 滤波去除其长期增长趋势进而得到波动性成分，以该波动成分的五年滚动标准差作为经济波动的代理变量。数据来自 WIOD 与 ADB - MRIO 数据库。

（2）其他变量。参考已有文献，本部分选取以下控制变量：采用中间投入与产出总值之比度量一国各行业投入产出比（IG）；采用附加值出口占总产出比重度量一国各行业开放度（OPEN）；利用消费者价格指数衡量一国通货膨胀率（INF）；以政府支出占 GDP 比重

---

① 参考潘文卿等（2015）、唐宜红等（2018）的做法，采取"国家 i×国家 j"的形式控制国家对固定效应。

度量一国政府干预力度（GOV）。另外本部分还选取政治稳定性（PS）作为控制变量。其中，中间投入与产出数据来自 WIOD、ADB – MRIO 数据库，附加值出口数据是基于该数据库与 WWZ 方法计算获得，通货膨胀率、政府支出和 GDP 数据来自世界银行 WDI 数据库，政治稳定性数据来自世界银行全球治理指数数据库。

3. 估计结果与分析

（1）基准估计结果。本部分借助 OLS 方法进行基准实证分析，表6 – 7 报告了具体结果。首先，列（1）~（3）基于全行业样本的实证结果显示，在逐次控制各项固定效应的情况下，核心解释变量系数始终为负，并在 1% 水平上显著，这表明 GVC 分工的内需主导化能够显著降低各行业经济波动水平。其次，在区分制造业、初级产品生产行业以及服务业后进一步细化分析，列（4）~（6）结果显示，该结论始终成立。因此，第四部分中假说 9 得证。

基于此可以推断：第一，GVC 分工的外需主导程度较高会造成较大的经济波动风险，以服务于外需为目的参与 GVC 分工而忽视本国市场，既不符合我国加快构建双循环新发展格局的客观要求，也不利于国内经济平稳增长的重大目标实现。第二，推动 GVC 分工向内需主导化转变是平抑经济波动的重要手段。图6 – 1 和图6 – 3 显示，我国 GVC 分工有明显内需主导化趋势，这对平抑经济波动有一定积极作用，但研究期内各产业 GVC 分工内需主导化水平均值不及美国、德国等主要发达国家，导致我国经济波动风险仍然较高。当前，面临全球经济低迷、需求疲软的外部环境，我国应以构建双循环新发展格局为契机，加快 GVC 分工内需主导化进程，借此减少经济波动进而保障经济平稳增长。控制变量回归结果与已有文献类似，这里不再赘述。

表 6 - 7　　　　　　　　　　　基准估计结果

变量	(1)	(2)	(3)	(4)	(5)	(6)
	全行业			制造业	制造业 + 初级产品生产行业	服务业
NXG	-0.1321 *** (0.0012)	-0.1316 *** (0.0012)	-0.1524 *** (0.0013)	-0.1417 *** (0.0020)	-0.1413 *** (0.0018)	-0.1642 *** (0.0019)
IG	0.0135 *** (0.0003)	0.0135 *** (0.0003)	0.0122 *** (0.0003)	0.0127 *** (0.0005)	0.0128 *** (0.0004)	0.0115 *** (0.0004)
OPEN	0.0008 *** (0.0002)	0.0008 *** (0.0002)	0.0006 *** (0.0002)	0.0007 *** (0.0002)	0.0005 *** (0.0002)	0.0012 *** (0.0004)
INF	0.2121 *** (0.0025)	0.2120 *** (0.0025)	0.2001 *** (0.0023)	0.2002 *** (0.0037)	0.1999 *** (0.0034)	0.1993 *** (0.0032)
GOV	-0.0100 *** (0.0009)	-0.0098 *** (0.0009)	-0.0075 *** (0.0008)	-0.0088 *** (0.0013)	-0.0086 *** (0.0012)	-0.0063 *** (0.0012)
PS	-0.0016 *** (0.0001)	-0.0016 *** (0.0001)	-0.0013 *** (0.0001)	-0.0012 *** (0.0001)	-0.0012 *** (0.0001)	-0.0015 *** (0.0001)
常数项	0.0720 *** (0.0002)	0.0720 *** (0.0002)	0.0733 *** (0.0002)	0.0731 *** (0.0003)	0.0729 *** (0.0003)	0.0737 *** (0.0003)
时间固定效应	控制	控制	控制	控制	控制	控制
行业固定效应	不控制	控制	控制	控制	控制	控制
国家对固定效应	不控制	不控制	控制	控制	控制	控制
样本量	973064	973064	973064	395711	455229	517835
R^2	0.0986	0.0990	0.2329	0.2343	0.2338	0.2329

（2）内生性处理。本部分采用基于工具变量的两阶段最小二乘法处理内生性问题，结果见表 6 - 8。

表 6 - 8   内生性处理结果

变量	(1)	(2)	(3)	(4)	(5)	(6)
	Ⅳ - e			Ⅳ - f		
NXG	- 1.0753 *** (0.0246)	- 1.0723 *** (0.0248)	- 0.7345 *** (0.0189)	- 0.1332 *** (0.0012)	- 0.1327 *** (0.0012)	- 0.1542 *** (0.0013)
控制变量	控制	控制	控制	控制	控制	控制
时间固定效应	控制	控制	控制	控制	控制	控制
行业固定效应	不控制	控制	控制	不控制	控制	控制
国家对 固定效应	不控制	不控制	控制	不控制	不控制	控制
LM 检验	3342.62 ***	3295.14 ***	6546.50 ***	7243.19 ***	7245.09 ***	9418.85 ***
C - D 检验	1865.02 [16.38]	1829.44 [16.38]	3611.75 [16.38]	3.9e + 07 [16.38]	3.9e + 07 [16.38]	3.0e + 07 [16.38]
Hansen J 检验	0.000	0.000	0.000	0.000	0.000	0.000
样本量	973064	973064	973064	971537	971537	971537

首先，参考金等（2022）的研究，利用出口中重复计算部分建立工具变量。一般来说，GVC 分工内需主导化水平越高的国家国际分工地位越高（刘斌等，2018），从而出口更多中间品并保持较少中间品进口，那么其出口中必然包含更多来自国内账户的重复统计（王直等，2015），同时，来自国外账户的重复统计则更少，因此，本部分以某行业出口中的国内账户重复统计额与国外账户重复统计额之比作为工具变量（Ⅳ - e），得到列（1）~（3）结果。这一工具变量与 GVC 分工内需主导化水平密切相关，但由于重复统计部分不计入各国 GDP，因而具备良好的外生性。其次，借鉴陈晓华等（2022）的做法使用 GVC 分工内需主导化变量的一阶滞后项作为工具变量（Ⅳ - f），获得列（4）~（6）结果。其中，各列 LM 检验和 C - D 检验均显示无识别不足和弱识别问题，并且计量模型恰好识别，说明工具变量选取是合理的。结果显示，在处理内生性后，GVC 分工内需主导化对

经济波动的抑制作用仍成立，说明本书基准结论稳健可靠。

（3）稳健性检验。本部分采用了三类方法进行稳健性检验，结果如表 6 – 9 所示。首先，变更变量。一是使用各行业国内附加值经济波动成分的三年滚动标准差度量经济波动，回归结果见列（1）；二是利用行业产出总值增长率替换国内附加值产出，然后测算其波动成分的五年滚动标准差，作为经济波动的代理变量，回归结果见列（2）；三是分别以折返附加值占国内附加值出口的比重以及占总出口的比重反映 GVC 分工的内需主导程度，回归结果如列（3）和列（4）所示。其次，剔除极端值。借鉴赵金龙等（2022）的做法，剔除核心解释变量与被解释变量1%的极大值与极小值，然后估计计量模型，结果如列（5）所示。最后，排除特定样本。考虑到经济大国抵抗冲击的能力更强，而主导 GVC 分工的 OECD 国家又能将自身不稳定因素向外扩散从而稳定经济运行（刘瑞翔等，2021），这些国家经济波动水平往往更低进而可能主导回归结果，因此，本部分在分别剔除以上国家后进行分析，结果分别见列（6）与列（7）。采用以上方法进行检验后，实证结果未有明显改变，再次证实本书核心结论的可靠性。

表 6 – 9　　　　　　　　　　稳健性检验结果

变量	（1）三年滚动标准差	（2）增长率替换附加值产出	（3）占国内价值出口比重	（4）占总出口比重	（5）剔除极端值	（6）剔除经济大国	（7）剔除 GVC 主导国家
NXG	- 0. 1288 *** (0. 0013)	- 13. 3582 *** (0. 5000)	- 0. 2955 *** (0. 0087)	- 0. 3773 *** (0. 0090)	- 0. 2149 *** (0. 0018)	- 0. 0846 *** (0. 0043)	- 0. 0881 *** (0. 0051)
常数项	0. 0504 *** (0. 0004)	3. 6974 *** (0. 1815)	0. 0711 *** (0. 0002)	0. 0712 *** (0. 0002)	0. 0793 *** (0. 0002)	0. 0544 *** (0. 0004)	0. 0946 *** (0. 0006)
控制变量	控制	控制	控制	控制	控制	控制	控制
时间固定效应	控制	控制	控制	控制	控制	控制	控制

变量	(1)	(2)	(3)	(4)	(5)	(6)	(7)
	三年滚动标准差	增长率替换附加值产出	占国内价值出口比重	占总出口比重	剔除极端值	剔除经济大国	剔除 GVC 主导国家
行业固定效应	控制	控制	控制	控制	控制	控制	控制
国家对固定效应	控制	控制	控制	控制	控制	控制	控制
样本量	1087202	915493	973064	973064	935643	810369	448021
R^2	0.1928	0.0234	0.2284	0.2288	0.2282	0.2600	0.3763

（4）机制分析。第四部分中假说 9 提出，GVC 分工内需主导化通过贸易保护抑制效应、国内需求提振效应和生产效率提升效应影响一国产出波动水平，接下来在对这一假说提出的机制进行分析时，本部分构建了如下变量。

一是参考唐宜红和张鹏杨（2020）的做法，采用一国商品出口面临某国平均关税水平的对数值度量制造业和初级产品行业遭受的来自后者的贸易保护水平（Barrier－M），数据来自世界银行贸易数据库（WITS）与法国国际展望与信息研究中心数据库（CEPII）。二是借助量差法测算一国服务业面临的国外贸易保护水平，即参考刘斌和赵晓斐（2020）的研究，以服务贸易最为自由化的卢森堡作为基准，建立式（6.9）。

$$\text{Barrier} - S_{i,t}^j = \ln \frac{(\text{Service}_{i,t}^j / \text{GDP}_t^j) - (\text{Service}_{i,t}^{lux} / \text{GDP}_t^{lux})}{\text{Service}_{i,t}^{lux} / \text{GDP}_t^{lux}} \quad (6.9)$$

式中，$\text{Barrier} - S_{i,t}^j$ 表示 i 国面临的 j 国服务贸易保护程度，$\text{Service}_{i,t}^{lux}$、$\text{Service}_{i,t}^j$ 分别代表 i 国与卢森堡以及 i 国与 j 国间服务贸易总额，GDP_t^{lux}、GDP_t^j 分别是卢森堡和 j 国 GDP。$\text{Barrier} - S_{i,t}^j$ 数值越大则表明 j 国对来自 i 国的服务贸易实施了越发自由化的政策，从而导致来自

i 国的服务贸易占 j 国 GDP 比重越高，那么 i 国面临 j 国服务贸易壁垒则越低。其中，双边服务贸易数据为笔者计算所得，GDP 数据来自WDI 数据库。三是利用一国消费总额占 GDP 比重度量国内需求动力（DEM），数据来自 WDI 数据库。四是借助 LP 法测算一国各行业全要素生产率，度量生产效率（PE），所需行业产出、附加值、劳动数量、资本存量等数据来自 WIOD 世界经济账户数据库①。基于以上变量，本部分借鉴陈东和秦子洋（2022）的方法分两个阶段进行机制分析，结果如表 6 - 10 所示。

首先，列（1）~（4）报告了贸易保护机制的研究结果。根据第一阶段结果可知，GVC 分工的内需主导化有助于降低一国面临的国外贸易保护水平，对国外贸易保护产生抑制效应；同时，第二阶段结果显示，国外贸易保护水平降低，有利于提升对外贸易稳定性，减少各行业经济波动，结合 Soble Z 检验从而证实 GVC 分工内需主导化可以通过降低一国面临的国外贸易保护水平来平抑经济波动。其次，列（5）~（6）、列（7）~（8）分别报告了国内需求和生产效率机制的检验结果。第一阶段结果显示，推动 GVC 分工向内需主导化转变能够增强一国国内需求动力，同时提升各行业生产效率，产生内需提振效应和生产效率提升效应。第二阶段结果显示，当国内需求动力与各产业生产效率上升时，能为产出持续增长提供更强的内部动力，并提高其抵抗冲击的能力，从而降低经济波动水平，结合 Soble Z 检验可知，GVC 分工内需主导化可通过提升一国国内需求动力和生产效率降低经济波动。由此，第四部分中假说 9 提出的作用机制得证。

---

① ADB - MRIO 数据库并未提供社会经济账户数据，无法获得 2015 ~ 2021 年各国行业维度的附加值、劳动数量、资本存量等数据并测算生产率，因此，对生产率机制的检验以 2000 ~ 2014 年样本为基础。

表 6 - 10 机制检验结果

变量	(1) Barrier - M 第一阶段	(2) VOT 第二阶段	(3) Barrier - S 第一阶段	(4) VOT 第二阶段	(5) DEM 第一阶段	(6) VOT 第二阶段	(7) PE 第一阶段	(8) VOT 第二阶段
NXG	-0.0184*** (0.0018)	-0.1012*** (0.0049)	3.0618*** (0.2727)	-0.1334*** (0.0019)	0.1190*** (0.0010)	-0.1484*** (0.0013)	6.7753*** (0.0546)	-0.1430*** (0.0018)
Barrier - M		0.0190*** (0.0037)						
Barrier - S				-0.0014*** (0.0001)				
DEM						-0.0459*** (0.0007)		
PE								-0.0033*** (0.0001)
常数项	0.0464*** (0.0003)	0.0121*** (0.0016)	-2.7842*** (0.0127)	0.0697*** (0.0003)	0.5825*** (0.0002)	0.1002*** (0.0005)	3.6317*** (0.0054)	0.0538*** (0.0006)
Soble Z	9.304***		12.24***		-30.64***		-40.22***	

续表

变量	(1) Barrier-M 第一阶段	(2) VOT 第二阶段	(3) Barrier-S 第一阶段	(4) VOT 第二阶段	(5) DEM 第一阶段	(6) VOT 第二阶段	(7) PE 第一阶段	(8) VOT 第二阶段
控制变量	控制	控制	控制	控制	控制	控制	控制	控制
时间固定效应	控制	控制	控制	控制	控制	控制	控制	控制
行业固定效应	控制	控制	控制	控制	控制	控制	控制	控制
国家对固定效应	控制	控制	控制	控制	控制	控制	控制	控制
样本量	430656	328692	621057	505582	1193450	973064	822411	602679
R^2	0.2798	0.5180	0.3093	0.3450	0.4589	0.2365	0.4944	0.2678

注：WITS 数据库缺失部分国家 2015~2021 年关税数据，因此列（2）较列（5）使用的样本量有所减少。

（5）异质性分析。

①考虑 GVC 参与度差异的分析结果。我国"十四五"时期全面扩大开放，未来各行业将越发深入地融入 GVC，那么更多不稳定因素输入是否会削弱 GVC 分工内需主导化的经济波动抑制作用？为此，本部分在考虑 GVC 参与度差异的基础上进行实证分析，结果见表 6-11。

本部分利用一国某行业出口中的折返附加值、间接国内附加值与国外附加值三者总额占比反映 GVC 分工参与度，基于此，首先，以参与度全样本均值为标准，将高于该均值的样本定义为 GVC 高度参与行业，反之定义为 GVC 低度参与行业，分别利用 HGVC 和 LGVC 虚拟变量识别后，引入实证分析，列（1）~（3）结果显示，与价值链参与度较低的行业相比，深度参与 GVC 分工的行业实现 GVC 分工内需主导化对经济波动的抑制作用更强。这是因为，当 GVC 分工参与度较高时，一国国际生产分割程度以及融入贸易伙伴生产体系的程度也更高，那么在 GVC 分工向内需主导化转变的过程中，通过建立折返型 GVC 参与方式，则能从贸易伙伴获取更多复进口，这将成为减少国外贸易保护、提振内需和提升生产率的重要力量，从而更有利于平抑经济波动。其次，本部分将 GVC 分工参与度与 NXG 变量交互，列（4）结果同样印证以上结论是可靠的。这表明，我国在全面扩大开放的背景下，虽然会由于深入参与 GVC 而带来更多国外不确定因素，可能增大经济波动风险，但我国仍可依靠 GVC 分工内需主导化在深入参与国际分工的同时有效减少经济波动。

表 6-11　　　　　　　考虑 GVC 参与度差异的回归结果

变量	（1）	（2）	（3）	变量	（4）
NXG × HGVC	-0.1391 *** (0.0018)		-0.1634 *** (0.0019)	NXG	-0.1288 *** (0.0036)
NXG × LGVC		-0.1228 *** (0.0014)	-0.1412 *** (0.0014)	NXG × GVCE	-0.0558 *** (0.0103)

续表

变量	（1）	（2）	（3）	变量	（4）
HGVC	0.0061 *** （0.0001）		0.0033 *** （0.0002）	GVCE	0.0228 *** （0.0007）
LGVC		− 0.0013 *** （0.0001）	—	/	
常数项	0.0678 *** （0.0002）	0.0718 *** （0.0002）	0.0729 *** （0.0002）	常数项	0.0656 *** （0.0003）
控制变量	控制	控制	控制	控制变量	控制
时间固定效应	控制	控制	控制	时间固定效应	控制
行业固定效应	控制	控制	控制	行业固定效应	控制
国家对固定效应	控制	控制	控制	国家对固定效应	控制
样本量	973064	973064	973064	样本量	973064
R^2	0.2278	0.2284	0.2333	R^2	0.2338

注：表中"—"代表变量数值缺失，可能是因该虚拟变量与控制的固定效应出现共线性所导致。

②考虑贸易伙伴差异的分析结果。在 GVC 分工内需主导化过程中，一国通过建立折返型 GVC 参与方式不仅有利于抑制国外贸易保护，而且还能利用国外优势生产要素促内需、提效率，考虑到不同贸易伙伴保护主义倾向和要素优势迥异，可能导致 GVC 分工内需主导化的作用存在国家异质性。为此，本部分首先将一国贸易伙伴分为发达国家和发展中国家两类，采用样本分割方式展开分析，其次，利用 HIC 和 LIC 虚拟变量分别标记发达国家和发展中国家贸易伙伴，建立两者和 NXG 变量的交叉项后进行研究，采用两种方法获得的结果分别见表 6 – 12 列（1）~（2）和列（3）~（5）。可知一国与发达国家间 GVC 分工实现内需主导化对经济波动的抑制作用更为突出，由此第四部分中假说 10 得证。

这是因为，推动与发达国家间 GVC 分工出现内需主导化，能使一国借助折返型 GVC 参与方式从发达国家获取更多复进口，一方面，通过减少出口对发达国家市场的直接挤占，并推动与发达国家构成利益共同体，显著抑制后者作为保护主义主要发起国向该国实施贸易保护的动机，另一方面，复进口中包含的来自发达国家更具技术含量与更优质量的生产要素融入本国消费品生产供应部门，可更大化刺激国内消费并提升产业生产效率，进而有效平抑产出波动。长期以来，我国频繁遭受发达国家贸易保护主义措施限制，并且由于各产业过于重视外需而使国内供应质量脱离实际需求结构，无法有效刺激内需，加之生产效率不高，难以抑制产出波动。结合图 6-2 与上述结论可知，我国与发达国家间 GVC 分工有更强内需主导化趋势，这对抑制产出波动有重大积极作用。未来我国应继续加快与发达国家间 GVC 分工的内需主导化进程，一方面，借助贸易保护抑制效应规避引起产出波动的主要保护主义因素，另一方面，充分利用发达国家高质量要素服务于本土需求，通过更大化发挥内需提振与生产率提升效应，在为经济持续增长提供长效内需动力的同时，增强产业抵御外部冲击的能力。

表 6-12 考虑国家异质性的回归结果

变量	（1）与发达国家间 GVC 分工	（2）与发展中国家间 GVC 分工	（3）	（4）	（5）
			引入虚拟变量区分贸易伙伴		
NXG	-0.1818 *** (0.0020)	-0.0564 *** (0.0018)			
NXG × HIC			-0.1728 *** (0.0018)		-0.1740 *** (0.0018)
NXG × LIC				-0.1232 *** (0.0019)	-0.1251 *** (0.0019)
HIC			0.0045 *** (0.0001)		0.0021 *** (0.0001)

续表

变量	(1) 与发达国家间 GVC 分工	(2) 与发展中国家 间 GVC 分工	(3) 引入虚拟变量区分贸易伙伴	(4)	(5)
LIC				0. 0005 *** (0. 0001)	—
常数项	0. 0763 *** (0. 0002)	0. 0720 *** (0. 0003)	0. 0692 *** (0. 0002)	0. 0698 *** (0. 0002)	0. 0712 *** (0. 0002)
控制变量	控制	控制	控制	控制	控制
时间固定效应	控制	控制	控制	控制	控制
行业固定效应	控制	控制	控制	控制	控制
国家对固定效应	控制	控制	控制	控制	控制
样本量	534617	438447	973064	973064	973064
R^2	0. 3085	0. 3189	0. 2302	0. 2264	0. 2332

③考虑行业差异的分析结果。本部分将各行业分为劳动、资本与技术密集型行业三个类别，分别采用 LA – IN、CA – IN、TE – IN 虚拟变量进行标记，通过建立其与 NXG 变量的交叉项后进行实证分析[1]，结果如表 6 – 13 所示。可知，NXG 变量和三个行业虚拟变量的交叉项均显著为负，表明 GVC 分工内需主导化的波动抑制作用在各类要素密集型行业均成立，其中，技术和资本密集型行业 GVC 分工内需主导化对经济波动的抑制作用要明显强于劳动密集型行业，尤其是在技术密集型行业，对经济波动抑制作用更为有力。上述结论证实了第四部分中的假说 11，同时表明要依靠 GVC 分工内需主导化而有效抑制经济波动，应以资本及技术密集型行业为重点，尤其要加快提升技术密集型行业 GVC 分工的内需主导化水平。然而图 6 – 1 表明，

---

[1] 本书在考察行业异质性时未单独引入 LA – IN、CA – IN、TE – IN 虚拟变量，原因是当引入这些虚拟变量时，则与行业固定效应存在多重共线性。

我国技术密集型行业 GVC 分工内需主导化进程落后于资本密集型行业,可能限制经济波动抑制作用的发挥。因此,结合上述行业异质性事实和我国经济实际,大力推动技术密集型行业 GVC 分工内需主导化对于我国经济稳定至关重要。

表 6 – 13 考虑行业异质性的回归结果

变量	(1)	(2)	(3)
NXG × LA – IN	– 0. 0772 *** (0. 0067)	– 0. 0777 *** (0. 0067)	– 0. 0781 *** (0. 0066)
NXG × CA – IN		– 0. 1053 *** (0. 0073)	– 0. 1057 *** (0. 0072)
NXG × TE – IN			– 0. 1308 *** (0. 0080)
常数项	0. 0150 *** (0. 0008)	0. 0157 *** (0. 0008)	0. 1126 *** (0. 0008)
控制变量	控制	控制	控制
时间固定效应	控制	控制	控制
行业固定效应	控制	控制	控制
国家对固定效应	控制	控制	控制
样本量	973064	973064	973064
R^2	0. 5063	0. 5064	0. 5065

4. 主要研究结论

基于附加值贸易的引致原因建立 GVC 分工内需主导化水平识别方法,利用 2000 ~ 2021 年 42 国行业层面高维面板数据,实证分析其对经济波动的影响与机制,得到以下主要结论。

第一,我国 GVC 分工呈现明显的内需主导化趋势,其中,我国与发达国家之间 GVC 分工以及资本、技术密集型行业 GVC 分工的内需主导化趋势更为突出。第二，GVC 分工内需主导化对各行业经济波动有显著抑制作用，在处理内生性后这一结论依然成立，并且通过了多项稳健性检验。第三，机制分析表明，GVC 分工内需主导化可通过国外贸易保护抑制效应、国内需求提振效应和生产效率提升效应平抑经济波动。第四，当深度参与 GVC 时，GVC 分工内需主导化对经济波动的抑制作用要更强，在全面扩大开放的过程中，我国可依靠加快 GVC 分工内需主导化进程，在深度融入国际分工的同时保障经济稳定。第五，分国家与行业来看，推动与发达国家间 GVC 分工以及资本与技术密集型行业 GVC 分工实现内需主导化对经济波动的抑制作用更大。

（三）本章小结

本章从内循环和外循环融合的视角出发，基于跨国面板数据，实证研究内需主导型 GVC 分工对经济周期同步化的影响，并厘清 GVC 分工内需主导化与经济波动的关联机制，解释了以内循环为主体的新发展格局与经济稳定之间的联系。

本章发现以内需为主导参与 GVC 分工，有利于夯实经济持续增长的内力，并有效抵御外界风险输入，所得结论为解明稳增长实现机制及构建相应政策提供了重要支撑。目前，我国应抢抓国内需求潜力不断释放的契机，加快深化内需主导型 GVC 分工，以减少国外需求侧风险输入，改善国际经济周期传导效应。在此过程中，应减少通过外包中间品环节而深化内需主导型价值链分工的方式，防止经济增长受制于外包目的国中间品输出管制，同时着力畅通内需主导型价值链分工增强国家内生增长动力的作用渠道，以确保内需主导型价值链分工既能遏制外界风险输入，又能有效发挥对内生增长动力的强化作用，进而实现经济平稳增长。另外，鉴于 GVC 分工向内需主导化转变，是国内产业为服务于内需全球化配置生产环节所引起，进而必然导致产品多次跨境往返流动，这就要求我国大力提升国际分工掌控能力及外贸便利化水平。因此，我国还要积极培育高端要素与大型跨国公司，增强产业部门全球化配置生产环节的能力，同时，积极优化外贸营商环境，推动对外贸易便利化发展。

七、国内价值链与稳增长的实证研究

本章将立足于内循环视角,首先,研究国内价值链对稳增长的影响,并探讨国内价值链如何改变全球价值链的作用,其次,分析国内价值链长度延伸对经济波动的影响,进而在实证上基于国内分工解明GVC参与下的稳增长实现机制。

(一) 国内价值链、全球价值链与稳增长

改革开放四十多年来,我国坚持采取以"外循环"为主的开放发展模式,通过深度融入全球价值链,借助外部中间品和外部市场打通经济循环在供需两端的堵点,这虽然带动我国创造了举世瞩目的经济发展成绩,但同时也形成了外部风险向国内常态化扩散的重要途径。尤其是近年来,世界需求疲软,主导全球价值链供给端的发达国家又大力推动逆全球化,贸易保护和供应链断裂的风险明显加大,导致全球价值链这一外循环媒介对中国经济稳定造成的威胁持续上升(宋宪萍和曹宇驰,2022),加剧了开放发展模式与稳增长之间的矛盾。面对国际经济环境剧变,我国提出构建内外"双循环"新发展格局的战略任务,将建立独立自主的国内价值链、树立内循环主体地位作为应对外部风险的重要举措(张二震和戴翔,2023)。在此背景下,剖析国内价值链对稳增长的影响,能够从内循环视角为我国实现经济维稳提供重要的理论和经验依据。

自从我国提出稳增长任务以来,相关文献与日俱增,学界大多借

助经济增速与拐点判断稳增长水平，基于此联系宏观调控和要素供给等因素分析增长的实现机制（Bezemer et al.，2016；Patterson et al.，2016；杨思涵和佟孟华，2022；李静和楠玉，2019），但遗憾的是，此领域文献中忽视了价值链的重要作用。目前，产品内分工主导了全球生产体系与贸易网络，国内价值链和全球价值链已然成为产业部门参与国内、国际大循环的重要媒介（邵朝对和苏丹妮，2023），进而深刻影响着国家经济运行，亟待基于这两个循环媒介厘清稳增长的实现机制，为国家稳定经济的政策工具选择提供参考。近年来，得益于贸易流量分解模型与国内国际投入产出数据不断完善，学界在剖析中国产业部门全球价值链参与特征的同时（Koopman et al.，2012；苏庆义，2016b），逐渐开始关注国内价值链的发展（黎峰，2016a；倪红福等，2016；Chen et al.，2022），在此基础上，进一步厘清了国内价值链加速经济增长的作用（高敬峰和王彬，2020；刘瑞翔和徐瑾，2022；盛斌等，2020），以及全球价值链加速风险传递进而对经济波动的诱发机制（Joya & Rougier，2019；吕越等，2020a；张鹏杨和张硕，2022）。

总体来说，本领域研究仍存在以下不足：一是稳增长要求国家经济在保持一定增长速度的同时减少波动性，但已有文献仅关注国内价值链和经济增速的联系，无法解释稳增长水平如何受到国内价值链的影响，进而难以从内循环视角为我国稳定经济提供参考；二是尽管国内外学者发现全球价值链这一外循环媒介会明显加强外界风险扩散，然而在我国构建双循环新发展格局的当前时期，鲜有文献联系国内价值链这一内循环解明相应破解路径，因此对如何应对全面扩大开放引致的冲击风险缺乏经验依据；三是学界尚未形成对稳增长水平的准确测度方法，已有文献多采用特定时期经济增长率或经济拐点判别方法（李静和楠玉，2019；杨思涵和佟孟华，2022），难以匹配稳增长内涵，可能会影响基于此展开的实证研究结论的可靠性。

鉴于此，本部分尝试从以下几个方面对已有研究进行拓展，进而对第四部分中假说12、假说13、假说14进行检验①：第一，考虑到国内价值链是生产者以服务内需为导向优化配置本土生产要素而建立的分工网络，这必然影响到产业创新和国内供需，因此本部分基于创新、消费活力、市场多元化水平等视角细致分析国内价值链对稳增长的影响机制，一方面有效拓展了国内价值链和稳增长两个领域的研究范围，另一方面为我国基于内循环定位的稳增长政策奠定了理论基础。第二，在厘清国内价值链对稳增长直接影响的基础上，进一步探讨国内价值链能否改变全球价值链对稳增长的作用，这不仅深化了学界对内外双循环与稳增长之间联系的认识，还为我国在全面扩大开放的情况下维持经济稳定提供了新思路。第三，在综合考虑经济增速和稳定性的基础上构建稳增长度量方法，准确识别经济增长的稳定性，同时为后续文献提供了可借鉴的研究工具。

1. 研究设计

（1）计量模型设定。为了研究国内价值链和全球价值链参与对稳增长的影响，本部分建立了如下两个计量模型：

$$\text{EGS}_{ih,t} = \beta_0 + \beta_1 \text{NVC}_{ih,t} + \beta_2 \text{Controls}_{ih,t} + \vartheta_t + \vartheta_i + \vartheta_h + \varepsilon_{ih,t} \quad (7.1)$$

$$\text{EGS}_{ih,t} = \beta_0 + \beta_1 \text{GVC}_{ih,t} + \beta_2 \text{GVC}_{ih,t} \times \text{NVC}_{ih,t}$$
$$+ \beta_3 \text{Controls}_{ih,t} + \vartheta_t + \vartheta_i + \vartheta_h + \varepsilon_{ih,t} \quad (7.2)$$

式中，下标 t 表示年份，i 表示地区，h 表示行业。被解释变量 $\text{EGS}_{ih,t}$ 表示经济稳增长水平，核心解释变量 $\text{NVC}_{ih,t}$ 和 $\text{GVC}_{ih,t}$ 分别代表国内价值链参与度和全球价值链参与度；$\text{Controls}_{ih,t}$ 为影响稳增长水平的其他控制变量。式（7.1）用以检验国内价值链如何影响稳增长，式（7.2）可检验国内价值链可否改变全球价值链对稳增长的影响。为了尽可能减少遗漏变量和不可观测因素对研究结果的影响，在实证分

---

① 假说12：参与国内价值链能够通过强化创新、提高消费活力和市场多元化水平的途径稳定经济增长。假说13：参与 GVC 分工通过加剧外部市场与高复杂度中间品供给依赖损害稳增长。假说14：参与国内价值链可缓解 GVC 参与造成的外部高复杂度中间品进口依赖，进而对稳增长产生积极影响。

析中控制了年份、地区和行业固定效应，分别以 ϑ_t、ϑ 和 ϑ_h 表示。$\varepsilon_{ih,t}$ 表示随机扰动项。

（2）变量选取。

①稳增长水平。鉴于稳增长任务要求我国宏观经济既保持一定的增长速度，同时还须减少经济增长的波动性，因此，本部分从经济增长速度和波动性两方面度量稳增长水平，具体计算方法如式（7.3）所示。

$$\mathrm{EGS}_{ih,t} = \left(v_{ih,t} - \overline{v_{ih,t}} \right) \times \frac{1}{s_{ih,t}} \tag{7.3}$$

式中，$v_{ih,t}$ 表示 t 年 i 地区 h 行业的经济增长速度，以该行业当年对数化生产总值与上年度对数化生产总值的差额表示，$\overline{v_{ih,t}}$ 和 $s_{ih,t}$ 分别代表以五年为窗口期的经济增长速度滚动均值与滚动标准差。鉴于经济增长速度有一定趋势性，采用当年增长速度与五年滚动平均增速之差，可在剔除增长趋势的基础上更为准确地反映实际经济增速的变动情况，同时，经济增长速度的五年滚动标准差 $s_{ih,t}$ 可反映经济增速的波动性（Maggioni et al.，2016），取值越大，则波动性越强，进而说明经济运行缺乏平稳性。另外，为了确保计量结果的可靠性，在稳健性检验中还采用了多种方式测算稳增长水平，避免单一方法可能导致的识别偏误。

②国内价值链和全球价值链参与度。参考王直等（2015）、盛斌（2020）的方法，通过匹配中国区域间投入产出表和世界投入产出表，在统一框架下分解获取我国地区—行业维度的附加值国内流动和国际流动金额，基于此测算国内价值链参与和全球价值链参与程度。从区域间投入产出表的统计内容来看，该数据库中仅统计中间品进口额，未对中间品进口进行纯进口与回流附加值的分解，因此，本部分结合世界投入产出表完成对两者的进一步拆分。根据投入产出关系，如下等式始终成立：

$$X_i = \sum_{j=1}^{G} \left(A_{ij} X_j + Y_{ij} \right) + E_i = \sum_{j=1}^{G} B_{ij} \left(\sum_{k=1}^{G} Y_{jk} + E_j \right) \tag{7.4}$$

式中，i、j、k 表示地区，G 为地区数量，N 表示行业数量。X_i、Y_{ij}、

E_i 均是 $N \times 1$ 维列向量，依次表示 i 地区产出总值、i 地区产出被 j 地区用作最终消费的部分以及 i 地区总出口。A_{ij} 和 B_{ij} 分别为 $N \times N$ 维的直接消耗系数矩阵与完全消耗系数矩阵。那么，i 地区的附加值流出总额 O_i 可以表示为：

$$O_i = \sum^G O_{ij} + E_i = \sum^G (A_{ij}X_j + Y_{ij}) + E_i \qquad (7.5)$$

式中，O_i 由两部分构成，其中，O_{ij} 表示 i 地区对 j 地区的附加值流出，E_i 则为 i 地区向国外的附加值流出。将式（7.5）代入式（7.4）可得：

$$X_i = A_{ii}X_i + Y_{ii} + O_i \qquad (7.6)$$

进一步整理得：

$$X_i = (I - A_{ii})^{-1}Y_{ii} + (I - A_{ii})^{-1}O_i \qquad (7.7)$$

式中，$(I - A_{ii})^{-1}$ 为局部里昂惕夫逆矩阵，可记为 L_{ii}。将式（7.7）代入式（7.5）可得：

$$O_i = \sum^G (A_{ij}L_{jj}Y_{jj} + A_{ij}L_{jj}O_j + Y_{ij}) + E_i \qquad (7.8)$$

然后，构建各地区的直接增值系数矩阵 V_i、纯进口系数矩阵 M_i 与回流附加值系数矩阵 R_i，三个矩阵的元素分别为省份—产业维度增加值占总产出的比重、纯进口额占总产出的比重、回流额占总产出的比重。由于直接消耗系数矩阵 A_{ij} 中元素为 j 地区—行业使用 i 地区—行业中间产品在总产出中的份额，因此，存在如下关系：

$$\sum^G ZA_{ji} + V_i + M_i + R_i = Z \qquad (7.9)$$

式中，Z 矩阵为 $1 \times N$ 阶元素均为 1 的行矩阵。对式（7.9）进行变换可得：

$$\sum^G (V_j + M_j + R_j)B_{ji} = Z \qquad (7.10)$$

结合式（7.10）与式（7.8）可以得到 i 地区附加值总流出的分解结果：

$$O_i = \left[\sum_{j=1}^G (V_j + M_j + R_j)B_{ji} \right]^T \# \left[\sum_{j1i}^G (A_{ij}L_{jj}Y_{jj} + A_{ij}L_{jj}O_j + Y_{ij}) + E_i \right]$$

$$(7.11)$$

将上式展开，即可将各地区附加值总流出金额分解为 63 项，其中包含流出至其余省份的附加值和流出至国外的附加值。基于该分解结果，构建式（7.12）和式（7.13）来分别度量国内价值链参与度 $NVC_{ih,t}$ 和全球价值链参与度 $GVC_{ih,t}$。

$$NVC_{ih,t} = nvc\_for_{ih,t} + nvc\_back_{ih,t} = \frac{niva_{ih,t}}{O_{ih,t}} + \frac{nfva_{ih,t}}{O_{ih,t}} \quad (7.12)$$

$$GVC_{ih,t} = gvc\_for_{ih,t} + gvc\_back_{ih,t} = \frac{giva_{ih,t}}{O_{ih,t}} + \frac{gfva_{ih,t}}{O_{ih,t}} \quad (7.13)$$

式中，$O_{ih,t}$ 表示 i 地区 h 行业附加值总流出金额。$niva_{ih,t}$ 和 $nfva_{ih,t}$ 分别代表 i 地区 h 行业采取中间品形成流出到国内其他地区的本地增加值，以及该行业增加值流出中含有的国内其他地区附加值，两者占附加值总流出金额的比重分别反映其国内价值链前向参与度 $nvc\_for_{ih,t}$ 和后向参与度 $nvc\_back_{ih,t}$。另外，$giva_{ih,t}$ 和 $gfva_{ih,t}$ 依次表示 i 地区 h 行业采取中间品形式流出到国外的本地增加值和总流出中含有的国外附加值，两者占附加值总流出 $O_{ih,t}$ 的比重分别反映其全球价值链前向参与度 $gvc\_for_{ih,t}$ 和后向参与度 $gvc\_back_{ih,t}$。

③控制变量。基于已有文献的普遍做法，本部分选取了以下控制变量：第一，投入产出效率（IOR）。以地区—行业维度产出与中间品投入金额之比表示；投入产出比所反映的生产效率决定了某一产业抵御外部冲击以及在遭遇冲击后恢复增长态势的能力，对稳增长有重要影响。第二，价格波动性（PVL）。以五年窗口期内各地区消费物价指数的滚动标准差表示；价格波动通过影响投资规模及收益，可能增加经济增长的不确定性。第三，开放度（OPEN）。采用各地区出口占 GDP 的比重度量；对外开放会带来全球冲击输入，是稳增长的又一决定因素。第四，外商直接投资强度（FDI）。利用各地区吸引外商直接投资金额占 GDP 的比重度量；FDI 带来国外先进技术与管理经验，理论上有利于稳增长，但同时也会将国外波动因素通过母子公司关联输入国内，进而影响稳增长。第五，教育经费投入力度（EDU）。采用各地区教育经费投入占 GDP 比重度量；教育会促进人

力资本积累进而形成持续增长动力，改变稳增长水平。第六，政府干预（GOV）。以各地区政府支出占 GDP 比重表示；各地区政府采取反周期干预手段以稳定经济的同时，有可能会造成市场扭曲，反而不利于稳增长。

（3）数据说明。鉴于中国区域间非竞争型投入产出表的可得性，本部分利用 2007 年、2010 年、2012 年和 2015 年 30 个省份（不包含西藏及港澳台地区）30 个行业①的面板数据进行实证分析。其中，地区—行业维度的附加值流出及细分成分数据，是基于中国区域间投入产出表、世界投入产出表（WIOD 与 ADB - MRIO）以及附加值分解方法测算所得。地区—行业维度的生产总值数据源自各省份历年统计年鉴，产出和中间投入金额数据源自中国区域间投入产出表。各地区消费物价指数、出口额、GDP、外商直接投资额、教育经费投入、政府支出等数据来自历年《中国统计年鉴》。为缓解异方差问题，本部分参考盛斌等（2020）的做法对各解释变量进行了对数化处理。

2. 估计结果与分析

（1）基准估计结果。本部分在同时控制时间、地区和行业固定效应的情况下，利用最小二乘法对计量模型进行了基准回归，结果如表 7 - 1 所示，其中，列（1）~（3）、列（4）~（6）分别报告了未加入控制变量和加入控制变量获得的回归结果。可知，国内价值链参与度变量的系数显著为正，而全球价值链参与度变量的系数显著为负，表明参与国内价值链对稳增长存在显著促进作用，相反，参与全球价值链会抑制稳增长，在进一步加入全球价值链参与度和国内价值链参与度变量的交互项后，结果显示该交互项显著为正，意味着参与国内价值链还有助于缓解全球价值链参与对稳增长的负面影响，与第四部

① 2012 年和 2015 年中国区域间投入产出表包含 42 个行业，2016 版 WIOD、2022 版 ADB - MRIO 分别包含 56 个和 35 个行业，为了统一行业分类标准，本部分对这三个版本投入产出表的部分行业进行合并，以对应 2007 年和 2010 年中国区域间投入产出表的 30 个行业。

分中假说 12、假说 13 和假说 14 的判断相符。根据以上结论可以推断，第一，参与全球价值链虽然使我国各产业依靠更大外部市场获得了加速发展的机会，但同时也为稳增长埋下了隐患，长期以来我国坚持采取的开放发展模式和稳增长之间存在着一定的矛盾关系。第二，参与国内价值链、畅通国内大循环体系，不仅是促进经济稳增长的有效举措，而且缓解全球价值链这一外循环对稳增长的阻碍，可成为破解开放发展模式与稳增长之间矛盾关系的重要力量。

表 7 - 1　　　　　　　　　　基准回归结果

变量	(1)	(2)	(3)	(4)	(5)	(6)
NVC	0.1166 *** (0.0380)			0.1171 *** (0.0378)		
GVC		- 0.0544 * (0.0309)	- 0.1170 *** (0.0389)		- 0.0669 ** (0.0308)	- 0.1217 *** (0.0389)
GVC × NVC			0.1148 ** (0.0493)			0.1006 ** (0.0490)
IOR				4.0051 *** (1.4021)	4.1219 *** (1.4618)	4.0460 *** (1.4124)
PVL				- 0.3626 *** (0.1052)	- 0.3665 *** (0.1055)	- 0.3641 *** (0.1053)
OPEN				- 0.1313 * (0.0706)	- 0.1346 * (0.0702)	- 0.1345 * (0.0702)
FDI				- 0.2179 ** (0.0893)	- 0.2240 ** (0.0895)	- 0.2180 ** (0.0893)
EDU				0.6261 ** (0.2514)	0.6375 ** (0.2517)	0.6289 ** (0.2512)
GOV				- 0.7066 *** (0.2692)	- 0.7250 *** (0.2718)	- 0.7172 *** (0.2720)
常数项	0.1454 *** (0.0388)	- 0.0303 (0.0373)	0.1412 * (0.0856)	6.4111 ** (2.53)	6.3642 ** (2.51)	6.4479 ** (2.54)

续表

变量	(1)	(2)	(3)	(4)	(5)	(6)
时间固定效应	控制	控制	控制	控制	控制	控制
地区固定效应	控制	控制	控制	控制	控制	控制
行业固定效应	控制	控制	控制	控制	控制	控制
样本量	3362	3362	3362	3362	3362	3362
R^2	0.1454	0.1440	0.1454	0.1554	0.1544	0.1555

其余变量的估计结果表明:第一,提升投入产出效率对稳增长有显著的促进作用,这表明高效率行业具备了更强的冲击抵御能力与经济韧性,从而更易实现稳增长。第二,价格波动通过影响要素价格,增加了投资规模和投资收益的不确定性,进而成为阻碍稳增长的重要原因。第三,贸易对外开放和外商直接投资会便利外部冲击向国内扩散,不利于稳增长。第四,随着教育经费投入力度提升,人力资本加速积累,形成支撑国家经济稳增长的重要力量。第五,政府干预不利于稳增长,原因在于政府反周期调控措施虽然旨在平抑经济波动,但实际上可能造成更为严重的市场扭曲,反而会加剧经济波动。

(2)内生性处理结果。鉴于国内价值链和全球价值链参与度变量与稳增长之间可能有内生性风险,本部分构建了以下三组工具变量,并利用两阶段最小二乘法进行处理,结果如表7-2所示。

表7-2   内生性检验结果

变量	(1)	(2)	(3)	(4)	(5)	(6)
	历史数据工具变量		组内均值工具变量		异方差信息工具变量	
NVC	0.7886 ** (0.3867)		1.2565 ** (0.5124)		0.1463 *** (0.0402)	
GVC		-1.4816 ** (0.6729)		-1.2674 *** (0.4416)		-0.1388 *** (0.0497)

变量	(1)	(2)	(3)	(4)	(5)	(6)
	历史数据工具变量		组内均值工具变量		异方差信息工具变量	
GVC×NVC		1.2002** (0.5466)		1.0270*** (0.3684)		0.1144** (0.0548)
控制变量	控制	控制	控制	控制	控制	控制
时间固定效应	控制	控制	控制	控制	控制	控制
地区固定效应	控制	控制	控制	控制	控制	控制
行业固定效应	控制	控制	控制	控制	控制	控制
LM 检验	16.01	16.45	17.76	30.79	60.65	110.58
C－D 检验	29.27 [16.38]	19.39 [16.38]	29.75 [16.38]	39.57 [16.38]	9506.92 [16.38]	4158.98 [16.38]
Hansen J 检验	0.000	0.000	0.000	0.000	0.000	0.000
样本量	3362	3362	3362	3362	3362	3362

注：因1990年重庆市消费品零售总额数据缺失，导致列（1）实证分析样本数量有所减少。

首先，基于历史数据构造工具变量。一是以1990年各地区消费品零售总额占地区生产总值的比重为基础，将其与随时间变动的人均互联网宽带接入端口数量交互，取对数后作为国内价值链参与度的工具变量。一般来说，地区消费品零售越活跃，越有可能跨地区展开生产合作并建立经济联系，国内价值链参与度会更高；同时，考虑到以宽带接口数量增多体现的互联网发展，又能为产业跨区域搜索进而深化生产分工提供重要便利，构建其与消费品零售总额占比的交互项，则能从时间上反映国内价值链参与度的变动，因此，该工具变量与NVC变量有紧密的相关性，然而，由于历史数据不会影响当期稳增长水平，从而确保了该工具变量符合外生性要求。

二是借鉴盛斌和毛其淋（2011）的方法，以各地区1990年外贸依存度与海外市场接近度的乘积为基础，取对数后作为全球价值链参与度的工具变量。其中，以出口在地区生产总值中的份额度量外贸依存度，以地区省会城市至海岸线的距离度量海外市场接近度。对于沿海省份而言，海外市场接近度则以省内距离来表示，测算方法为 $\frac{2}{3} \times$ $(S/p)^{1/2}$，S 即为沿海省份面积；对于内陆省份而言，海外市场接近度则以其至临近沿海省份距离与该沿海省份内部距离之和来表示。选取该工具变量的原因是，历史上高度依赖对外贸易的省份往往能享受到更多进出口优惠政策，为投入品反复跨境提供便利，同时，地理位置越临近海外市场，在对外运输中的成本优势也越大，进而有利于承接国际外包业务与工序转移，形成更高全球价值链参与度，加之地理距离数据与历史数据均外生于当前经济运行，使得该工具变量满足相关性和外生性条件。基于上述两个工具变量的回归结果分别见列（1）和列（2）。

其次，基于组内均值建立工具变量。参考杨继军（2019）的研究，以中国区域间投入产出表提供的地区—行业维度附加值产出为依据，将每一年份的所有样本均按照10、20、30…的分位数划分为10个组别，然后将每一组别内的国内价值链和全球价值链参与度均值分别作为该组所有样本 NVC 和 GVC 变量的工具变量，相应实证结果依次见列（3）和列（4）。采用该方法获取的工具变量必然和本部分核心解释变量强相关，然而作为组内均值，该工具变量又不会直接影响组内某一样本的稳增长水平，从而在客观上具备外生性。

最后，基于误差的异方差信息建立工具变量，即参考施炳展和游安南（2021）的研究，计算各样本国内价值链参与度与样本所属省份国内价值链参与度均值的差额，对其取三次方作为 NVC 变量的工具变量，本部分也根据相同思路建立了 GVC 变量的工具变量。这一方法的优势是不用新增变量，仅借助误差的异方差信息即可建立符合计量准则的工具变量。实证结果见列（5）和列（6）。经过以上处理后内生性检验结果显示，核心变量的估计结果与基准估计保持一致，参与国内价值链促进稳增长，并防止全球价值链参与对稳增长形成阻碍的作用依然成立，证实了上文核心结论的可靠性。从工具变量的有效性来看，各列 LM 检验和 C - D 检验均拒绝了工具变量识别不足和弱识别的原假设，同时，由于实证分析中工具变量和内生变量数量相同，Hansen J 过度识别检验结果为零，计量模型恰好识别，进而表明本部分选取的工具变量是合理的。

（3）稳健性检验结果。本部分对基准研究结果进行了多项稳健性检验，结果如表 7 - 3 所示。第一，替换核心变量。一是将总流出中由国内其他地区返回的本地附加值和由国外返回的本地附加值分别纳入国内价值链和全球价值链参与度测算范围，再次进行实证分析后，获得列（1）~（2）结果；二是将稳增长变量测度窗口期由五年缩短至三年，即首先计算生产总值增长率与其三年期滚动均值的差额，再乘以该增长率三年滚动标准差的倒数，再次测算地区—行业维度的稳增长水平，获得列（3）~（4）实证结果；三是转变数据维度，基于地区生产总值和式（7.3）测算各省市稳增长水平，相应实证结果见列（5）~（6）。第二，排除极端值。鉴于极端值可能会影响计量结果的可靠性，本部分在剔除国内价值链、全球价值链参与度和稳增长变量1%的极值后进行实证分析，结果如列（7）~（8）所示。第三，剔除样本。一是鉴于经济规模较大和经济稳定性较高的省份具备了更高风险抵御能力，进而可能主导研究结果，本部分分别排除研究期内地区生产总值均值最高的十个省份和稳增长水平最高的五个省份①，所得计量结果依次如列（9）~（10）和列（11）~（12）所示；二是考虑到贸易开放将引起更多不确定性因素扩散至国内，从而影响稳增长水平，因此本部分排除了开放度均值最高的五个省份②，再次估计计量模型，得到列（13）~（14）实证结果；三是为了检验国内价

①　经济规模较大的十个省份分别为广东、江苏、山东、浙江、河南、河北、辽宁、四川、上海、湖南。稳增长水平最高的五个省份为湖南、浙江、江苏、贵州、北京。

②　开放度均值最高的五个省份为广东、上海、浙江、江苏、天津。

表7-3 稳健性检验结果

| 变量 | 纳入返回附加值 | | 三年窗口期 | | 地区维度稳增长 | | 排除极端值 | |
	(1)	(2)	(3)	(4)	(5)	(6)	(7)	(8)
NVC	0.1182 *** (0.0376)		0.0676 ** (0.0309)		0.0764 *** (0.0202)		0.1158 *** (0.0437)	
GVC		-0.1232 *** (0.0387)		-0.0632 ** (0.0320)		-0.0705 *** (0.0207)		-0.1305 *** (0.0444)
GVC×NVC		0.1015 ** (0.0488)		0.0832 ** (0.0388)		0.0972 *** (0.0253)		0.1014 * (0.0593)
常数项	6.4158 ** (2.5326)	6.4532 ** (2.5388)	1.7987 (1.9954)	1.7642 (2.0023)	-4.8606 *** (1.3985)	-4.9071 *** (1.4001)	6.5549 *** (2.4501)	6.6318 *** (2.4472)
控制变量	控制	控制	控制	控制	控制	控制	控制	控制
时间固定效应	控制	控制	控制	控制	控制	控制	控制	控制
地区固定效应	控制	控制	控制	控制	控制	控制	控制	控制
行业固定效应	控制	控制	控制	控制	控制	控制	控制	控制
样本量	3362	3362	3361	3361	3362	3362	3230	3229
R²	0.1554	0.1555	0.2271	0.2272	0.8204	0.8205	0.1665	0.1630

续表

变量	(9)	(10)	(11)	(12)	(13)	(14)	(15)	(16)
	排除经济大省		排除高稳定省市		排除高开放省市		选取低稳定省市	
NVC	0.1268*** (0.0460)		0.0907** (0.0417)		0.1439*** (0.0405)		0.0922** (0.0421)	
GVC		-0.1311*** (0.0475)		-0.0893** (0.0424)		-0.1463*** (0.0414)		-0.0887** (0.0439)
GVC×NVC		0.1106* (0.0586)		0.0961* (0.0542)		0.1357*** (0.0523)		0.1038* (0.0540)
常数项	17.4849*** (3.6312)	17.5884*** (3.6781)	7.2408** (2.9374)	7.2207** (2.9605)	2.3495 (2.6121)	2.3745 (2.6179)	9.9344*** (3.6285)	9.9267*** (3.6345)
控制变量	控制	控制	控制	控制	控制	控制	控制	控制
时间固定效应	控制	控制	控制	控制	控制	控制	控制	控制
地区固定效应	控制	控制	控制	控制	控制	控制	控制	控制
行业固定效应	控制	控制	控制	控制	控制	控制	控制	控制
样本量	2222	2222	2816	2816	2825	2825	2229	2229
R^2	0.1285	0.1286	0.1275	0.1275	0.1349	0.1349	0.1687	0.1688

值链的稳增长作用对于经济稳定性较低的省份是否成立，本部分还选取了研究期稳增长水平均值最低的十个省份展开实证分析①，结果如列（15）~（16）所示。经过以上处理后，核心解释变量系数及显著性并无明显变动，进而未能改变本书核心结论，由此可见，本部分基准回归结果是可靠的。

（4）机制分析结果。在分析国内价值链参与作用于稳增长的具体机制时，本部分建立了如下变量：第一，创新水平（INNO）。从研发经费、研发人员、专利产出三个方面来度量，其中，用研发经费内部支出占 GDP 比重度量研发经费投入，用研发人员全时当量度量研发人员投入，用专利授权数度量专利产出，然后对三者做无量纲处理后借助熵值法确定各自权重进而测度各省份创新水平。第二，消费活力（COMS）。利用各省份居民人均消费的对数值来度量。以上两个变量数据来自《中国统计年鉴》。第三，市场多元化水平（MULT）。以中国区域间投入产出表提供的最终需求数据为基础，借助赫芬达尔—赫希曼指数进行测度，计算公式如式（7.14）所示。

$$MULT_{ih,t} = \ln \frac{\sum\limits_{j}^{G} (Y_{ih,t}^{j}/Y_{ih,t})^2 - 1/G}{(1 - 1/G)} \qquad (7.14)$$

式中，$MULT_{ih,t}$ 表示 i 地区 h 行业所供应市场的多元化水平，取值越小，说明市场多元化水平越高。G 为地区数量，$Y_{ih,t}^{j}$ 为 j 地区对 i 地区 h 行业的最终需求，$Y_{ih,t}$ 为国内对 i 地区 h 行业的最终需求总额。

为了分析全球价值链的作用机制以及国内价值链参与对该机制的影响，本部分构建了如下两个变量。第一，海外市场依赖度（FMD）。以各地区不同行业本地附加值出口在本地附加值产出总额中的比例度量，该变量从附加值视角反映海外市场依赖度，相对于传

---

① 稳增长水平均值最低的十个省份为天津、重庆、黑龙江、陕西、辽宁、江西、新疆、河南、上海、安徽。

统外贸依存度指标来说更为准确①。第二，中间品进口复杂度（IISP）。根据罗得里克（2006）和陈晓华等（2021）的研究，分为两步进行计算，如式（7.15）和式（7.16）所示。

$$\text{PRODY}_{h,t} = \sum_a \frac{\text{IEX}_{ah,t} / \text{IEX}_{a,t}}{\sum_a \text{IEX}_{ah,t} / \text{IEX}_{a,t}} Y_{a,t} \tag{7.15}$$

$$\text{IISP}_{i,t} = \sum_h \frac{\text{IMP}_{ih,t}}{\sum_h \text{IMP}_{ih,t}} \text{PRODY}_h \tag{7.16}$$

式中，$\text{IEX}_{ah,t}$ 代表 a 国 h 行业中间品出口总额，$\text{IEX}_{a,t}$ 为 a 国中间品出口总额，$Y_{a,t}$ 为 a 国人均 GDP，$\text{IMP}_{ih,t}$ 表示 i 省份 h 行业的中间品进口额。中间品进口复杂度上升可说明我国更加偏向于使用外部高复杂度中间品，进而提升了对此类中间品的供给依赖。参考陈东和秦子洋（2022）的做法，对国内价值链的作用机制展开两阶段分析后，结果见表 7－4。

其中，第一阶段结果显示，当以创新水平和消费活力作为被解释变量时，国内价值链参与度变量的系数显著为正，当以市场多元化水平作为被解释变量时，国内价值链参与度变量显著为负，这表明，参与国内价值链能显著促进创新、提高消费活力，并推动市场多元化发展。在第二阶段分析中，以稳增长水平作为被解释变量，结果表明创新水平提升，可强化经济增长动力及生产者应对市场环境变动的能力，而消费活力和市场多元化水平提升，又有利于破解外部需求冲击导致的经济波动并分散市场风险，进而对我国稳增长有显著促进作用。随后，本部分借助 Sobel 检验对上述机制分析再次进行验证，结果显示，Sobel Z 统计量均显著。由此说明，参与国内价值链促进稳增长的途径在于提高创新水平、增强消费活力与促进市场多元化，与第四部分中假说 12 提出的作用机理相符。

---

① 在检验海外市场依赖度机制时，排除开放度这一控制变量，以避免两者可能出现共线性问题。

表 7 – 4   国内价值链的机制分析结果

变量	(1) 阶段一 INNO	(2) 阶段二 EGS	(3) 阶段一 COMS	(4) 阶段二 EGS	(5) 阶段一 MULT	(6) 阶段二 EGS
NVC	0. 0046 *** (0. 0014)	0. 1105 *** (0. 0377)	0. 0049 *** (0. 0016)	0. 1098 *** (0. 0378)	– 0. 1195 *** (0. 0178)	0. 1104 *** (0. 0380)
INNO		1. 4181 *** (0. 3551)				
COMS				1. 4905 *** (0. 4173)		
MULT						– 0. 0556 ** (0. 0233)
常数项	– 1. 9612 *** (0. 0871)	9. 1923 *** (2. 6300)	9. 7232 *** (0. 1358)	– 8. 0814 * (4. 7379)	– 2. 7714 (1. 8942)	6. 2571 ** (2. 5346)
Sobel Z	2. 167 **		2. 263 **		1. 808 *	
控制变量	控制	控制	控制	控制	控制	控制
时间固定效应	控制	控制	控制	控制	控制	控制
地区固定效应	控制	控制	控制	控制	控制	控制
行业固定效应	控制	控制	控制	控制	控制	控制
样本量	3362	3362	3362	3362	3362	3362
R^2	0. 9807	0. 1579	0. 9948	0. 1586	0. 0768	0. 1564

表 7 – 5 报告了对全球价值链作用机制以及国内价值链调节作用的分析结果，其中，阶段一实证研究以海外市场依赖度与中间品进口复杂度作为被解释变量，结果显示，参与全球价值链会显著提升我国对海外市场与外部高复杂度中间品供给的依赖；同时，阶段二结果表明，更高的海外市场依赖度与中间品进口复杂度不利于稳增长，相应的 Sobel Z 统计量也均显著，从而意味着全球价值链危害稳增长的机制在于提升海外市场与高复杂度中间品供给依赖。最后，本部分还验

证了国内价值链对全球价值链作用机制的影响，列（5）和列（6）结果显示，国内价值链可显著减少全球价值链参与导致的外部高复杂度中间品供给依赖，但无法降低全球价值链导致的海外市场依赖。由此，第四部分中假说 13、假说 14 的作用机理得证。综合以上机制分析结果可知，参与国内价值链不仅可以通过强化创新、激发消费与促进市场多元化而对稳增长产生直接促进作用，同时还可通过缓解全球价值链参与造成的高复杂度中间品进口依赖而间接稳增长。另外值得一提的是，参与国内价值链虽然难以明显降低全球价值链引致的海外市场需求依赖，但我国可依靠国内价值链对出口转内销提供的便利，在外部需求冲击发生时，依赖内需消化这一不利冲击。

表 7 - 5　全球价值链机制分析及国内价值链调节作用的分析结果

变量	(1)	(2)	(3)	(4)	(5)	(6)
	阶段一	阶段二	阶段一	阶段二	国内价值链的调节作用	
	EMD	EGS	IISP	EGS	EMD	IISP
GVC	0.0086 *** (0.0008)	-0.0523 * (0.0313)	0.3163 *** (0.0331)	-0.0401 (0.0314)	0.0085 *** (0.0011)	0.4665 *** (0.0547)
EMD		-0.9772 ** (0.4779)				
IISP				-0.0846 *** (0.0165)		
GVC × NVC					0.0002 (0.0013)	-0.2756 *** (0.0553)
常数项	-0.0961 (0.0743)	7.2708 *** (2.4556)	6.6081 *** (1.5187)	6.9235 *** (2.5419)	-0.0959 (0.0745)	6.3787 *** (1.5113)
Sobel Z	-1.875 *		-4.138 ***			
控制变量	控制	控制	控制	控制	控制	控制
时间固定效应	控制	控制	控制	控制	控制	控制
地区固定效应	控制	控制	控制	控制	控制	控制

续表

变量	(1)	(2)	(3)	(4)	(5)	(6)
	阶段一	阶段二	阶段一	阶段二	国内价值链的调节作用	
	EMD	EGS	IISP	EGS	EMD	IISP
行业固定效应	控制	控制	控制	控制	控制	控制
样本量	3362	3362	3362	3362	3362	3362
R^2	0.9018	0.1544	0.9349	0.1622	0.9018	0.9354

（5）异质性分析结果。

①考虑价值链参与度异质性的考察结果。"十四五"时期，我国实施全面扩大开放的政策，预期我国将更为深入地参与全球价值链分工体系，从而可能加剧外部风险经由海外市场需求和外部高复杂度中间品供应两条途径向国内扩散，使我国面临更为严峻的稳增长压力，在此情形下，我国能否依靠国内价值链实现稳增长，成为本书关注的又一问题。

为此，本部分将研究期内年均全球价值链参与度高于全样本均值的行业归入全球价值链高参与组，反之归入全球价值链低参与组，分别进行实证分析，表7-6所示的结果显示，当全球价值链参与度较高时，国内价值链对稳增长的促进作用更为显著，而且能更为有效地缓解全球价值链参与对稳增长的阻碍，参与国内价值链的直接和间接稳增长作用更加突出。原因可能在于，全球价值链参与度较高的行业在跨国生产网络中积累了更为丰富的信息获取、生产协调和链条管理的设施与经验（盛斌等，2020），为国内价值链的运行和完善提供了坚实基础，有利于其借此提升国内价值链条的工序间匹配和运行效率，从而放大国内价值链参与的稳增长作用；同时，深度参与全球价值链的行业更易接触到国际先进知识与技术，并通过学习向国内价值链扩散，有利于国内价值链条中的企业在技术溢出和内需拉动的双重作用下促进中间品创新发展，进而更为有效地减少全球价值链造成的外部高复杂度中间品供给依赖，最终更大化国内价值链对稳增长的直接和间接促进作用。以上分析表明，在全面扩大开放的"十四五"时期，虽然我国会因全球价值链而遭受更多风险输入，但我国依然可凭借完善并深入参与国内价值链这一内循环体系化解外部风险，进而有力保障经济稳增长。

表 7 - 6　　　　　考虑价值链参与度异质性的考察结果

变量	(1)	(2)	(3)	(4)
	全球价值链高参与		全球价值链低参与	
NVC	0.1766 *** (0.0566)		0.0925 (0.0569)	
GVC		− 0.1670 *** (0.0575)		− 0.0996 * (0.0583)
GVC × NVC		0.2150 ** (0.0860)		0.0694 (0.0677)
常数项	9.1861 ** (3.8698)	9.0914 ** (3.8836)	3.1616 (3.5041)	3.2071 (3.5156)
控制变量	控制	控制	控制	控制
时间固定效应	控制	控制	控制	控制
地区固定效应	控制	控制	控制	控制
行业固定效应	控制	控制	控制	控制
样本量	1873	1873	1489	1489
R^2	0.1801	0.1803	0.1450	0.1452

②考虑行业异质性的考察结果。服务业和制造业在生产组织方式和产品属性等方面有明显异质性，导致两类行业参与国内价值链对稳增长的影响存在较大差别。为此，本部分将所有样本进行分组，分别对制造业和服务业的情况展开考察，结果如表 7 - 7 所示。

表7－7 行业异质性考察结果

变量	服务业		制造业		劳动密集型制造业		资本密集型制造业		技术密集型制造业	
	(1)	(2)	(3)	(4)	(5)	(6)	(7)	(8)	(9)	(10)
NVC	0.1023* (0.0583)		0.1345** (0.0659)		-0.0767 (0.1205)		0.0291 (0.1212)		0.3910*** (0.1144)	
GVC		-0.1127* (0.0614)		-0.1143* (0.0666)		0.0837 (0.1246)		-0.0538 (0.1214)		-0.3795*** (0.1209)
GVC×NVC		0.0818 (0.0705)		0.2260*** (0.0871)		-0.0493 (0.1664)		0.2255 (0.1716)		0.4108*** (0.1416)
常数项	5.8890 (4.5536)	5.9129 (4.5643)	7.0709** (3.3680)	6.7330** (3.3671)	1.6585 (6.6524)	1.5459 (6.6798)	13.7804*** (5.1814)	14.0869*** (5.1733)	4.2825 (5.8717)	4.1017 (5.9033)
控制变量	控制	控制	控制	控制	控制	控制	控制	控制	控制	控制
时间固定效应	控制	控制	控制	控制	控制	控制	控制	控制	控制	控制
地区固定效应	控制	控制	控制	控制	控制	控制	控制	控制	控制	控制
行业固定效应	控制	控制	控制	控制	控制	控制	控制	控制	控制	控制
样本量	999	999	1887	1887	462	462	719	719	706	706
R^2	0.1378	0.1381	0.1946	0.1959	0.1899	0.1900	0.2502	0.2529	0.2358	0.2359

由结果可以得到的结论有：第一，服务业和制造业参与国内价值链对稳增长均有显著促进作用，其中，制造业国内价值链参与度变量的估计系数和显著性相对更高，说明制造业的促进作用更大。第二，两类行业参与全球价值链均不利于稳增长，然而服务业并不能依靠国内价值链缓解这一不利影响，只有制造业参与国内价值链才能化解全球价值链参与对稳增长的阻碍，进而间接促进稳增长。第三，进一步按照要素密集度对制造业分类研究后发现，国内价值链推动稳增长并缓解全球价值链对稳增长负面影响的作用，对于技术密集型制造业更为明显。上述结论出现的原因是，制造业的生产工序可分性及产品可贸易性均要高于服务业，因此参与国内价值链的程度要更高，尤其是技术密集型制造业由于自身生产流程与技术的复杂性，对跨区域跨行业生产分割产生更强需求，从而建立了更为细化且深入的国内生产分工体系，这不仅有利于更大化发挥强化创新、刺激消费与促进市场多元化等作用，实现更佳的稳增长效果，而且为这些行业的中间品创新发展提供了良好的内需支撑，从而能通过有效缓解全球价值链参与导致的高复杂度中间品供给依赖而间接稳增长。相反，服务产品具有当面提供且不易储存等特征属性，难以跨区域进行生产分割与消费，较低的国内价值链参与度导致其直接和间接稳增长作用均较为有限。

③考虑生产步长异质性的考察结果。本土生产步长反映了产品从要素投入到消费端经过的制造环节数量，是国内价值链各工序跨越空间和行业进行配置所形成的本土生产网络覆盖广度的重要表征。生产步长决定了各行业通过国内价值链所整合本土生产要素的多样化程度，进而显著影响着国内价值链的稳增长作用。因此，本部分以本土生产步长为依据进行异质性分析，结果如表 7-8 所示。

表7-8   考虑生产步长的异质性分解结果

变量	（1）	（2）	（3）	（4）
	高生产步长		低生产步长	
NVC	0.1375 *** （0.0518）		0.1140 * （0.0683）	
GVC		-0.1396 *** （0.0532）		-0.1149 * （0.0685）
GVC × NVC		0.1325 ** （0.0661）		0.1081 （0.0888）
常数项	-2.5642 （3.6172）	-2.5499 （3.6208）	15.1300 *** （3.6666）	15.1323 *** （3.6682）
控制变量	控制	控制	控制	控制
时间固定效应	控制	控制	控制	控制
地区固定效应	控制	控制	控制	控制
行业固定效应	控制	控制	控制	控制
样本量	1583	1583	1779	1779
R^2	0.1604	0.1604	0.1980	0.1980

具体步骤为：首先，结合王等（2017）提出的长度分解方法和中国区域间投入产出表，测度地区—行业维度前向生产长度和后向生产长度，以两者相乘的方式度量本土生产步长；其次，将研究期本土生产步长均值高于全样本平均水平的地区—行业归入高生产步长组，反之归入低生产步长组。进行分组研究后结果显示，当本土生产步长较高时，参与国内价值链促进稳增长，并缓解全球价值链对稳增长负面影响的作用尤为突出。这是因为，提升本土生产步长能使国内价值链各工序配置跨越更多空间和行业，增加生产者所吸收不同区域和行业生产要素及比较优势的多样性，继而有利于放大国内价值链的直接稳增长作用；同时，当生产步长更高时，国内价值链则串联了更多区域和行业的生产者，可为中间环节创造更多本土需求支撑，进而有效

促进其创新发展，更大化缓解全球价值链造成的外部高复杂度中间品供应依赖，放大国内价值链的间接稳增长作用。

3. 主要研究结论

目前，国内价值链和全球价值链作为中国各产业参与内循环和外循环的重要媒介，对经济增长的稳定性有重要决定作用。为此，本部分从经济增速和波动性两方面识别稳增长水平，并结合中国区域间投入产出表和世界投入产出表测度国内价值链和全球价值链参与度，基于我国 30 个省份行业维度的面板数据对两者间关联展开实证分析，得到如下主要结论。

第一，参与国内价值链可在显著促进我国经济稳增长的同时，化解全球价值链参与对稳增长形成的阻碍，经过多种方法的内生性处理和稳健性检验后，该结论始终成立。第二，参与国内价值链通过强化创新、提升消费活力和市场多元化水平对稳增长产生直接促进作用，同时也通过缓解全球价值链参与引致的外部高复杂度中间品供给依赖而间接稳增长。第三，在深度参与全球价值链时，国内价值链对稳增长的直接和间接促进作用会更加突出，因此，在全面扩大开放的"十四五"时期，我国应以推动国内价值链完善为抓手而实现经济稳定。第四，与服务业相比，参与国内价值链的制造业，尤其是技术密集型制造业的稳增长作用更大，对于稳增长压力更大的技术密集型行业来说，建立完善国内价值链至关重要。另外，从生产分工的广度来看，推动本土生产步长提升，可进一步放大国内价值链对稳增长的积极作用。

（二）国内价值链长度对经济波动的影响

在由"全球化解绑"驱动形成的跨国生产网络下，各国普遍外移自身比较劣势生产工序，利用国外资源弥补国内生产链短板，尤其是实施出口导向型战略的中国，依靠中间生产环节和市场外移，在短期内破除了本土供给和需求双弱对产业发展的制约，依靠外循环迅速成为世界制造中心（杨继军和范从来，2015；江小涓和孟丽君，2021），实现了产业与国家经济持续快速发展。然而在经历美国金融危机之后，主导全球生产网络的发达国家为了强健国内价值链和产业链，开始大力推动制造业回归与逆全球化，这使得长期依赖外循环的中国经济在贸易和生产领域面临极大不确定性，供需两侧外源冲击频发，引致经济波动风险明显上升，亟须形成稳定经济的新动力。遗憾的是，在外循环长期主导的发展模式下，我国内循环发展滞后，国内价值链长度较为有限，导致本土产业关联与国内市场活力不足，不仅难以应对外部供需两侧冲击，并且无法为经济持续增长提供足够的市场和要素支撑，严重危及我国经济平稳性与发展质量（吕越等，2020a；宋宪萍和曹宇驰，2022）。为此，我国提出建立以"国内大循环"为主体的双循环新发展格局这一应对措施，要求各产业在高水平对外开放的同时，基于国内市场和国内需求深化本土生产分工，持续织密内循环下的省域及行业间分工联系，提升国内价值链长度（陈凤兰和张鹏飞，2022；张二震和戴翔，2023）。在此背景下，明晰国内价值链长度对经济波动的影响和机制，据此形成平抑经济波动的政策举措，对于我国利用国内大循环来稳定经济有重要的决策参考价值。

本领域相关的文献内容主要集中在两个方面。一是对价值链长度的研究。价值链长度被学界定义为初始投入品经加工成为消费品所经历的分工阶段数，可反映生产分工的细化程度、广度和复杂度（Wang et al.，2017；赵晓斐和何卓，2022）。在度量方法方面，王等（2017）的研究最具有代表性，他们在区别前向和后向关联的基础上，利用初始投入的增加值被计入总产出的平均次数反映价值链长度，并将全球价值链长度划分为纯国内、传统贸易和全球价值链生产长度三部分。近年来，学界将该方法广泛应用于经验分析，多关注全球价值链后向关联形成的国内链条长度，并进一步探讨其提升机制及经济效应（杜运苏等，2021；陈凤兰和张鹏飞，2022），然而以此测算所得价值链长度仅为全球价值链这一外循环的国内组成部分，难以准确反映内循环下的国内价值链长度。二是剖析价值链与经济波动的联系。目前，从价值链生产长度切入进行分析的文献并不多见，而大多研究基于全球价值链这一外循环视角研究其对经济波动的作用（Baqaee，2018；Joya & Rougier，2019；吕越等，2020a；张鹏杨和张硕，2022）。

综上可见，已有文献集中于探讨全球价值链这一外循环对经济波动的影响，未能解释国内价值链长度延伸的作用，无法为我国在内循环体系中基于价值链分工科学定位稳定经济的政策举措提供参考。一般来说，外循环下的全球价值链供给或消费端在国外市场，由此形成了风险内向传输的媒介，参与全球价值链及该链条的国内长度变动会直接影响外界风险传输进而作用于本国经济。与之不同的是，内循环下的国内价值链从要素供给到消费端的全流程活动均在国内进行，链条长度延伸是生产者基于国内市场和国内需求在本土地域范围内分割配置生产环节的结果，这会直接作用于产业关联和市场供需等国内因素，已有从外循环视角展开的理论分析未能解释国内价值链如何影响经济波动。

为了弥补以上不足，本部分首先将从理论视角分析国内价值链长度延伸作用于经济波动的具体机理，然后基于中国区域间投入产出表识别内循环下的国内价值链长度，利用我国 30 个省份行业维度的面板数据，实证研究其对经济波动的影响与机制，对第四部分中假说 15、假说 16 和假说 17 进行检验①。本部分可能的边际贡献包括：第一，通过剖析国内价值链长度延伸的作用，将价值链与经济波动这一领域的研究范围由外循环深化至内循环，有效提升该领域研究深度。

---

① 假说 15：国内价值链长度提升能够通过增强产业韧性、优化资源配置与弥补制度环境不足等途径降低我国经济波动水平，提升经济增长的平稳性。假说 16：当开放度和 GVC 分工地位更高时，国内价值链长度延伸对经济波动的减缓作用要更强，可有力稳定经济增长。假说 17：相对而言，制造业和我国东部区域各行业国内价值链长度延伸对经济波动的平抑作用更强，稳增长效果更佳。

第二，联系国内价值链长度延伸引起产业关联、市场供需等国内因素变动的后果，从产业韧性、消费需求及制度环境等方面厘清国内价值链长度对经济波动的作用机理，为我国利用内循环稳定经济提供了决策依据。第三，通过科学剔除中国区域间投入产出表中的外循环成分，准确刻画纯国内投入产出关系，进而在综合考虑前后向生产关联的基础上，从省份—行业维度构造内循环下的国内价值链长度识别方法，为后续文献基于中国区域间投入产出表分析内循环下的本土生产分工提供了新思路。

1. 研究设计

为了验证国内价值链长度延伸是否能降低我国经济波动水平，本部分基于省份—行业维度面板数据，建立以下计量模型。

$$\mathrm{VOLA}_{ih,t} = \alpha + \beta_1 \mathrm{NVCL}_{ih,t} + \beta_2 \Gamma + \mu_t + \nu_i + \tau_h + \varphi_{ih} + \varepsilon_{ih,t} \quad (7.17)$$

式中，t 表示年份，i 表示我国各省份，h 表示行业。被解释变量 $\mathrm{VOLA}_{ih,t}$ 代表经济波动水平，核心解释变量 $\mathrm{NVCL}_{ih,t}$ 表示国内价值链长度，Γ 代表省份—行业以及各省级层面的控制变量，$\varepsilon_{ih,t}$ 是随机误差项。为有效消除不可观测因素带来的内生性问题，在实证分析中控制了时间、地区和行业固定效应，分别以 μ_t、ν_i 和 τ_h 表示；另外，鉴于各省份不同行业经济波动水平可能存在一定异质性，实证分析中还控制了地区—行业高维固定效应，以 φ_{ih} 表示。受制于中国区域间投入产出表和其余变量数据的可得性，本部分将利用 2010 年、2012 年、2015 年和 2017 年中国 30 个省级（不包含西藏及港澳台地区）行业层面的面板数据展开实证分析。各变量构造如下。

（1）国内价值链长度。本部分并未借助世界投入产出数据库对我国内循环下的国内价值链长度进行测算，原因是该数据库统计范围局限于一国行业维度，基于此无法将测度结果细化至省份—行业维度，这一方面会导致中国经验分析的样本容量过小，可能影响实证结果的稳健性，另一方面也无法满足本部分异质性分析的研究需要。鉴于此，本部分将基于统计范围更为细致的中国区域间投入产出表，构造内循环下的国内价值链长度识别方法。中国区域间投入产出表对各省份不同行业的投入和产出统计包含了进口中间投入与出口品生产，因此若要构造该识别方法，须剔除表中的外循环成分，以准确刻画纯国内投入产出关系，然而若简单剔除进出口数据，不仅会导致表中行列数值不平衡，同时也将扭曲国内投入产出关系。因此，本部分在保持中国区域间投入产出表数据结构的基础上，将表中进口来源地和出口目的地视为除 31 个省份之外的虚拟省份，记为第 32 个省份，然后按照一定的行列比例将投入产出表中的出口列向量和进口行向量扩展为描述第 32 个省份各行业与国内其他省份—行业之间投入产出关系的矩阵，在此基础上进行增加值和总产出的细化分解以及外循环成分扣除。具体拓展方法如下：

首先，处理出口部分。中国区域间投入产出表中的出口列向量各元素可视为国内各省份提供给第 32 个省份以满足后者中间和最终使用的产品金额，因此，本部分按照所有省份—行业产出用于国内中间使用和最终使用的比例，将出口列向量拆分为第 32 个省份的中间使用列向量和最终使用列向量，再利用中国各省份—行业产出分别作为国内 30 个行业中间使用的比例，将上述中间使用列向量进一步拓展为第 32 个省份的中间使用矩阵（维度是 930×30）。其次，处理进口部分。中国区域间投入产出表中的进口行向量由两部分构成，一是进口中间投入部分，二是为满足国内最终消费的进口部分，那么进口行向量各元素则可视为国内各省市从第 32 个省份购买用于本地中间投入和最终消费的产品金额，对此，本部分按照各省份—行业生产过程中分别使用国内 30 个行业中间投入的比例，将进口行向量的中间投入部分拓展为各省份—行业使用第 32 个省份不同行业中间投入的矩阵（维度是 30×930），然后按照各省份最终使用中源自国内 30 个行业的占比，将进口行向量中为满足国内最终消费的部分拓展为各省份对第 32 个省份不同行业产品的最终使用矩阵。同理，可将进口后用于出口的部分细化为第 32 个省份内部的中间品流量矩阵和最终使用矩阵。最后，处理增加值部分。假设第 32 个省份各行业使用投入品时和国内其他省份相应行业使用投入品创造的增加值率相同,据此计算得到第 32 个省份各行业的增加值。

经过上述处理后,中国区域间投入产出表由 31 个省份 30 个行业拓展为 32 个省份 30 个行业,基于此,本部分参照王等(2017)的方法,将各省份—行业的增加值按照来源与去向进行分解,以估算进口中间品引致的产出以及出口品生产所需增加值投入,为后续剔除参与外循环的增加值成分提供便利。具体而言,在国内投入产出模型中,区域直接消耗系数矩阵 $A = Z\hat{X}^{-1}$,其中,Z 代表中间投入矩阵,$\hat{X}$ 为总产出 X 的对角阵;增加值系数向量 $V = Va\hat{X}^{-1}$,Va 为增加值行向量。总产出可分为中间品和最终产品两个组成部分,那么 $X = AX + Y$,Y 即为最终需求列向量,据此可得 $X = (I - A)^{-1}Y = BY$,$B = (I - A)^{-1}$ 是 Leonitief 逆矩阵。那么增加值可表示为:

$$Va' = \hat{V}X = \hat{V}BY \tag{7.18}$$

式中,$\hat{V}$ 是增加值系数的对角矩阵,在此基础上将 Y 转化成对角矩阵形式 $\hat{Y}$,那么 $\hat{V}B\hat{Y}$ 矩阵中的各元素即可反映特定省份—行业增加值的来源与去向。将各生产阶段长度作为权重对全部生产阶段的增加值求和,即可获得被投入最终品生产部门的增加值所引致总产出:

$$\hat{V}\hat{Y} + 2\hat{V}A\hat{Y} + 3\hat{V}AA\hat{Y} + L = \hat{V}BB\hat{Y} \tag{7.19}$$

接下来的关键处理步骤是,对增加值分解矩阵 $\hat{V}B\hat{Y}$ 及其引致总产出矩阵 $\hat{V}BB\hat{Y}$ 进行筛选,剔除各省份—行业使用源自第 32 个省份中间投入(即进口)所引致的产出部分,以及各省份—行业为生产第 32 个省份所需产品(即出口)而投入的增加值,只保留两个矩阵中由国内 31 个省份创造且被国内 31 个省份最终吸收的增加值和产出数据,便于科学扣除进口投入品及其引致总产出、出口品及生产过程所需增加值投入等参与外循环的价值成分,进而准确刻画纯国内投入产出关系。在此基础上本部分构建了内循环下的国内价值链长度测度方法。价值链生产长度可表示为增加值引致的总产出与增加值之比,能反映增加值到最终品经历的平均生产阶段数,其矩阵表达式为:

$$PLvy = \frac{\hat{V}BB\hat{Y}}{\hat{V}B\hat{Y}} \qquad (7.20)$$

从前向关联视角来看，前向平均生产长度的表达式如式（7.21）所示，该式反映了国内特定省份—行业单位增加值被计入下游各阶段被国内最终吸收的总产出的平均次数，次数越多则说明内循环下的前向生产长度越大。

$$PLv = \frac{\hat{V}BBY}{\hat{V}BY} \qquad (7.21)$$

从后向关联视角来看，后向平均生产长度的表达式见式（7.22），该式反映了特定省份—行业为生产国内最终消费品所投入国内上游生产阶段增加值被计入总产出的平均次数，次数越多则说明内循环下的后向生产长度越大。

$$PLy = \frac{VBB\hat{Y}}{VB\hat{Y}} \qquad (7.22)$$

本部分结合式（7.21）、式（7.22）测度了各省份不同行业的国内价值链前向生产长度 $PLv_{ih,t}$ 与后向生产长度 $PLy_{ih,t}$，然后，鉴于各行业同时存在前向和后向生产关联，构建式（7.23）来度量内循环下的国内价值链长度，$NVCL_{ih,t}$ 即反映了 i 省份 h 行业通过前向和后向关联在内循环下所能串联起的国内价值链总生产长度。以上测算所需基础数据来自 2010 年、2012 年、2015 年和 2017 年中国区域间投入产出表。

$$NVCL_{ih,t} = PLv_{ih,t} \times PLy_{ih,t} \qquad (7.23)$$

（2）经济波动。目前，大多已有文献普遍采用经济增长率的滚动标准差来度量经济波动水平（Buch et al.，2009；Maggioni et al.，2016），然而由于经济增长存在长期趋势，增长率水平的波动并不能准确反映真实经济波动水平。因此，本部分借助 HP 滤波方法对省份—行业维度的产出水平进行分解，以去除长期趋势后获取的波动项为基础，测算该波动项的五年滚动标准差，以其作为各省份不同行业经济波动水平 $VOLA_{ih,t}$ 的代理变量。该方法可在剔除长期经济增长趋势的基础上更加准确地测度实际经济波动水平，从而提升基于此展开的实证分析结果的可靠性。当前，《中国统计年鉴》对各省份行业维度的总产出统计不详，而中国区域间投入产出表提供的行业总产出数据并不连续，无法满足本部分研究所需，鉴于此，本部分从我国省份层面历年统计年鉴获取各行业总产出数据，基于此测算经济波动水平。在稳健性检验中，本部分也将以各省份行业维度产出增长率为基础，测算经济波动水平，以验证实证结果是否会因受到变量测算方法的影响而不稳健。

（3）控制变量。根据已有文献，本部分选取了五个控制变量，第一，行业规模（SCARE）。以各省份行业层面的增加值产出的对数值表示。第二，开放度（OPEN）。以各省份出口占其生产总值的比重度量。第三，物价波动性（PV）。以各省份消费者物价指数的三期滚动标准差度量。第四，外商直接投资强度（FDI）。以各省份外商直接投资占其生产总值的比重度量。第五，政府干预能力（GOV）。以各省份政府一般预算收入占其生产总值的比重反映。其中，省份—行业层面的增加值产出数据来自中国区域间投入产出表，各省份出口总额、生产总值、消费物价指数、外商直接投资以及政府一般预算收入等数据来自《中国统计年鉴》。

2. 估计结果与分析

（1）基准估计结果。本部分在同时考虑各项固定效应的基础上，采用 OLS 方法在依次加入控制变量的情况下对计量模型进行估计，表 7-9 各列估计结果显示，核心解释变量（NVCL）的估计系数均显著为负，表明提升内循环下的国内价值链长度能显著降低我国经济波动水平，与第四部分中假说 15 的判断一致。该结论从价值链分工视角证实了以内循环为主体的新发展格局对稳定经济的重要作用，同时说明延长国内价值链长度可成为未来我国减少经济波动的有力抓手。改革开放以来，由于国内有效需求不足且供给质量较低，我国将外循环作为发展经济的核心动力，各产业普遍依靠全球价值链获取高质量投入品进口供给和产品出口机会，在长期中形成了外向型发展路径依赖，受此影响，我国各产业本土分工体系发展缓慢，国内价值链长度有限，导致内循环不畅，在不确定性上升的外部环境下，难以支撑国家经济稳定。鉴于此，我国各行业在坚持高水平对外开放的同时，应以国内市场提质扩容为契机，积极深化本土分工协作体系，提升内循环下的国内价值链长度，以形成稳定国家经济运行的重要力量。

表 7 - 9　　　　　　　　　　　　　　基准估计结果

变量	(1)	(2)	(3)	(4)	(5)	(6)
NVCL	- 0. 0020 ** (0. 0010)	- 0. 0031 *** (0. 0010)	- 0. 0031 *** (0. 0010)	- 0. 0033 *** (0. 0010)	- 0. 0033 *** (0. 0010)	- 0. 0034 *** (0. 0010)
SCARE		- 0. 0255 *** (0. 0048)	- 0. 0257 *** (0. 0048)	- 0. 0254 *** (0. 0047)	- 0. 0254 *** (0. 0047)	- 0. 0254 *** (0. 0048)
OPEN			0. 0529 * (0. 0320)	0. 0752 ** (0. 0306)	0. 0668 ** (0. 0332)	0. 0584 * (0. 0334)
PV				0. 0127 ** (0. 0049)	0. 0125 ** (0. 0050)	0. 0117 ** (0. 0051)
FDI					- 0. 0635 (0. 0923)	- 0. 0291 (0. 0980)
GOV						- 0. 2509 * (0. 1499)
常数项	0. 1121 *** (0. 0090)	0. 4937 *** (0. 0732)	0. 4895 *** (0. 0732)	0. 4648 *** (0. 0718)	0. 4708 *** (0. 0728)	0. 4978 *** (0. 0700)
时间固定效应	控制	控制	控制	控制	控制	控制
地区固定效应	控制	控制	控制	控制	控制	控制
行业固定效应	控制	控制	控制	控制	控制	控制
地区—行业固定效应	控制	控制	控制	控制	控制	控制
样本量	3234	3234	3234	3234	3234	3234
R^2	0. 6957	0. 7072	0. 7075	0. 7088	0. 7089	0. 7092

控制变量后的估计结果表明，第一，行业规模越大，抵抗外部冲击的能力越强，经济波动越少。第二，贸易开放为外部冲击传递提供了条件，从而成为放大经济波动的重要因素。第三，价格波动提升了生产要素价格的不确定性，造成产业生产规模、投资收益波动，进而增加经济波动。第四，FDI 带来国外先进技术与管理经验，理论上会赋予行业更强的长期增长动力从而平抑经济波动，但同时也会将国外波动因素通过母子公司间关联输入国内，两条途径下的作用相互抵消，进而对经济波动并无显著影响。第五，政府干预经济的能力增强，通过反周期干预经济，对减少地区经济波动有重要积极作用。

（2）内生性检验结果。鉴于国内价值链长度与经济波动水平之间可能有内生性风险，本部分采用两种方法进行处理，结果见表 7 - 10。第一，构建工具变量。一是计算 1990 年各省份消费品零售总额在当年生产总值中的占比，将这一历史数据和样本期各年度人均互联网宽带接入端口数量相乘①，作为国内价值链长度的工具变量。从国内价值链延伸的动机和条件来看，历史上消费品零售额较高的省份进行跨地区生产协作进而延伸国内价值链的动机更强，而以人均宽带接口数量提升所表征的互联网发展，又为生产环节跨区域配置与协调提供了必要条件，以两者相乘方式建立的工具变量必然和 NVCL 变量强相关，但由于历史数据无法直接影响当前经济波动水平，从而使得该工具变量满足外生性条件。二是借鉴杨继军（2019）的做法，以经济波动水平为基础，将各年度所有样本按照 10、20、30、…、90 分位数分割为 10 组，以各组 NVCL 变量均值作为组内所有样本国内价值链长度的工具变量。采用这一方法建立的工具变量与国内价值链长度之间具有密切的相关性，但因其是各组内部所有样本国内价值链长度的均值，因此不能直接影响组内某单一样本的经济波动。本部分利用两阶段最小二乘法与上述两个工具变量估计计量模型后，结果依次如列（1）和列（2）所示，可见国内价值链长度变量的系数依然显著为

---

① 人均互联网宽带接入端口数量以各省份宽带接口数量与就业人数之比表示。

负，与基准估计结果保持一致；同时，LM 检验和 C - D 检验拒绝了识别不足与弱工具变量的原假设，并且计量模型恰好识别，证实工具变量选取有效。

第二，建立联立方程。以式（7.17）作为联立方程组的第一个方程，然后以 $NVCL_{ih,t} = c + \theta VOLA_{ih,t} + \lambda X$ 作为第二个方程，其中，X 代表控制变量，包括投入产出比、劳动收入份额、市场分割指数[1]。相应估计结果见列（3），可知核心解释变量系数依然显著为负，因此，在处理内生性的情况下，提升国内价值链长度对经济波动水平的负向影响依然成立。

表 7 - 10　　　　　　　　　　　内生性处理结果

变量	（1）	（2）	（3）
NVCL	- 0.0416 *** （0.0117）	- 0.0241 *** （0.0066）	- 0.0034 *** （0.0008）
控制变量	控制	控制	控制
时间固定效应	控制	控制	控制
地区固定效应	控制	控制	控制
行业固定效应	控制	控制	控制
地区—行业固定效应	控制	控制	控制
LM 检验	35.27 ***	46.11 ***	—
C - D 检验	25.14 ［16.38］	41.36 ［16.38］	—
Hansen J 检验	0.000	0.000	—
样本量	3115	3234	3237

---

[1] 投入产出比以产业增加值与中间投入之比表示，劳动收入份额以劳动者报酬与总产出之比表示，以上数据来自中国区域间投入产出表；市场分割指数的数据来自马克数据网（https：//www.macrodatas.cn/）。

（3）稳健性检验结果。对于以上基准估计结果，本部分还进行了多重稳健性检验，结果如表 7 – 11 所示。第一，替换被解释变量。以各省份行业维度的产出增长率为基础[①]，分别测算其五期滚动标准差与三期滚动标准差，度量经济波动水平，相应实证结果见列（1）和列（2）。第二，替换核心解释变量。一是分别以国内价值链的前向生产长度和后向生产长度表征国内价值链长度，相应估计结果依次见列（3）和列（4）；二是排除对省内价值链长度的考虑，采用省域间价值链贸易前向、后向生产长度相乘的方式，度量国内价值链长度，引入实证分析后获得列（5）估计结果。第三，排除极端值。考虑到极端值可能对估计结果有较大干扰，因此，本部分参考赵金龙等（2022）的研究，在剔除经济波动和国内价值链长度两个核心变量1%的极大值与极小值后进行实证研究，结果见列（6）。第四，变更样本。一是为确保基准估计结果并非由国内价值链长度较大的样本所主导，本部分计算了各行业在研究期内国内价值链长度的均值，然后剔除长度均值最大的五个行业[②]，基于剩余样本估计计量模型，结果见列（7）；二是为了检验基准结论对于国内价值链长度较短的样本是否成立，本部分还选择了国内价值链长度小于研究期内全样本均值的样本进行实证分析，结果见列（8）。第五，变更回归方法。一是进行分位数回归，研究国内价值链长度延伸对不同波动性样本的经济波动是否有一致性影响，结果如列（9）~（11）所示；二是采用两阶段 GMM 估计方法，以上述组内 NVCL 变量均值作为工具变量，结果见列（12）。经过以上处理，本书发现国内价值链长度变量的估计系数均显著为负，表明内循环下国内价值链长度延伸平抑经济波动的结论始终成立，本部分基准估计结果是稳健的。

---

① 产出增长率采用当期产出对数值与上期之差来度量。
② 剔除 D07T08、D20、D21、D23、D31T33 五个国内价值链长度较大的行业。

表 7－11 稳健性检验结果

变量	（1）增长率五期滚动	（2）增长率三期滚动	（3）前向生产长度	（4）后向生产长度	（5）排除省内长度	（6）剔除极端值
NVCL	−0.0047 ** (0.0024)	−0.0058 *** (0.0020)	−0.0110 *** (0.0039)	−0.0158 * (0.0086)	−0.0001 *** (0.0000)	−0.0026 *** (0.0009)
常数项	1.0948 *** (0.2470)	0.9498 *** (0.1716)	0.4626 *** (0.0654)	0.7585 *** (0.1210)	0.4594 *** (0.0658)	0.3526 *** (0.0516)
控制变量	控制	控制	控制	控制	控制	控制
时间固定效应	控制	控制	控制	控制	控制	控制
地区固定效应	控制	控制	控制	控制	控制	控制
行业固定效应	控制	控制	控制	控制	控制	控制
地区—行业固定效应	控制	控制	控制	控制	控制	控制
样本量	2435	3234	3234	3234	3234	3096
R^2	0.7309	0.5289	0.7085	0.7327	0.7082	0.7009

变量	（7）剔除链条长度较大的行业	（8）选取链条长度较短的行业	（9）25%分位数	（10）50%分位数	（11）75%分位数	（12）两阶段GMM估计
NVCL	−0.0029 *** (0.0011)	−0.0040 * (0.0023)	−0.0013 *** (0.0004)	−0.0016 *** (0.0004)	−0.0010 ** (0.0005)	−0.0391 *** (0.0098)
常数项	0.4946 *** (0.0732)	0.4403 *** (0.1277)	0.1836 (0.1374)	0.3515 *** (0.0679)	0.2842 *** (0.0636)	
控制变量	控制	控制	控制	控制	控制	控制
时间固定效应	控制	控制	控制	控制	控制	控制
地区固定效应	控制	控制	控制	控制	控制	控制
行业固定效应	控制	控制	控制	控制	控制	控制
地区—行业固定效应	控制	控制	控制	控制	控制	控制
样本量	2703	1596	3237	3237	3237	3115
R^2	0.7275	0.7022	—	—	—	—

（4）机制分析结果。根据上文理论分析，国内价值链长度提升作用于经济波动的途径在于增强产业韧性、优化资源配置与弥补制度环境的不足，鉴于此，本部分在进行机制分析时构建了如下变量。

第一，产业韧性。参考善（Shan et al.，2014）、陶锋等（2023）的研究用以下指标度量。一是环节间供需匹配度（MATCH）。一般来说，当企业存货的变动率不高时，仅需保留较少存货即可应对上下游环节生产规模的变动，而鉴于生产规模变动源自市场需求变化，那么若市场需求引致的存货变动率越小，则说明产业存货管理效率及各环节供需匹配度越高，产业韧性越强。度量方法见式（7.24）。

$$MATCH_{h,t} = INV_{h,t}/DEM_{h,t} \qquad (7.24)$$

式中，$INV_{h,t}$ 表示我国 h 行业存货变动率的三年期滚动均值[①]，$DEM_{h,t}$ 为国内对该行业中间和最终需求总额的三年滚动标准差对数值。基础数据来自 ADB – MRIO。

二是产业链上的供应质量。利用创新水平来表征，具体选取两个指标，首先是各省份发明专利申请量的对数值（QUAL – a），数据来自历年《国家知识产权局统计年报》；其次在此基础上进一步考虑专利质量，即先计算专利质量水平，以基于知识宽度法测算的所得各省份所有上市公司专利质量总值表示[②]，将其取对数后与上述 QUAL – a 变量相乘，形成又一度量指标（QUAL – b）。此外，本部分还从抵抗能力、更新能力、再定位能力及恢复能力四个方面构造指标体系，并采用熵权法再次从总体上度量产业韧性（INRE）[③]

---

① 利用当期与上期存货差额绝对值占产出的比重度量存货变动率。选取三年为窗口期，原因在于 ADB – MRIO 较新数据的时间跨度为 2007～2021 年，若选取五年为窗口期，则会损失 2010 年样本，因此，本书适当缩短了窗口期。

② 上市公司往往是产业链重要节点，其专利质量水平可反映重要节点的创新水平及供应质量。数据来自马克数据网。

③ 其中抵抗能力以各省份工业增加值、规模以上工业企业主营业务收入和规模以上工业企业利润总额度量；更新能力以各省份工业固定资产投资额、规模以上工业企业专利申请数量来度量；再定位能力以各省份规模以上工业企业 R&D 人数、规模以上工业企业 R&D 经费、规模以上工业企业新产品销售收入来度量；恢复能力以各省份规模以上工业企业个数、规模以上工业企业从业人数来度量。上述数据来自《中国统计年鉴》及《中国投资领域统计年鉴》。

第二，资源配置效率（EFFI）。借鉴白俊红和刘宇英（2018）的研究，估算在要素有效配置时 i 省份实际利用资本或劳动要素占当年全国资本和劳动总量的份额的偏离程度，分别以 $R_{Ki,t}$ 和 $R_{Li,t}$ 表示，估算方法如式（7.25）、式（7.26）所示。

$$R_{Ki,t} = \frac{K_{i,t}/K_t}{s_{i,t}\beta_{Ki,t}/\beta_{K,t}}, \quad \beta_K = \sum_i^n s_i\beta_{Ki} \qquad (7.25)$$

$$R_{Li,t} = \frac{L_{i,t}/L_t}{s_{i,t}\beta_{Li,t}/\beta_{L,t}}, \quad \beta_L = \sum_i^n s_i\beta_{Li} \qquad (7.26)$$

式中，$K_{i,t}$ 和 $L_{i,t}$ 分别表示 i 省份实际利用资本和劳动的数量，K_t 和 L_t 分别表示全国资本总量和劳动总量，$s_{i,t}$ 代表该省份生产总值占全国生产总值的比例，$\beta_{Ki,t}$ 和 $\beta_{Li,t}$ 即为资本与劳动产出弹性，借鉴赵志耘等（2006）的研究利用索罗余值法计算。那么 $s_{i,t}\beta_{Ki,t}/\beta_{K,t}$、$s_{i,t}\beta_{Li,t}/\beta_{L,t}$ 可代表 i 省份资本和劳动要素实现有效配置时两种要素使用量占全国相应要素总量的比例。$R_{Ki,t}$ 和 $R_{Li,t}$ 取值偏离 1 的程度越大，则表明 i 省份资源错配现象越严重。为了使资源错配指数数值变化能更为明晰地体现要素错配程度的变动，本部分根据式（7.27）对 $R_{Ki,t}$ 和 $R_{Li,t}$ 进行变换，形成资本错配指数 $MISK_{i,t}$ 和劳动错配指数 $MISL_{i,t}$，然后在综合考虑两项要素的情况下，将 $MISK_{i,t}$ 和 $MISL_{i,t}$ 交互，取倒数后度量各省份资源配置效率（EFFI），其取值越大则说明要素错配问题越少，资源配置效率更高。各项数据来自《中国统计年鉴》。

$$MISK_{i,t} = \ln\left|\frac{1}{R_{Ki,t}} - 1\right|, \quad MISL_{i,t} = \ln\left|\frac{1}{R_{Li,t}} - 1\right| \qquad (7.27)$$

第三，制度环境（INST）。借鉴李宏亮和谢建国（2018）的做法，采用 INST = MARTKET × (1 − SEG) 的方式度量，其中，MARTKET 表示各省份市场化程度，SEG 为市场分割指数[①]。本部分参考陈东和秦子洋（2022）的做法，分两个阶段进行机制分析。

对产业韧性提升机制的研究结果见表 7 − 12，首先，根据列（1）~

---

① 两项数据来自马克数据网。

（6）结果可以发现，阶段一结果显示，当以环节间供需匹配度（MATCH）作为被解释变量时，NVCL变量系数显著为负，当以供应质量（QUAL-a和QUAL-b）作为被解释变量时，NVCL变量显著为正，意味着内循环下的国内价值链长度延伸不仅可以使产业各环节供需匹配度上升，并且也能显著提高产业链供给质量，进而增强产业韧性。同时，阶段二结果表明，更强的产业韧性可显著抑制经济波动，原因在于，随着产业韧性增强，各环节企业能够凭借更强适应调整能力及供给强健稳定的优势，高效应对市场不确定冲击风险。据此可知，国内价值链长度延伸能通过增强产业韧性的途径降低经济波动水平。其次，当构造指标体系再次度量产业韧性时（INRE），相应列（7）~（8）结果显示仍然能获得相同的结论。

对资源配置优化机制的研究结果如表7-13列（1）~（2）所示，阶段一检验以资源配置效率（EFFI）作为被解释变量，结果显示提升国内价值链长度有助于减少要素错配，促进资源优化配置；阶段二结果表明，资源优化配置对经济波动有显著平抑作用，这是因为优化资源配置可有效增强经济持续增长动力以及抵御外部冲击的能力，进而避免资源错配导致的效率损失和经济波动。综合两阶段机制分析结果可知，提升国内价值链长度可通过促进资源优化配置的途径减少经济波动。

对制度环境机制的检验结果见表7-13列（3）~（4），阶段一以制度环境（INST）为被解释变量的检验结果显示，国内价值链长度延伸有助于弥补各区域制度环境的不足，使得制度环境明显向好。阶段二的检验结果表明，更优制度环境可显著减少经济波动。综合两阶段结果可知，内循环下的NVC长度延伸能够打破区域市场壁垒以及市场化水平有限对要素流动的制约，使产业部门精准对接各区域需求，分散市场风险，并便利其利用各区域要素支撑本地经济持续增长，减少经济波动，可见NVC长度提升可通过弥补制度环境的不足而减缓经济波动。可见国内价值链长度提升还可通过弥补制度环境的不足来减缓经济波动。

表7-12　产业韧性提升机制分析结果

变量	(1) 阶段一 MATCH	(2) 阶段二 VOLA	(3) 阶段一 QUAL-a	(4) 阶段二 VOLA	(5) 阶段一 QUAL-b	(6) 阶段二 VOLA	(7) 阶段一 INRE	(8) 阶段二 VOLA
NVCL	-0.0007** (0.0003)	-0.0032*** (0.0010)	0.0208*** (0.0034)	-0.0031*** (0.0010)	0.1540*** (0.0407)	-0.0030*** (0.0010)	0.0028*** (0.0005)	-0.0029*** (0.0010)
MATCH		0.2992*** (0.0702)						
QUAL-a				-0.0151** (0.0064)				
QUAL-b						-0.0018*** (0.0004)		
INRE								-0.1780*** (0.0308)
常数项	-0.0690*** (0.0178)	0.5184*** (0.0698)	7.5294*** (0.1910)	0.6113*** (0.0800)	6.5582*** (2.2539)	0.5024*** (0.0712)	0.0703** (0.0296)	0.5103*** (0.0697)
Sobel Z	-2.070**		-2.226**		-2.745***		-3.911***	

191

续表

变量	(1) 阶段一 MATCH	(2) 阶段二 VOLA	(3) 阶段一 QUAL-a	(4) 阶段二 VOLA	(5) 阶段一 QUAL-b	(6) 阶段二 VOLA	(7) 阶段一 INRE	(8) 阶段二 VOLA
时间固定效应	控制	控制	控制	控制	控制	控制	控制	控制
地区固定效应	控制	控制	控制	控制	控制	控制	控制	控制
行业固定效应	控制	控制	控制	控制	控制	控制	控制	控制
地区—行业 固定效应	控制	控制	控制	控制	控制	控制	控制	控制
样本量	3234	3234	3234	3234	3142	3142	3234	3234
R^2	0.9276	0.7127	0.9763	0.7102	0.9588	0.6970	0.9724	0.7124

表 7 - 13   机制分析结果

变量	(1)	(2)	(3)	(4)
	阶段一	阶段二	阶段一	阶段二
	EFFI	VOLA	INST	VOLA
NVCL	0.1715 *** (0.0303)	-0.0029 *** (0.0010)	0.0198 *** (0.0050)	-0.0032 *** (0.0010)
EFFI		-0.0029 *** (0.0006)		
INST				-0.0123 *** (0.0032)
常数项	-24.7077 *** (2.2070)	0.4262 *** (0.0697)	4.9981 *** (0.2774)	0.5593 *** (0.0689)
Sobel Z	-3.792 ***		-2.699 ***	
控制变量	控制	控制	控制	控制
时间固定效应	控制	控制	控制	控制
地区固定效应	控制	控制	控制	控制
行业固定效应	控制	控制	控制	控制
地区—行业 固定效应	控制	控制	控制	控制
样本量	3234	3234	3234	3234
R^2	0.5976	0.7119	0.9662	0.7108

另外，本部分还采用了 Sobel 检验对机制分析结果再次进行验证，结果显示，基于产业韧性、资源配置效率、制度环境等变量的 Sobel 检验 Z 统计量均显著，进一步证实国内价值链延伸作用于经济波动的途径在于提升产业韧性、优化资源配置与弥补制度环境的不足，与第四部分中假说 15 提出的作用机理一致。

（5）异质性分析结果。

①考虑开放度和国际分工地位差异的分析结果。对外开放是我国

长期坚持的基本国策，这虽然赋予了国家经济更强的外部增长动力，但也使产业部门面临更强冲击风险。"十四五"时期面对国际经济环境剧变，我国在打造国内大循环的同时，全面扩大对外开放，在此背景下，国内价值链延伸能否有效发挥平抑经济波动的作用，是亟待探究的问题。为深入解答这一疑问，本部分在考虑开放度以及国际分工地位的情况下进行实证考察，以明晰国内价值链延伸的积极作用得以有效发挥的具体条件，结果见表 7 – 14。

第一，区分开放度差异进行实证分析。一是以开放度变量的全样本均值为依据，将开放度高于该均值的样本归入高贸易开放组别，反之归入低贸易开放组别，利用两个组别样本分别估计计量模型，结果见列（1）和列（2）；二是从全球价值链视角考察开放度差异的影响，即参考盛斌等（2020）的研究，结合国内投入产出表和世界投入产出表，将增加值总流出分解为 63 个组成部分，利用流出至国外的本地中间品增加值 $IV_{ih,t}$ 和国外增加值 $FV_{ih,t}$ 两者占增加值总流出 $O_{ih,t}$ 的比重度量省份—行业维度的全球价值链参与度，如式（7.28）所示，然后将 GVC 参与度高于全样本均值的样本归入高 GVC 参与组别，反之归入低 GVC 参与组别，分别进行考察，结果如列（3）和列（4）所示。第二，区分国际分工地位差异进行实证分析，即基于增加值总流出分解结果，结合库普曼等（2010）提出的 GVC 位置指数计算公式，即式（7.29）测算省份—行业维度的 GVC 分工地位，以全样本均值为界，将 GVC 分工地位高于该均值的样本归入高 GVC 地位组，反之归入低 GVC 地位组，实证结果见列（5）和列（6）。

$$GVC_{ih,t} = (IV_{ih,t} + FV_{ih,t})/O_{ih,t} \qquad (7.28)$$

$$GVC\_PO_{ih,t} = \ln(1 + IV_{ih,t}/O_{ih,t}) - \ln(1 + FV_{ih,t}/O_{ih,t}) \qquad (7.29)$$

结果显示，第一，当贸易开放度和 GVC 参与度较高时，国内价值链延伸对经济波动的平抑作用更加显著。这是因为，开放度更高的地区和行业长期深度融入全球生产分工，从中获取了丰富的价值链条治理经验，在其延长国内价值链长度的过程中，可利用这些经验提高各环节空间配置和协作生产效率，使得国内价值链延伸的积极作用进一步放大。

194

表 7 - 14　　　　　　　考虑开放度和地位差异的分析结果

变量	(1) 高贸易开放	(2) 低贸易开放	(3) 高 GVC 参与	(4) 低 GVC 参与	(5) 高 GVC 地位	(6) 低 GVC 地位
NVCL	- 0.0035 *** (0.0012)	- 0.0026 (0.0019)	- 0.0041 *** (0.0013)	- 0.0034 ** (0.0017)	- 0.0043 *** (0.0014)	- 0.0029 ** (0.0014)
常数项	0.5717 *** (0.0970)	0.3991 *** (0.1022)	0.5984 *** (0.1047)	0.4670 *** (0.0960)	0.6014 *** (0.1037)	0.4342 *** (0.0954)
控制变量	控制	控制	控制	控制	控制	控制
时间固定效应	控制	控制	控制	控制	控制	控制
地区固定效应	控制	控制	控制	控制	控制	控制
行业固定效应	控制	控制	控制	控制	控制	控制
地区—行业 固定效应	控制	控制	控制	控制	控制	控制
样本量	1862	1372	1656	1578	1369	1865
R^2	0.6997	0.7227	0.7037	0.7194	0.7359	0.6857

第二，国内价值链延伸的经济波动平抑作用对于 GVC 地位较高样本更为显著，原因则在于，高地位行业作为中间品供应者更有可能积累组织协调、链条管理等经验，并将其投入国内价值链管理运行，同时，高地位行业积累的高质量要素伴随国内价值链延伸向不同环节传递，对产业韧性和资源配置效率的提升作用更大，并且行业内企业凭借政企关系和环节配置能力优势，可主导国内价值链延伸，进而成为破解区域间市场壁垒、弥补制度环境不足的主力军，从而更有利于发挥国内价值链延伸的经济波动减缓作用。以上结论与第四部分中假说 16 相符，意味着在以国内大循环为主体的双循环新发展格局下，我国应凭借国内价值链延伸和全球价值链攀升的战略协同来有效平抑经济波动。

②考虑行业差异的分析结果。本部分将所有样本行业进行分类检验，结果见表 7 - 15。首先，区分制造业和服务业样本分别展开分

析，列（1）~（2）的结果表明，制造业各行业国内价值链长度提升能够显著降低经济波动水平，然而服务业国内价值链延伸对经济波动的抑制作用并不显著。其次，本部分建立制造业（MANU）和服务业（SERV）虚拟变量，对相应行业赋值为1，否则赋值为0，通过代入计量模型与核心解释变量交互进行分析，列（3）~（5）的结果显示，国内价值链长度和制造业虚拟变量的交互项显著为负，但和服务业虚拟变量的交互项不显著，印证了上述结论。

表7-15 行业异质性分析结果

变量	（1）	（2）	（3）	（4）	（5）
	制造业	服务业	引入虚拟变量		
NVCL	-0.0039 *** (0.0012)	0.0010 (0.0020)			
NVCL × MANU			-0.0026 ** (0.0011)		-0.0026 ** (0.0011)
NVCL × SERV				-0.0004 (0.0017)	-0.0009 (0.0017)
常数项	0.6056 *** (0.0993)	0.0993 (0.0874)	0.4618 *** (0.0663)	0.4445 *** (0.0661)	0.4659 *** (0.0678)
控制变量	控制	控制	控制	控制	控制
时间固定效应	控制	控制	控制	控制	控制
地区固定效应	控制	控制	控制	控制	控制
行业固定效应	控制	控制	控制	控制	控制
地区—行业固定效应	控制	控制	控制	控制	控制
样本量	1750	1051	3234	3234	3234
R^2	0.6902	0.6153	0.7079	0.7071	0.7080

这表明，相对于服务业，制造业各行业国内价值链延伸对缓解经

济波动发挥了更加关键的作用。原因在于，服务产品拥有难以运输和储存的特征，限制了服务业生产环节跨区域分割，导致该行业国内价值链长度非常有限且难以提升，因此无法发挥缓解经济波动的作用。相反，制造业环节更为可分且更易跨区域拓展，根据本部分的计算，制造业各行业国内价值链长度均值为 10.06，远远高于服务业 7.15 的水平，更长的国内价值链长度有利于充分联合各区域比较优势，进而更大化减缓经济波动。这一结论与第四部分中假说 17 相符，同时表明要在双循环战略下减缓我国经济波动，应以延长制造业国内价值链生产长度为重点。

③考虑地区差异的分析结果。我国各区域产业整合国内生产资源的能力有显著区别，可能导致国内价值链长度存在明显区域差异，因此对经济波动的影响会有地区异质性。为此，本部分区分东部和中西部区域估计计量模型，结果见表 7-16。其中，列（1）~（2）结果显示，国内价值链延伸减缓经济波动的结论对于不同区域样本同时成立，但利用东部区域样本进行实证分析时，国内价值链长度变量的显著性更高，表明东部区域国内价值链延伸对经济波动的减缓作用要更强。另外，本部分采用虚拟变量标记东部（EAST）和中西部（MIDWES）区域样本，引入实证分析获得的列（3）~（5）的结果进一步印证了该结论，与第四部分中假说 17 相符。联系我国产业分布和开放发展战略可知，我国东部区域集聚了大量高技术企业，因生产流程的复杂性而对跨区域分工协作产生更高需求，进而通过整合全国生产资源构建起了更长的国内价值链条，同时，东部区域还是我国经济开放的前沿阵地，长期以来深入参与国际分工，由此积累的价值链条管理经验可助力东部区域在延长国内价值链的过程中，确保各环节在空间上配置合理且协作高效。相反，中西部区域各行业国内价值链长度相对有限，导致对经济波动的减缓作用较小。因此，我国应大力提升中西部区域各行业国内价值链长度，避免该区域因价值链长度有限而对经济波动的减缓作用不佳，成为我国依靠内循环稳增长的"短板"。

表 7 – 16　　　　　　　　　　　　地区异质性分析结果

变量	（1）	（2）	（3）	（4）	（5）
	东部区域			中西部区域	引入虚拟变量
NVCL	– 0. 0042 *** （0. 0015）	– 0. 0024 * （0. 0013）			
NVCL × EAST			– 0. 0036 *** （0. 0013）		– 0. 0040 *** （0. 0013）
NVCL × MIDWES				– 0. 0025 ** （0. 0012）	– 0. 0029 ** （0. 0013）
常数项	0. 5461 *** （0. 1144）	0. 4077 *** （0. 0879）	0. 4722 *** （0. 0671）	0. 4622 *** （0. 0671）	0. 4990 *** （0. 0700）
控制变量	控制	控制	控制	控制	控制
时间固定效应	控制	控制	控制	控制	控制
地区固定效应	控制	控制	控制	控制	控制
行业固定效应	控制	控制	控制	控制	控制
地区—行业固定效应	控制	控制	控制	控制	控制
样本量	1181	2053	3234	3234	3234
R^2	0. 7128	0. 7108	0. 7083	0. 7078	0. 7093

3. 主要研究结论

在以内循环为主体的新发展格局加快构建的当前时期，明晰国内价值链长度延伸对经济波动的影响和机理，可为我国经济稳定提供重要启示。为此，本部分基于中国区域间投入产出表，在剔除国外成分进而准确刻画国内投入产出关系的基础上，结合生产长度分解方法识别纯国内价值链长度，然后利用我国 30 个省份行业维度的面板数据研究其对经济波动的影响与机制，从中获得以下主要结论。

第一，促进国内价值链长度延伸可显著平抑我国经济波动，该结论通过了内生性检验以及替换变量、剔除极端值与变更样本的稳健性检验。机制分析表明，国内价值链延伸减缓经济波动的途径在于强化产业韧性、优化资源配置与弥补制度环境的不足。第二，开放度和分工地位更高的区域和行业的国内价值链延伸对经济波动的平抑作用更强，因此，要借助双循环新发展格局来有效稳定经济，须在延长国内价值链长度的同时，促进 GVC 分工地位升级，进而利用二者战略协同，形成稳定经济的更大合力。第三，制造业以及东部区域各行业国内价值链长度延伸具有更为显著的经济波动平抑作用，而服务业和中西部区域各行业国内价值链延伸对经济波动的平抑作用较为有限。

（三）本章小结

本章从内循环视角出发，基于中国 30 个省份行业维度的细化面板数据，通过实证研究国内价值链参与对稳增长的直接和间接影响，以及国内价值链长度对经济波动的影响，为理解内循环与稳增长之间的联系提供了新视角和经验证据。

本章发现国内价值链不仅可夯实经济持续增长的内源动力，对稳增长发挥直接促进作用，而且能通过缓解全球价值链的供给端风险，间接发挥稳增长作用，且当 GVC 分工参与度较高时，这一作用更为突出。同时，国内价值链长度延伸是降低经济波动水平进而稳增长的又一重要力量，当 GVC 分工地位更高时该作用尤为明显。这些结论为我国在参与 GVC 分工的情况下实现经济稳定提供了重要参考。我国一方面应加快完善国内价值链分工体系，积极培育稳增长的内源动力，并依靠国内价值链夯实中间环节竞争优势，化解全球价值链的供给端风险；另一方面还须大力推动国内贸易便利化发展，促进国内价值链长度延伸，构建有利于经济稳定的本土分工体系，同时还要通过促进 GVC 分工地位提升，打造高质量外循环，以充分释放国内价值链长度延伸对稳增长的积极作用。

八、进一步研究：数字技术能否驱动 GVC 分工地位提升

上文研究发现，我国凭借低端要素优势后向嵌入 GVC 分工，危害经济增长的平稳性，若要消除这一危害，则须转变 GVC 参与方式，提升 GVC 分工地位，并深化内需主导型 GVC。要注意到，转变 GVC 参与方式、提升 GVC 分工地位，需要我国塑造高端要素比较优势，基于此向更加有利的分工环节跃迁，而要深化内需主导型 GVC 分工，则要求我国对价值链两端拥有更强控制能力（刘斌等，2018），因此提升 GVC 分工地位成为改善国际经济周期传导效应、实现稳增长的关键。接下来本章将结合我国目前正在大力实施的产业数字化转型战略，从数字技术这一新型生产要素入手，进一步探求提升 GVC 分工地位进而保障经济稳增长的可行策略。

（一）数字技术应用水平对 GVC 分工地位的影响

长期以来，依靠传统要素优势嵌入 GVC 低端位置使我国产业部门深陷大而不强、全而不优的发展困境，长期存在效率低下、创新缺乏、抗风险能力弱等顽疾（赵宸宇等，2021），在 GVC 分工中难以抵御外部冲击传导（黄繁华和洪银兴，2020），对经济增长的平稳性产生影响，因此，我国迫切需要推动产业转型进而实现 GVC 分工地位提升。目前，全球经济正在经历数字化变革，大数据、物联网、云计算、人工智能等数字技术高速发展并渗透至各产业部门，成为实体

经济提质增效的"润滑剂"与国际产业竞争格局加速重塑的"催化剂"。在此背景下，国家"十四五"规划将产业数字化确定为实体经济转型升级路径之一。那么我国能否依靠数字技术实现比较优势再造，进而破解现有国际分工格局限制向 GVC 中高端跃升的难题，成为亟待研究的重要问题。这关系到我国能否在新一轮科技革命中突破国内成本上升、国外低成本竞争与高端工业回流的多重挤压，夺取国际产业竞争制高点，进而在 GVC 分工中掌握"主动权"，以提升贸易附加值获取与风险抵御能力。

当前，我国数字技术发展存在明显短板，因此在坚持数字技术内生发展的同时积极进行技术引进，成为快速弥补国内外数字技术发展差距、满足产业数字化转型需要的重要抓手（焦勇，2020）。然而数字技术是全球产业竞争与贸易保护的关键领域，高端数字技术引进往往受到来源国管制；同时，引进国外数字技术时对其实施本土化改造产生的引致成本以及来源国通过知识产权战略对引入国数字技术创新施加的掣肘，均会导致国外数字技术对 GVC 分工地位的作用区别于国内数字技术，但这尚未引起学界重视。目前，在数字技术"内育"和"外引"并举的情况下，解明技术来源的差异效应，对于合理定位数字化发展战略、助力各产业向 GVC 中高端跃升进而保障经济平稳增长具有重要意义。

目前，相关文献内容主要集中于两个方面。一是对数字技术应用水平的测度。基于国民经济统计（OECD，2015）、产业净增值估算（Barefoot et al.，2018）与设立卫星账户（OECD，2017a；2017b）等宏观统计方法核算国别数字经济规模，以反映数字技术发展及应用水平，是学界较早形成的方法（许宪春和张美慧，2020）。但因统计数据缺乏，以上方法一方面难以支撑长时间跨度细分样本实证研究，另一方面统计范围也与数字技术内涵的匹配度较差。因此，学者们将统计方法转向指数构建，如范鑫（2021）、杨慧梅和江璐（2021）分别建立包含互联网应用、相应基础设施、经济环境与效应等方面的综合指标以及统筹考虑数字产业化和产业数字化的指标体系，以系统刻画各区域数字技术渗透与数字经济发展程度。然而遗憾的是，这些方法无法区别技术来源以对行业层面的数字技术应用水平进行统计，不能满足技术来源差异效应的实证研究需要。近年来，附加值核算模型不断完善，使得产品附加值来源得以被精确定位到全球行业层面，这为本部分基于附加值贡献从整体上及区别技术来源准确计量各行业数字技术应用水平提供了基础。

二是数字技术与 GVC 参与的联系。该领域近年来才引起学界关注，学者们主要以互联网、人工智能、信息化等为切入点探讨数字技术的作用。其中，张卫华等（2021）认为，互联网是各 GVC 参与者突破时空界限而相互连接的重要媒介，是深化 GVC 分工的重要原因。从具体机制来看，韩剑等（2018）指出互联网可消除双边信息壁垒进而便利中间品贸易与生产分离，对深化 GVC 参与度、紧密衔接各国生产网络有重要作用；这一规律在行业层面也成立（刘斌和顾聪，2019）。在微观层面上，施炳展和李建桐（2020）认为，应用互联网能降低搜索成本，使企业增加对外部中间品的使用，深化其在价值链上的专业化分工。近年来，国际机器人联合会公布的机器人数据为学界研究人工智能的作用提供了便利，刘斌和潘彤（2020）基于这一数据证实应用人工智能可深化一国 GVC 参与度，减成本、促创新与优化要素配置是主要机制，吕越等（2020b）对中国企业的经验分析也得到类似结论，并认为上述现象对加工贸易企业更为突出。另外，阿西莫格鲁等（Acemoglu et al.，2020）通过研究法国智能化企业发现，应用人工智能通过改善企业生产率，提升了其在 GVC 分工中的附加值获取。从信息化角度切入，张辽和王俊杰（2020）构建企业信息化密度及能力指标，发现前者有助于深化 GVC 参与度，后者是其出口复杂度提升进而攫取更多产品附加值的关键。

以上文献在数字技术应用水平的测度及其经济效应方面对本部分研究有着重要启发，但也存在不足之处：一是学界多关注数字技术对 GVC 参与度的深化作用，鲜有文献探讨一国能否依托数字技术实现 GVC 分工地位升级，同时，本领域经验研究大多基于 WIOD 展开，受制于数据时效性问题①，所得结论无法匹配当前经济规律；二是未厘清国内、国外数字技术对 GVC 分工地位的差异化效应，如何处理数字技术"内育"与"外引"之间的关系、以更大化数字技术的积极作用缺乏依据；三是已有文献多采用的宏观统计或指数构建等方法难以测度一国对国内、国外数字技术的应用水平，无法为明晰两者差异效应的实证研究提供方法基础。

鉴于此，本部分将从附加值贡献的视角识别数字技术应用水平，然后基于 OECD 发布的国家间投入产出表（OECD‑ICIO），利用 2000~2018 年国家（地区）—行业层面的投入产出数据研究其对 GVC 分工地位的影响与机制，并明晰国内、国外数字技术的差异效应。本部分的边际贡献在于：一是利用较新数据明晰数字技术对 GVC 分工地位的影响，并从生产率与中间品国际竞争力的视角厘清其作用机制，提高研究结论对 GVC 分工地位升级的决策参考价值；二是从附加值贡献视角在区别技术来源的基础上测度数字技术应用水平，基于此明晰国内与国外数字技术作用的差异，为政府精准实施数字化发展战略提供了经验依据。

1. 数字技术应用水平对 GVC 分工地位的作用机理

一国 GVC 分工地位高低取决于其要素优势与中间品国际竞争力。已有理论表明，依靠传统要素优势嵌入 GVC 低端位置的国家拥有低效率这一典型特征，这限制了其向 GVC 中高端跃升的能力，容易在低效率的制约下陷入低端锁定困境（吕越等，2017）。同时，中间品国际竞争力不足导致一国难以嵌入核心制造环节，反而只能依靠中间品进口从事低端加工组装，是制约 GVC 分工地位升级的又一关键因素（Koopman et al.，2010；郑江淮和郑玉，2020）。通过应用数字技术，不仅可便利各行业重构生产要素体系，提升生产效率，而且还能加速中间品改进与创新，增强中间品国际竞争力。依托这两个方面的

---

① WIOD 统计时间跨度为 2000~2014 年。

改造提升作用，即可破除以上制约因素，促进 GVC 分工地位升级。

首先，数字技术通过提高生产效率促进 GVC 分工地位攀升。一是推动要素重组。应用数字技术，能使各行业突破时间与空间限制，更为便利地整合各区域生产要素，提升要素组合的竞争力与生产效率。同时，数字技术应用所催生的海量数据作为新型生产要素，对各行业要素配置有着调节与优化作用，而数据拥有的无限可复制性与共享特征，更是从根本上改变了要素稀缺的经济学假设，使得与之结合的传统生产要素效率倍增（王开科等，2020），从而促进生产率大幅上升，满足 GVC 中高端环节对生产效率的更高门槛要求，增强各行业向更高分工位置攀升的能力（郑江淮和郑玉，2020；杜运苏和彭冬冬，2018）。二是促进要素结构高级化。数字技术将人、机、组织三者互联，推动各行业向数字化、自动化与智能化方向转变，一方面，低技能劳动力将逐渐被先进技术与设备所取代（Aghion et al.，2017），为适应新型生产模式，各行业对高学历人才的需求将不断扩大；另一方面，数字技术的应用加速知识和信息传递，便利各行业对现有劳动、资本、管理等要素进行质量改进（陈晓红等，2022），进而推动要素结构不断高级化。高质量、高效率要素主导生产流程，将显著提升生产效率，在此支撑下，各行业得以压缩成本、提高产品复杂度并获取更高附加值，实现 GVC 分工地位升级。三是推动要素配置优化。数字技术驱动数据、信息高速流动并渗透于各环节，可有效破除信息不对称问题（王开科等，2020），有利于实现生产要素与各环节需求的精准匹配，那么更多高质量要素则能够配置于高效率、高增值环节，进而推动优势环节生产规模扩大，带动产业整体生产率进一步上升，在此情形下，一国将更多地专业化于更优分工环节，提升 GVC 分工地位。

其次，数字技术通过增强中间品国际竞争力促进 GVC 分工地位攀升。一是推动中间品改进升级。应用数字技术可便利信息互联互通，推动中间品供应方和全球各区域需求方有效对接，前者即可及时获取需求方反馈信息，有利于其迅速响应国内外需求变动，加速中间品改进升级，提升中间品国际竞争力。二是促进企业创新，提升中间品生产能力。随着数字技术融入各环节，生产流程自动化、智能化程度提升将显著增强企业工艺创新与产品创新能力，推动中间品质量提升与成本下降；同时，企业间信息流动更加高效，也使得产品制造、研发创新活动愈发呈现网络化协同特征，企业间合作将更为便利（赵宸宇等，2021），进而能促进产业协同创新以攻克中间品领域关键、共性技术难题，提升中间品生产能力及国际竞争力，那么一国则能控制核心制造环节并实现 GVC 分工地位跃升。另外，应用数字技术有利于中间品企业以较低成本快速获取全球市场信息，从而精准捕捉国外市场机会，并借助生产过程的自动化、智能化推进柔性制造与个性化定制，精准匹配国外需求，提升中间品对外供应规模与市场竞争力，使得一国更多地作为中间品供应者参与 GVC，提高 GVC 分工地位。综上所述，提出假说 18。

假说 18：应用数字技术可通过提升生产率与中间品国际竞争力的途径推动一国 GVC 分工地位升级。

目前，推动本土数字技术发展和积极引进国外先进数字技术"并举"，是多数国家，尤其是数字技术发展较为滞后的发展中国家为满足产业数字化转型需要所普遍采取的策略。然而，长期以来技术先行国往往对技术输出实施管制，以依靠保护主义手段维持自身竞争优势（姜辉，2018），数字技术作为当前全球各国展开激烈竞争的新兴产业部门以及对产业发展全局有重大影响的关键技术领域，保护主义更为盛行，因此，该领域高端技术往往被技术先行国设置了颇为严格的输出壁垒。在此情形下，各国实际上难以获得国外前沿数字技术，能够引进的国外数字技术往往较为成熟且比较标准化。同时，由于各国数字技术标准存在一定差异，一国在引进国外数字技术时，为使其匹配、对接国内已有数字基础设施与终端设备，必然需要对其进一步进行本土化改造，这又会带来大量引致成本，进而降低国外数字技术服务于产业改造提升的效率。因此，国外数字技术难以发挥对 GVC 分工地位的提升作用，在数字技术产业国际竞争与保护主义愈演愈烈的当前时期，国内数字技术才是推动产业数字化转型并实现 GVC 分工地位跃升的主导力量。

更加值得一提的是，引进国外数字技术虽有助于弥补国内技术发展滞后的短板，但这一行为又会抑制本土数字技术创新并限制其发展，进而可能弱化产业数字化转型的技术支撑。长期以来，技术先行国通过不断加强数字技术等关键领域的知识产权保护策略与"专利丛林"体系（张杰和郑文平，2017），以制约技术引进国作为竞争者学习、模仿并进行技术创新的能力，这会对技术引进国数字技术创新产生抑制作用。一国对国外数字技术的引进力度越大，该领域创新活动受到技术来源国知识产权保护战略与专利丛林体系的掣肘则越强，从而导致本土数字技术创新难度大幅提升，并可能陷入数字技术"发展滞后—依靠引进—遏制创新"的恶性循环；那么产业数字化转型将陷入数字技术"外源引入受限而内源支撑不足"的窘境，进而难以依靠数字技术实现 GVC 分工地位升级。因此，随着一国技术引进力度提升，数字技术对 GVC 分工地位升级的积极作用可能出现下降。考虑到以上因素，减少对国外数字技术的依赖，实现数字技术"自立自强"才是促进产业跃升 GVC 中高端的关键之举。综上所述，提出假说 19 和假说 20。

假说 19：国外数字技术难以发挥对 GVC 分工地位的提升作用，国内数字技术是推动一国跃升 GVC 中高端的主导力量。

假说 20：随着一国对国外数字技术的引进力度上升，应用数字技术对 GVC 分工地位的提升作用将逐渐减弱。

2. 研究设计

（1）计量模型设定。为明晰数字技术对 GVC 分工地位的影响并验证以上假说，本部分构建了式（8.1）所示的基准面板数据模型：

$$GPO_{ih,t} = \alpha + \beta_1 DIT_{ih,t} + \beta_2 CONTROL_{ih,t} + \lambda_t + \delta_{ih} + \varepsilon_{ih,t} \quad (8.1)$$

式中，$GPO_{ih,t}$ 表示 t 时期 i 国 h 行业的 GVC 分工地位，$DIT_{ih,t}$ 为 i 国 h 行业的数字技术应用水平。$CONTROL_{ih,t}$ 为控制变量组。λ_t、δ_{ih} 分别

代表时间和国家—行业固定效应，$\varepsilon_{ih,t}$ 是残差。本部分将基于 OECD‑ICIO 数据库，采用 2000~2018 年 64 个国家行业层面的投入产出数据对式（8.1）进行估计[①]。

（2）变量与数据说明。

①GVC 分工地位。本书基于式（8.2）经典 GVC 位置指数（Koopman et al.，2010）测度国别行业层面的 GVC 分工地位 $GPO_{ih,t}$。该指数利用增加值信息构建测度方法，一定程度上涵盖了对产业分工位置和增值幅度的双重考量（戴翔和宋婕，2021），相对于上游度（Antràs et al.，2012）以及基于生产长度分解的测度方法（Wang et al.，2017），在经济含义与度量结果准确性等方面更优。

$$GPO_{ih,t} = \ln(1 + iva_{ih,t}/va\_ex_{ih,t}) - \ln(1 + fva_{ih,t}/va\_ex_{ih,t})$$

$$(8.2)$$

式中，$iva_{ih,t}$ 表示包含在中间品内由 i 国 h 行业输出并被目的国复出口至第三方市场的国内附加值，$fva_{ih,t}$ 代表 i 国 h 行业出口中含有的出口目的国及第三国附加值，$va\_ex_{ih,t}$ 为 i 国 h 行业附加值出口总额。$GPO_{ih,t}$ 取值越大意味着该行业所处位置越靠近上游，GVC 分工地位也越高。

鉴于出口后折返的国内附加值 $rdv_{ih,t}$ 金额上升也意味着一国 GVC 分工地位升级（刘斌等，2018），本部分还利用式（8.3）在纳入该项附加值的基础上对 GVC 分工地位再次进行测度，用于稳健性检验。各项附加值数据为基于 OECD‑ICIO 数据库与王直等（2015）构造的贸易流量分解模型计算获得。

---

① 发达国家（地区）为：澳大利亚、奥地利、比利时、加拿大、瑞士、塞浦路斯、德国、丹麦、西班牙、芬兰、法国、英国、希腊、匈牙利、爱尔兰、冰岛、以色列、意大利、日本、韩国、卢森堡、荷兰、挪威、新西兰、葡萄牙、新加坡、瑞典、美国；发展中国家为：智利、阿根廷、保加利亚、巴西、文莱、中国、捷克、哥伦比亚、哥斯达黎加、爱沙尼亚、克罗地亚、印度尼西亚、印度、哈萨克斯坦、柬埔寨、老挝、立陶宛、拉脱维亚、摩洛哥、墨西哥、马耳他、缅甸、马来西亚、秘鲁、菲律宾、波兰、罗马尼亚、俄罗斯、沙特阿拉伯、斯洛伐克、斯洛文尼亚、泰国、突尼斯、土耳其、越南、南非。另外，剔除了少量数据缺失的行业样本，最终形成包含 51433 个观测值的跨国行业层面面板数据。

$$GPO_{ih,t} = \ln\left[1 + (iva_{ih,t} + rdv_{ih,t})/va\_ex_{ih,t}\right] - \ln(1 + fva_{ih,t}/va\_ex_{ih,t})$$

$$(8.3)$$

②数字技术应用水平。鉴于应用数字技术必然使各行业吸收了来自数字技术行业的附加值，该项附加值多寡与数字技术应用水平密切相关，因此，本部分将基于附加值贡献构建数字技术应用水平的识别方法。该方法从数字技术实际使用者的角度测算数字技术应用水平，相对于宏观统计、指数构建等方法，测算结果更加可靠；同时，通过辨析该项附加值来源的国别属性，也可便于准确测度各行业对国内、国外数字技术的应用水平，进而规避已有方法难以区别技术来源对此进行统计的弊端。根据投入王直等（2015）构造的附加值分解法，可以将 i 国 h 行业产品生产所吸收的附加值 O_i^h 来源进行如下行业维度分解：

$$O_i^h = \sum_{j=1}^{G}\sum_{k=1}^{H} v_j^k b_{ji}^{kh} y_i^h = \underbrace{v_i^h b_{ii}^{hh} y_i^h}_{1} + \underbrace{\sum_{k \neq i}^{H} v_i^k b_{ii}^{kh} y_i^h}_{2} + \underbrace{\sum_{j \neq i}^{G} v_j^h b_{ji}^{hh} y_i^h}_{3}$$

$$+ \underbrace{\sum_{j \neq i}^{G}\sum_{k \neq h}^{H} v_j^k b_{ji}^{kh} y_i^h}_{4} \tag{8.4}$$

式中，i、j 代表国家，G 为国家数量，h、k 代表行业，H 为行业数量，v 是 i 国 h 行业增值比率系数，b 为完全消耗系数，y 是国内外对 h 行业的最终需求。式（8.4）右边第1、第3项分别代表 i 国 h 行业产品生产吸收的本国 h 行业与国外 h 行业附加值，第2、第4项分别代表 i 国 h 行业吸收的国内其余行业附加值与吸收的国外其余行业附加值。那么从附加值贡献的角度来看，i 国 h 行业的数字技术应用水平 DIT_{ih} 可以表示为：

$$DIT_{ih} = \left(v_i^k b_{ii}^{kh} y_i^h + \sum_{j \neq i}^{G} v_j^k b_{ji}^{kh} y_i^h\right)/go_i^h, \quad k = Digital \tag{8.5}$$

式中，Digital 代表数字技术行业，$v_i^k b_{ii}^{kh} y_i^h$、$\sum_{j \neq i}^{G} v_j^k b_{ji}^{kh} y_i^h$ 分别是国内数字技术行业与国外数字技术行业对 i 国 h 行业产品生产贡献的附加值，go_i^h 是 i 国 h 行业产出。同理，一国某行业对国内数字技术的应用水平 DEM_DIT 和对国外数字技术的应用水平 FOR_DIT 测算方法如式（8.6）、式（8.7）所示。

$$DEM\_DIT_{ih} = v_i^k b_{ii}^{kh} y_i^h / go_i^h, \ k = Digital \tag{8.6}$$

$$FOR\_DIT_{ih} = \sum_{j \neq i}^{G} v_j^k b_{ji}^{kh} y_i^h / go_i^h, \ k = Digital \tag{8.7}$$

另外，本部分参考巴拉德瓦吉等（Bharadwaj et al., 2013）与刘洋等（2020）界定数字技术为"信息计算、通信和网络技术等组合"的做法，将 OECD – ICIO 行业分类准则中"计算机、电子和光学设备制造（C17）""电信（C34）""信息技术和其他信息服务（C35）"三个提供数字技术硬件和软件的核心行业定义为数字技术行业，然后基于 OECD – ICIO 数据库测算得到所有样本行业的数字技术应用水平。

③控制变量。根据本领域已有文献，本部分选取了以下控制变量。首先，行业维度的控制变量包含：第一，行业规模（SCARE），以对数化的行业附加值产出总值度量。第二，投入产出比（IMGO），以行业总产出与中间投入之比表示。第三，开放度（OPEN），以行业出口附加值总额占产出的比重度量。其次，国家层面的控制变量包含：第一，人力资本水平（HC），以 Penn World Table 数据库提供的人力资本指数对数值度量。第二，政府干预水平（GOV），以政府支出占 GDP 之比表示。第三，外商直接投资强度（FDI），以外商直接投资占 GDP 之比度量。其中，各行业附加值产出、总产出、中间投入等数据源于 OECD – ICIO 数据库，各行业出口附加值总额根据该数据库与贸易流量分解模型计算获得，各国 GDP、政府支出、外商直接投资数据源于世界银行数据库和 UNCTAD 的 FDI 数据库。

3. 实证结果与分析

（1）基准估计结果。本部分在同时控制时间、国家—行业固定效应的情况下利用 OLS 方法估计计量模型，表 8 – 1 所示结果显示，数字技术应用水平变量显著为正，并且随着依次加入控制变量，数字技术应用水平对 GVC 分工地位的影响方向、力度及显著性未发生较大变动，说明两者之间的正向联系非常稳健。由此可知，应用数字技术能显著提升一国各行业 GVC 分工地位，从而验证了假说 18 对两者之间基本关系的判断。因此，当前各国应充分重视数字技术对 GVC 分工地位的提升作用，尤其对处在 GVC 低端的发展中国家而言，应积极引导国内企业采用大数据、物联网、云计算、人工智能等数字技术对各环节进行改造提升，进而抢抓数字化发展机遇向 GVC 中高端迈进。控制变量回归结果与已有研究类似，此处不再赘述。

表 8 - 1   基准估计结果

变量	(1)	(2)	(3)	(4)	(5)	(6)	(7)
DIT	0.1321 *** (0.0168)	0.1241 *** (0.0159)	0.1229 *** (0.0159)	0.1250 *** (0.0159)	0.1217 *** (0.0157)	0.1200 *** (0.0157)	0.1106 *** (0.0157)
SCARE		0.0273 *** (0.0007)	0.0272 *** (0.0007)	0.0265 *** (0.0008)	0.0284 *** (0.0008)	0.0278 *** (0.0008)	0.0277 *** (0.0008)
IMGO			0.0002 *** (0.0001)	0.0002 *** (0.0001)	0.0002 *** (0.0001)	0.0002 *** (0.0001)	0.0003 *** (0.0001)
OPEN				-0.0200 *** (0.0030)	-0.0214 *** (0.0030)	-0.0218 *** (0.0030)	-0.0221 *** (0.0030)
HC					-0.1488 *** (0.0063)	-0.1527 *** (0.0063)	-0.1491 *** (0.0063)
GOV						-0.0474 *** (0.0097)	-0.0447 *** (0.0097)
FDI							1.5702 *** (0.3027)
常数项	-0.0421 *** (0.0005)	-0.2480 *** (0.0057)	-0.2480 *** (0.0057)	-0.2380 *** (0.0059)	-0.0936 *** (0.0084)	-0.0756 *** (0.0095)	-0.0786 *** (0.0095)
时间固定效应	控制	控制	控制	控制	控制	控制	控制

续表

变量	(1)	(2)	(3)	(4)	(5)	(6)	(7)
国家—行业固定效应	控制	控制	控制	控制	控制	控制	控制
样本量	49951	49951	49951	49951	49951	49951	49356
R^2	0.9190	0.9236	0.9237	0.9238	0.9250	0.9250	0.9259

（2）内生性处理。鉴于计量模型可能由于数字技术应用水平与 GVC 分工地位之间有双向因果联系而出现内生性风险，本部分采用如下方法构造工具变量并利用两阶段最小二乘法进行实证分析。一是参考陈晓华等（2022）的方法，以数字技术应用水平的一期滞后项作为工具变量（Ⅳ-g）；二是借鉴施炳展和游安南（2021）的方法，测算各行业数字技术应用水平与全体行业样本均值的差额，对其取三次方之后作为 DIT 变量的工具变量（Ⅳ-h）；三是参考黄群慧等（2019）的做法，选取 1984 年固定电话拥有量这一历史数据与随时间变动的互联网用户数量，以两者乘积的方式构建工具变量（Ⅳ-i）。数据来自世界银行数据库。数字技术的应用依托于互联网，从历史发展来看，互联网较早的使用方式是利用固定电话拨号接入网络，那么早期固定电话更加普及的国家可能拥有更高的互联网发展水平，为数字技术应用提供了良好支撑。同时，早期固定电话拥有量与互联网用户数量交乘，又可以从时间上反映数字技术应用水平的差异。因此，Ⅳ-i 变量和各国数字技术应用水平密切相关，但由于历史数据不会直接影响 GVC 分工地位，从而使得Ⅳ-i 变量具有严格外生性。基于以上工具变量处理内生性后，估计结果如表 8-2 所示。从各列工具变量有效应检验的统计量可知，LM 检验和 C-D 检验分别显示并不存在识别不足与弱工具变量问题，同时，基于Ⅳ-g、Ⅳ-h 和Ⅳ-i 工具变量的

Hansen J 检验为零，计量模型恰好识别①，可见以上工具变量选取是有效的。从核心解释变量系数来看，数字技术应用水平变量均显著为正，表明在处理内生性后，数字技术对 GVC 分工地位的提升作用依然稳健成立。

表 8 - 2　　　　　　　　　　　内生性检验结果

变量	(1)	(2)	(3)	(4)	(5)	(6)
	Ⅳ - g		Ⅳ - h		Ⅳ - i	
DIT	0. 1403 *** (0. 0228)	0. 1203 *** (0. 0214)	0. 2368 *** (0. 0163)	0. 2056 *** (0. 0150)	2. 4932 *** (0. 5948)	2. 4939 *** (0. 6018)
控制变量	不控制	控制	不控制	控制	不控制	控制
时间固定效应	控制	控制	控制	控制	控制	控制
国家—行业 固定效应	控制	控制	控制	控制	控制	控制
LM 检验	461. 26 ***	454. 07 ***	196. 17 ***	193. 08 ***	19. 71 ***	18. 70 ***
C - D 检验	6. 7e + 04 [16. 38]	6. 6e + 04 [16. 38]	8. 6e + 04 [16. 38]	8. 5e + 04 [16. 38]	22. 69 [16. 38]	22. 07 [16. 38]
Hansen J 检验	0. 000	0. 000	0. 000	0. 000	0. 000	0. 000
样本量	47322	46921	49951	49356	48262	47667

（3）稳健性检验。对于基准研究结论，本部分采取了三种稳健性检验方法，结果如表 8 - 3 所示。首先，变更核心变量。一是以各行业产品生产所吸收数字技术行业增加值为基础，对其进行标准化，用以度量数字技术应用水平；二是去除来自数字技术相关硬件供应部门的附加值，以各行业产品生产吸收的来自上述 C34、C35 行业增加值总额占产出比来度量数字技术应用水平；三是使用式（8.3），通

---

① Ⅳ - g、Ⅳ - h 和 Ⅳ - i 分别只包含一个工具变量，在此情形下，计量模型恰好识别。

过纳入返回附加值测度 GVC 分工地位；四是以王岚和李宏艳 (2015) 构造的 GS 指数测度 GVC 分工地位。要说明的是，GS 指数通过将上游度测算过程中采用的生产工序间单位距离替换为增值系数，从而也具备同时测度分工位置和增值能力的功能。相应实证结果分别见列 (1)~(4)。

表 8 - 3 　　　　　　　　　　　稳健性检验

变量	(1)	(2)	(3)	(4)	(5)	(6)
	以增加值度量	去除硬件供应部门	纳入 RDV 增加值	以 GS 指数度量	剔除经济大国	去除极端值
DIT	0.0011 *** (0.0003)	0.1013 *** (0.0155)	0.1108 *** (0.0157)	0.0171 ** (0.0074)	0.1056 *** (0.0178)	0.0414 ** (0.0179)
常数项	- 0.0753 *** (0.0094)	- 0.0774 *** (0.0095)	- 0.0862 *** (0.0095)	0.9716 *** (0.0044)	- 0.0586 *** (0.0104)	- 0.0888 *** (0.0091)
控制变量	控制	控制	控制	控制	控制	控制
时间固定效应	控制	控制	控制	控制	控制	控制
国家—行业固定效应	控制	控制	控制	控制	控制	控制
样本量	49356	49356	49356	49356	43751	47478
R^2	0.9253	0.9254	0.9273	0.9413	0.9217	0.9212

其次，剔除样本。鉴于经济大国产业规模及国际竞争力普遍较高，并且对各行业所处 GVC 环节有一定政策干预能力，为避免大国样本干扰研究结果，在将其剔除后进行实证分析①，结果见列 (5)。最后，去除极端值，即去除数字技术应用水平和 GVC 分工地位两个变量首尾 1% 的极端值样本，然后估计计量模型，结果见列 (6)。综

---

① 根据 2014 版 IMF《全球经济展望报告》，剔除美国、中国、日本、德国、英国、法国、巴西七个大国。

合各列结果可知，数字技术对 GVC 分工地位的正向影响并未因变量
测度方法、样本选择及极端值的影响发生明显变动，说明基准研究结
论是稳健的。

（4）作用机制分析结果。在验证数字技术影响 GVC 分工地位的
作用渠道时，本部分根据理论分析设置了生产效率（$PE_{ih,t}$）与中间
品国际竞争力（$RCA_{ih,t}$）两个中介变量。首先，为了更全面地度量
各行业生产效率，借鉴蒲阿丽和李平（2019）的做法，综合考虑劳
动、资本与其他要素的生产率，其中，采用行业从业者数量和产出之
比表示劳动要素生产率，采用行业资本存量和产出之比度量资本要素
生产率，采用行业全要素生产率度量其他要素生产率[1]，行业层面的
总生产效率（PE）即为三类要素生产率的乘积。其次，使用式
（8.8）显性比较优势指数计算公式从附加值层面测算获得各行业中
间品国际竞争力。

$$RCA_{ih,t} = \ln \frac{IN_{ih,t} / \sum_{h} IN_{ih,t}}{\sum_{i} IN_{ih,t} / \sum_{i} \sum_{h} IN_{ih,t}} \tag{8.8}$$

式中，$IN_{ih,t}$ 为 i 国 h 行业中间品出口国内附加值金额，$\sum_{h} IN_{ih,t}$ 代表 i
国中间品出口国内附加值金额，$\sum_{i} IN_{ih,t}$ 为世界各国 h 行业中间品出
口国内附加值金额总和，$\sum_{i} \sum_{h} IN_{ih,t}$ 代表世界各国中间品出口国内附
加值金额总和，各项附加值数据来源同上。引入以上中介变量的估计
结果如表 8 - 4 所示。

---

① OECD - ICIO 数据库并未提供社会经济账户数据，因此，本部分以 WIOD 社会经济
账户数据库（SEA）提供的各行业产出总值、从业者数量、资本存量、中间品金额、增加
值金额等数据为基础，利用 OP 法测算获得 TFP，受制于该数据库时间跨度限制，列（1）
和列（2）实证分析利用 2000 ~ 2014 年数据进行。同时，由于 OECD - ICIO 和 WIOD - SEA
数据库行业分类标准不一致，本部分分别合并了前者 C3 ~ C5 行业、C43 ~ C44 行业，然后
参考《国际标准产业分类》将后者 56 个行业部门对应到前者行业类别，进而完成数据
匹配。

表 8 - 4   中介效应模型估计结果

变量	(1)	(2)	变量	(3)	(4)
	PE	GPO		RCA	GPO
PE		0.0246 *** (0.0012)	RCA		0.0011 ** (0.0005)
DIT	0.5275 * (0.2712)	0.1278 *** (0.0207)	DIT	2.3428 ** (1.0083)	0.1080 *** (0.0158)
常数项	- 4.7077 (0.3479)	- 0.2103 *** (0.0167)	常数项	- 2.5528 *** (0.3135)	- 0.0757 *** (0.0094)
Sobel Z	6.854 ***		Sobel Z	5.048 ***	
控制变量	控制	控制	控制变量	控制	控制
时间固定效应	控制	控制	时间效应	控制	控制
国家—行业 固定效应	控制	控制	国家—行业 效应	控制	控制
样本量	23967	23967	样本量	49356	49356
R^2	0.7466	0.9443	R^2	0.8938	0.9259

列（1）和列（3）结果显示，DIT 变量系数显著为正，说明应用数字技术不仅有助于重构各行业要素体系进而提升生产率，同时也能够加速中间品改进与创新，增强中间品国际竞争力；同时，列（2）和列（4）结果表明，生产率与中间品国际竞争力提升又是 GVC 分工地位升级的两项重要动力，由此可见，数字技术可以通过提升生产率与中间品国际竞争力的渠道促进 GVC 分工地位攀升。另外，本部分还利用 Sobel 检验对上述机制分析结果进行验证，结果显示，Sobel Z 统计量均在 1% 水平上显著，可见生产率及中间品国际竞争力是刻画数字技术与 GVC 分工地位之间内在联系的有效中介变量，与假说 18 所述的作用机理相符。因此，在产业数字化转型的过程中，

应牢抓上述作用机制，一方面着力畅通要素流动，便利数字技术对各行业要素重构作用的发挥，另一方面要鼓励中间品部门借助数字技术加强信息获取及产业协同研发，持续推进中间品改进与创新，以更大化数字技术对生产率及中间品国际竞争力的提升作用，进而有效推动GVC 分工地位跃升。

（5）技术来源的差异效应。为抢抓新一轮科技革命机遇以重塑产业竞争优势，多数国家一方面大力推动国内数字技术发展与产业化应用，另一方面鉴于国内技术短板，也在积极引进国外先进数字技术以服务于产业数字化转型需求。那么国外数字技术是否能成为各行业改造提升进而跃升 GVC 中高端的有力抓手，成为亟待研究的又一问题。为此，本部分进一步考察了数字技术来源的差异效应，进而对理论分析所得假说 19 与假说 20 进行验证，结果如表 8 - 5 所示。

表 8 - 5　　　　　　　　对技术来源差异效应的研究结果

变量	(1)	(2)	变量	(3)	变量	(4)
	GPO	GPO		GPO		PATENT
DEM_DIT	0.2900 *** (0.0143)		DIT	0.2307 *** (0.0135)	SOUR	- 0.0121 *** (0.0028)
FOR_DIT		- 2.7957 *** (0.0750)	DIT × SOUR	- 0.1186 *** (0.0430)	—	
常数项	- 0.0826 *** (0.0094)	- 0.0569 *** (0.0091)	常数项	- 0.0553 *** (0.0124)	常数项	1.5672 *** (0.0913)
控制变量	控制	控制	控制变量	控制	控制变量	控制
时间固定效应	控制	控制	时间固定效应	控制	时间固定效应	控制
国家—行业效应	控制	控制	国家—行业效应	控制	国家—行业效应	控制
样本量	49356	49356	样本量	49356	样本量	26602
R^2	0.9266	0.9311	R^2	0.7216	R^2	0.8579

首先，本部分分别引入各行业对国内数字技术的应用水平 DEM_DIT 及对国外数字技术的应用水平 FOR_DIT 变量展开实证分析。列（1）与列（2）结果显示，应用国内数字技术可显著提升 GVC 分工地位，而应用国外数字技术并不利于 GVC 分工地位提升，由此可见国内数字技术对一国跃升 GVC 中高端发挥了主导作用，与假说 19 的预期保持一致。原因在于，技术先行国对高端数字技术设置的输出壁垒以及技术引进国对国外数字技术进行本土化改造时产生的引致成本，均限制了国外数字技术对各行业的改造提升作用，在此情形下，引进国外数字技术又导致各行业出口包含的国外附加值成分上升，从而对 GVC 分工地位产生负面影响，因此，国外数字技术难以成为促进一国跃升 GVC 中高端的有力抓手。其次，本部分建立数字技术来源结构指数（SOUR），利用各行业产品生产所吸收国外数字技术行业附加值与吸收国内数字技术行业附加值之比度量，以反映数字技术引进力度，然后构造 SOUR 变量与数字技术应用水平的交互项，研究技术来源结构的调节效应。列（3）结果显示，DIT × SOUR 变量显著为负，意味着伴随一国数字技术引进力度上升，应用数字技术对 GVC 分工地位的正向影响将逐步减弱，从而证实技术引进确实会制约数字技术的积极作用，假说 20 由此得证。

为了进一步探究原因，本部分测算了各国数字技术领域的人均专利数量以度量数字技术创新（PATENT），以信息与通信行业的专利数量与一国从业人员之比表示[1]，数据来自世界知识产权组织（WIPO）数据库，通过研究其与数字技术来源结构的关系后，列（4）结果表明，一国对国外数字技术的引进力度上升将导致本国数字技术创新明显减少。基于此可以进一步推断，技术引进将对本土数字技术产业带来创新抑制效应，导致推动 GVC 分工地位提升的核心动力——本土

---

[1]　鉴于数据可得性限制，本部分剔除了专利数据缺失较为严重的阿根廷、比利时、斯洛伐克、冰岛、印度尼西亚、印度、爱尔兰、意大利、立陶宛、拉脱维亚、马耳他、墨西哥、菲律宾、沙特阿拉伯、土耳其等国，利用剩余国家样本进行回归。

数字技术发展滞后，无法为产业数字化转型提供坚实的技术支撑，而技术先行国又普遍对高端数字技术输出设置高壁垒，可能导致产业数字化转型陷入数字技术内源支撑不足、外源引入受限的不利局面，进而难以依靠数字技术推动 GVC 分工地位提升。因此，一国若要抢抓数字化发展机遇、促进产业向 GVC 中高端跃升，则不应依赖于引进国外数字技术，而须实现数字技术"自立自强"，依靠国内数字技术推动产业数字化转型，避免技术引进通过制约本土数字技术创新而削弱产业数字化转型的技术支撑。

（6）异质性分析。

①区分发达国家与发展中国家的分析结果。鉴于发达国家和发展中国家数字技术发展水平与创新能力明显不同，可能导致数字技术的作用存在差异，鉴于此，本部分利用 HIC、LIC 两个虚拟变量分别标记发达国家和发展中国家①，与解释变量交互后进行异质性研究，结果如表 8 - 6 所示。可以得到的结论有：第一，数字技术应用水平和发达国家虚拟变量交互后，回归系数明显更大，表明数字技术对发达国家 GVC 分工地位的提升作用大于对发展中国家的提升作用。这是由于，发达国家普遍是数字技术发展的先行国，得益于技术、人才、资本的长期积累，这些国家在数字技术领域普遍建立了较强的规模、技术与成本优势，能够供给高效数字化服务以支撑各行业改造提升；同时，与发展中国家相比，发达国家各行业融合数字技术的程度更高，这也更有利于发挥数字技术对 GVC 分工地位的提升作用。

第二，数字技术应用水平、技术来源结构两个变量和发达国家虚拟变量构造的交互项并不显著，但和发展中国家虚拟变量构造的交互项显著为负，意味着技术引进仅会制约数字技术对发展中国家 GVC

---

① 对于 HIC 变量，发达国家取值为 1，发展中国家取值为 0。对于 LIC 变量，发展中国家取值为 1，发达国家取值为 0。

表8-6

国家异质性分析结果

变量	(1)	(2)	(3)	变量	(4)	(5)	(6)
	GPO				PATENT		
DIT×HIC	0.2318*** (0.0255)	0.2398*** (0.0250)	0.2347*** (0.0249)	SOUR×HIC	-0.0039 (0.0046)		-0.0046 (0.0046)
DIT×LIC	0.0598*** (0.0190)	0.0624*** (0.0186)	0.0847*** (0.0185)	SOUR×LIC		-0.0186*** (0.0022)	-0.0187*** (0.0022)
DIT×SOUR×HIC		-0.0214 (0.0267)		—			
DIT×SOUR×LIC			-0.0072*** (0.0004)	—			
常数项	-0.0789*** (0.0095)	-0.0946*** (0.0093)	-0.0921*** (0.0093)	常数项	1.5973*** (0.0918)	1.5365*** (0.0927)	1.5401*** (0.0932)
控制变量	控制	控制	控制	控制变量	控制	控制	控制
时间固定效应	控制	控制	控制	时间固定效应	控制	控制	控制
国家—行业固定效应	控制	控制	控制	国家—行业固定效应	控制	控制	控制
样本量	49356	49356	49356	样本量	26602	26602	26602
R²	0.9259	0.9291	0.9293	R²	0.8578	0.8579	0.8579

分工地位的提升作用，而对发达国家并无明显制约作用。这是因为，发展中国家数字技术创新能力普遍较弱且在该领域缺乏自主知识产权，引进国外数字技术会使发展中国家在相同技术领域的创新活动受到来源国知识产权保护策略与专利丛林体系的严重制掣，进而显著抑制本土数字技术创新，使得发展中国家产业数字化转型缺乏技术支撑。相反，发达国家作为数字技术先行国，有着较强的数字技术创新能力并且已构建了较为密集的数字技术专利体系，在此情形下，技术引进并不能显著制约其数字技术创新活动，进而也不能改变数字技术对 GVC 分工地位升级的积极作用。值得一提的是，当进一步从国家异质性视角研究技术来源结构对数字技术创新的影响后，列（4）~（6）结果显示，仅有发展中国家数字技术创新会因技术引进而明显减少，印证了上述分析。因此，实现数字技术自立自强对发展中国家产业迈向 GVC 中高端则尤为重要，发展中国家须着力推动本土数字技术发展以加快实现数字技术自立自强，进而依靠国内数字技术构筑数字化转型的坚实基础。

②考虑分工地位和数字技术应用水平差异的分析结果。长期以来，高分工地位国家凭借传统技术垄断优势牢牢掌控上游高端环节，分工地位较低的国家难以在相同领域实现突破从而面临低端锁定风险，那么在 GVC 网络中处于不利地位的国家能否依靠数字技术这一新兴技术实现"换道超车"，以破解当前国际分工格局限制而抢占 GVC 中高端，成为本书关注的又一问题。为此，本部分以全样本国家 GVC 分工地位均值为基准，将分工地位高于这一均值的样本归入高分工地位国家—行业组，否则归入低分工地位国家—行业组，然后分别建立 HGO 和 LGO 虚拟变量进行标记，分组检验后表 8 - 7 列（1）~（3）的结果显示，当一国分工地位较高时，数字技术对 GVC 分工地位的提升作用将更为突出，这表明两类国家间分工地位差距反而可能因数字技术被进一步扩大。原因可能在于，高、低分工地位国家间客观上存在数字鸿沟，目前，高低位国家在数字技术领域普遍拥有先发优势，同时，这些国家作为 GVC 链主，所在上游环节

表 8 - 7　　GVC 分工地位和数字技术应用水平的异质性分析结果

变量	(1) 高低位国家	(2) 低地位国家	(3) 利用虚拟变量分组	变量	(4) 高水平应用	(5) 低水平应用	(6) 利用虚拟变量分组
DIT	0.1198*** (0.0172)	0.1112*** (0.0308)		DIT	0.1042*** (0.0192)	0.0983*** (0.0295)	
DIT×HGO			0.1114*** (0.0152)	DIT×HDT			0.1151*** (0.0155)
DIT×LGO			0.1072*** (0.0181)	DIT×LDT			0.0829*** (0.0188)
常数项	-0.0728*** (0.0122)	-0.1044*** (0.0151)	-0.1019*** (0.0094)	常数项	-0.0934*** (0.0138)	-0.0881*** (0.0141)	-0.0782*** (0.0095)
控制变量	是	是	是	控制变量	是	是	是
时间固定效应	是	是	是	时间固定效应	是	是	是
国家-行业固定效应	是	是	是	国家-行业固定效应	是	是	是
样本量	26795	22282	49356	样本量	24187	25039	49356
R^2	0.9198	0.9206	0.9272	R^2	0.9176	0.9363	0.9259

的技术含量和复杂度较高，为了提升生产流程的可控性并协调各环节参与者生产行为，会加大数字技术投入以提升自动化智能化程度，从而有着更高的数字技术应用水平，可为 GVC 分工地位提升提供较强支撑。相反，低地位国家数字技术发展和产业化应用相对滞后，因此对 GVC 分工地位的提升作用有限。那么在两类国家数字技术发展和应用水平存在差距的情况下，数字技术并不能赋予低分工地位国家换道超车的机会，数字鸿沟反而可能成为低地位国家被锁定价值链低端的又一原因。

为了进一步验证该判断，本部分区分数字技术应用水平展开分析，鉴于国内数字技术是支撑 GVC 分工地位上升的关键，因此本部分将国内数字技术应用水平高于全样本均值的样本定义为数字技术高水平应用国家，否则定义为低水平应用国家，分别以 HDT 和 LDT 虚拟变量标记，根据表 8-7 列（4）~（6）结果可知，对于数字技术高水平应用国家，数字技术推动 GVC 分工地位提升的作用也更强。这不仅证实了上述判断的科学性，而且表明数字技术对 GVC 分工地位的提升作用存在一定门槛效应，当一国处在数字技术低水平应用阶段时，由于数字化转型的"阵痛"以及部分环节上存在的数字技术应用洼地，会出现成本升高但产业整体改造提升效果有限的窘境（刘淑春等，2021），进而难以有效推动 GVC 分工地位上升，随着数字技术应用持续升高进而跨越该阵痛期后，才能使数字技术的积极作用更大化。因此，对于低分工地位国家而言，加快消除自身和高分工地位国家之间的数字鸿沟，是其在新一轮科技革命中抢占国际分工制高点、实现国际分工地位赶超的可行策略。

4. 主要研究结论

本部分基于附加值贡献识别数字技术应用水平，利用 66 国行业层面的投入产出数据，研究数字技术对 GVC 分工地位的影响、机制及技术来源的差异效应，主要获得以下结论：

第一，应用数字技术能够显著提升各行业 GVC 分工地位，在处理内生性问题并进行变更核心变量、剔除样本和极端值等稳健性检验后，该结论依然成立；机制分析表明，数字技术作用于 GVC 分工地位的途径在于提高生产效率及中间品国际竞争力。第二，国内数字技术对 GVC 分工地位提升发挥了主导作用，并且随着技术引进力度上升，数字技术对 GVC 分工地位的提升作用将发生下降，因此，实现数字技术"自立自强"是促进产业向 GVC 中高端跃升的关键之举。第三，相对于发展中国家，数字技术对发达国家 GVC 分工地位的提升作用更大，并且技术引进并不会明显制约这一作用，该制约作用对于发展中国家尤为突出。第四，数字技术推动 GVC 分工地位上升的作用对于高分工地位国家以及数字技术高水平应用国家要更强，处在 GVC 分工低端的国家若要实现国际分工地位赶超，则必须加快推动数字技术发展和产业化应用，加快消除自身和高分工地位国家之间的数字鸿沟，以使数字技术的积极作用更大化。

（二）数字技术嵌入环节对 GVC 分工地位的影响

自世界经济进入第四次科技革命以来，数字技术与 GVC 分工之间的联系即引起学界广泛关注，已有文献中虽然普遍认同加大数字技术投入可助力产业向国际分工中高端攀升的积极作用，但却忽视了这一作用是否会因数字技术嵌入环节而异。在这一研究范式下，大多文献中认为只要推动数字技术全方位、全角度、全链条赋能制造业，即可充分发挥其积极效能，基于此构建的 GVC 分工地位提升策略脱离了对数字技术嵌入环节差异化作用的考虑，可能导致政策效果不佳，使我国错失在新一轮科技革命中抢占国际分工制高点的良好契机。目前，制造业数字化改造面临着高昂成本和长期阵痛（刘淑春等，2021），通过优化数字技术嵌入环节以充分释放其效能，不仅是避免制造业数字化转型"走弯路"、破解转型阵痛的关键之举，更是放大数字化改造的积极效果、助力制造业向 GVC 中高端攀升的重要保障。

鉴于此，本部分将研究数字技术嵌入环节对 GVC 分工地位的影响和机制，这对于我国合理定位数字化发展战略，进而加快分工地位赶超进程具有重要的参考价值。

目前，本领域已有文献中讨论了数字技术应用水平如何影响 GVC 分工地位（齐俊妍和任奕达，2021；张晴和于津平，2021；戴翔等，2022），但并未明晰数字技术嵌入环节的作用及机理，难以为我国优化数字化发展战略进而加快 GVC 分工地位赶超提供借鉴。同时，现有基于指数编制、消耗系数或附加值贡献的度量结果，均只能反映数字技术嵌入产业部门的程度，尚未形成数字技术嵌入环节的识别方法。尽管有学者基于经验总结发现我国产业链上的数字技术嵌入水平存在中间环节低于两端的不均衡特征（焦勇，2020），但相应识别方法缺失导致学界对嵌入环节的考察局限于浅层定性层面。鉴于此，本部分将构造数字技术嵌入制造业环节的识别方法，使用跨国面板数据研究其对 GVC 分工地位的影响。

本部分的边际贡献可能在于：一是将数字技术经济效应领域的研究从仅考虑嵌入程度深入到关注嵌入环节，既有效拓展了该领域研究范围，同时也对我国制造业 GVC 分工地位赶超具有重大参考价值；二是结合数字技术赋能中游环节后向上下游的辐射效应，从创新促进、成本降低和链接强化等方面阐释数字技术嵌入环节对 GVC 分工地位的影响机制，为我国合理制定数字化发展战略、提升数字化转型效果提供了理论和经验基础；三是基于数字技术行业投入到最终需求的距离形成数字技术嵌入环节偏好指数，凭此指数不仅能准确识别数字技术嵌入制造业的具体环节，也为后续文献增添了实用的统计工具。

1. 数字技术嵌入环节与 GVC 分工地位的特征分析

（1）方法构建。

①数字技术嵌入环节的测算方法。本部分通过在投入产出方程中考虑存货变动，基于数字技术行业投入制造业环节和最终消费的距离

来测算数字技术嵌入环节偏好。根据投入产出规则，封闭状态下数字技术行业 g 的总产出（Y_g）、存货变动（I_g）、投入制造业作为中间品的金额（Z_g）、投入其他行业作为中间品金额（L_g）及国内对该行业的总需求（F_g）之间存在如下关系：

$$Y_g = I_g + L_g + Z_g + F_g \qquad (8.9)$$

根据投入产出关系对式（8.9）做变换可得：

$$Y_g - I_g - L_g = Z_g + F_g = F_g + \sum_{j=1}^{N} d_{gj}(Y_j - I_j - L_j) \quad (8.10)$$

式中，d_{gj} 表示 j 行业生产 1 单位产品所要投入 g 行业的中间品金额，N 表示制造业行业数量。将式（8.10）按照生产环节展开可得：

$$Y_g - I_g - L_g = F_g + \sum_{j=1}^{N} d_{gj}F_j + \sum_{j=1}^{N}\sum_{k=1}^{N} d_{gk}d_{kj}F_j$$
$$+ \sum_{j=1}^{N}\sum_{k=1}^{N}\sum_{l=1}^{N} d_{gl}d_{lk}d_{kj}F_j + \cdots \qquad (8.11)$$

接着参考安特拉斯等（2012）的研究，构建以下方法测度数字技术嵌入环节偏好：

$$PH_g = 1 \times \frac{F_g}{Y_g - I_g - L_g} + 2 \times \frac{\sum_{j=1}^{N} d_{gj}F_j}{Y_g - I_g - L_g} + 3 \times \frac{\sum_{j=1}^{N}\sum_{k=1}^{N} d_{gk}d_{kj}F_j}{Y_g - I_g - L_g} + 4$$
$$\times \frac{\sum_{j=1}^{N}\sum_{k=1}^{N}\sum_{l=1}^{N} d_{gl}d_{lk}d_{kj}F_j}{Y_g - I_g - L_g} + \cdots \qquad (8.12)$$

式中，PH_g 表示数字技术行业 g 嵌入制造业的环节偏好，上式中各项均表示某一生产阶段，系数 1、2、3、4、⋯表示产业间距，进一步考虑考虑开放经济条件，对式（8.12）做线性化处理后得到：

$$PH_g = 1 + \sum_{j=1}^{N} \frac{d_{di}(Y_j - I_j - L_j) + X_{dj} - M_{dj}}{Y_d - I_d - L_d} U_j \qquad (8.13)$$

考虑到数据可得性，参考陈晓华等（2019）的研究，假设外国制造业 j 购买本国数字技术行业 g 产品金额（X_{gj}）占本国数字技术行业总出口（X_g）的比例与本国制造业 j 购买外国数字技术行业 g 产品金额（M_{gj}）占本国数字技术行业总进口（M_g）的比例相等，最终可得如下数字技术嵌入环节偏好指数 PH_g：

$$PH_g = 1 + \sum_{j=1}^{N} \frac{d_{dj}(Y_j - I_j - L_j)}{Y_g - I_g - L_g - X_g + M_g} U_j \quad (8.14)$$

PH_g 的数值越大则表明后续生产环节越多，意味着数字技术行业越偏好嵌入制造业上游生产阶段，距离最终需求越远。其中，U_j 表示制造业各行业的上游度。考虑到以往研究中多使用由法利（2012）和安特拉斯等（2012）提出的等间距行业上游度测算方法，这种方法存在一定的局限性，即将临近工序的间距设置为整数1，无法体现不同行业和环节附加值生产能力的区别。因此，本部分在对制造业上游度进行测算时，采用纳入增值能力的开放条件下非等间距上游度方法（周华等，2016），从而提高了数字技术行业嵌入环节测度结果的准确性。另外，借鉴刘洋等（2020）、王彬等（2023）对数字技术的定义，将计算机电子和光学设备制造、电信、信息技术和其他信息服务等行业定义为数字技术行业，进而基于 OECD – ICIO 数据库和以上方法测度了 65 个国家的数字技术嵌入环节。同时，后文还将使用基于封闭条件和开放条件下的等间距上游度指标测度嵌入环节，进行稳健性检验，以确保结论可靠。

②全球价值链分工地位测算方法。本部分基于 OECD – ICIO 和王等（2013）的研究构造的贸易流量分解模型，得到各国出口至其他国家的附加值具体成分，然后参考库普曼等（2010）的研究，建立式（8.15）。

$$GPO_{i,t} = \ln(1 + iva_{i,t}/va\_ex_{i,t}) - \ln(1 + fva_{i,t}/va\_ex_{i,t}) \quad (8.15)$$

式中，$GPO_{i,t}$ 表示 i 国 t 年的 GVC 分工地位，$iva_{i,t}$ 表示 i 国出口中的间接本国附加值，$fva_{i,t}$ 表示 i 国出口中的国外附加值，$va\_ex_{i,t}$ 表示 i 国出口附加值总额。$GPO_{i,t}$ 指数越大，则表明 GVC 分工地位越高。

（2）特征分析。表 8 – 8 报告了基于数字技术嵌入环节偏好指数和制造业 GVC 地位指数获得的测度结果①。根据研究需要，本部分将所有国家分为三类环节偏好组别进行对比分析。首先计算每一年度各国三类数字技术行业嵌入制造业环节偏好的均值，按照其降序排序情况，在剔除偏好均值处于最高和最低 10% 的两端拖尾数据后，将处于前 10% ~ 40% 的国家定义为上游偏好国家，将处在前 40% ~ 60% 的国家定义为中游偏好国家，将其余国家定义为下游偏好国家。由该表可知，数字技术上游和下游偏好国家的 GVC 分工地位明显低于中游偏好国家，意味着数字技术嵌入环节对 GVC 分工地位的影响可能存在倒"U"型特征，当数字技术嵌入一国制造业中游环节时，更有利于 GVC 分工地位提升；反之，当数字技术嵌入两端环节时，可能会弱化数字技术对 GVC 分工地位的提升作用。接下来，将从嵌入环节视角剖析这一现象背后的理论机理。

表 8 - 8　　数字技术嵌入环节偏好与制造业 GVC 分工地位均值

年份	下游偏好国家		中游偏好国家		上游偏好国家		整体	
	地位指数	环节偏好	地位指数	环节偏好	地位指数	环节偏好	地位指数	环节偏好
2000	- 0.1242	1.0297	- 0.0722	1.0586	- 0.0911	1.2120	- 0.0958	1.1001
2002	- 0.1166	1.0286	- 0.0759	1.0562	- 0.0910	1.2123	- 0.0945	1.0990
2004	- 0.1227	1.0257	- 0.0625	1.0517	- 0.0957	1.2115	- 0.0936	1.0963
2006	- 0.1183	1.0228	- 0.0866	1.0443	- 0.0952	1.2024	- 0.1000	1.0898
2008	- 0.1324	1.0205	- 0.0613	1.0396	- 0.1088	1.1807	- 0.1008	1.0802
2010	- 0.1164	1.0189	- 0.0637	1.0397	- 0.0869	1.1929	- 0.0890	1.0838

---

① 选取的国家（地区）包含：澳大利亚、奥地利、比利时、加拿大、智利、哥伦比亚、哥斯达黎加、捷克、丹麦、爱沙尼亚、芬兰、法国、德国、希腊、匈牙利、冰岛、爱尔兰、以色列、意大利、日本、韩国、拉脱维亚、立陶宛、卢森堡、墨西哥、荷兰、新西兰、挪威、波兰、葡萄牙、斯洛伐克、斯洛文尼亚、西班牙、瑞典、瑞士、土耳其、英国、美国、阿根廷、巴西、文莱、保加利亚、柬埔寨、中国、克罗地亚、塞浦路斯、印度、印尼、哈萨克斯坦、老挝、马来西亚、马耳他、摩洛哥、缅甸、秘鲁、菲律宾、罗马尼亚、俄罗斯、沙特阿拉伯、新加坡、南非、泰国、突尼斯、越南。

续表

年份	下游偏好国家		中游偏好国家		上游偏好国家		整体	
	地位指数	环节偏好	地位指数	环节偏好	地位指数	环节偏好	地位指数	环节偏好
2012	-0.1278	1.0163	-0.0780	1.0388	-0.0930	1.1929	-0.0996	1.0827
2014	-0.1285	1.0161	-0.0632	1.0381	-0.1071	1.1960	-0.0996	1.0834
2016	-0.1163	1.0152	-0.0549	1.0397	-0.0847	1.1934	-0.0853	1.0828
2018	-0.1286	1.0135	-0.0735	1.0358	-0.0838	1.1845	-0.0953	1.0780

2. 数字技术嵌入环节对 GVC 分工地位的作用机理

目前，已有理论大多关注数字技术嵌入程度对 GVC 分工地位的作用，无法解释这一作用是否因嵌入环节不同而产生差异。事实上，中间环节是形成制造业核心竞争优势的关键所在（陈晓华等，2019），引导数字技术嵌入制造业中游环节，不仅可夯实该环节在技术、成本、网络链接等方面的优势，而且凭借该环节对上下游工序的承接联通作用，可将数字赋能的积极效应向全产业链传递，进而更大化其对制造业 GVC 分工地位的提升作用。具体途径如下。

第一，促进技术创新。偏向中游环节的数字技术嵌入模式，有助于降低该环节企业的信息传递成本（Yoo et al.，2012），便利企业获取、整合外部高质量要素（肖旭和戚聿东，2019），并通过拓宽企业吸收多样化知识的渠道，为其技术创新夯实要素基础和知识储备。同时，数字技术中游嵌入不仅可提升中间环节的智能化水平，加快其工艺创新与新产品开发步伐，而且借助数字模拟技术，企业也可实现对创新方案的可行性预研判，进而尽可能规避研发风险，缩短中间环节研发周期并降低研发沉没成本。另外，通过便利数据与知识共享，数字技术中游嵌入还有助于该环节企业建立创新联盟，促进独立创新走向协同创新，进而大幅提升其创新能力。在此基础上，中游环节创新水平的提升又会通过溢出效应作用于产业链上下游不同环节。一方面，中游环节创新和制造能力增强将抬高对上游原料供应的质量门槛，通过"需求所引致的创新"倒逼后者加大研发和创新力度；另一方面，中游环节积累的知识和技术在投入产出关联的作用下，有助于提高下游产业的竞争力，通过对关键技术的掌控可将中游环节创新优势延伸到下游产业（熊彬和罗科，2023），进而提升制造业全产业链的创新能力。最终，数字技术中游嵌入在形成该环节创新促进效应的基础上，不仅可倒逼上游原料供给部门加强创新，还能成为下游环节扩大竞争优势的动力源泉，从而有利于更大化数字技术对制造业 GVC 分工地位攀升的促进作用。

第二，降低生产成本。中间制造环节因其生产难度和复杂度较高，形成了高昂生产成本，加之其对跨区域企业生产组合有着更高要求，也加重了中间环节的流通成本压力，这会挤压制造业附加值产出，成为限制其增值能力和 GVC 分工地位攀升的重要因素之一。随着数字技术中游嵌入，智能管理系统的引入不仅可以便利该环节企业跨区域协调沟通以降低流通成本，还可以通过实施科学合理的规划方案，在减少制造过程出错率的同时（Brynjolfsson & McAfee，2017），提升生产资料的调配和使用效率，缓解囤货积压带来的仓储成本压力，减少无效流通造成的"冰山成本"损失（齐俊妍和任奕达，2021），进而降低中间环节生产成本，扩大其竞争优势，助力 GVC 分工地位攀升。更进一步，中游环节生产成本降低将会对其他环节产生辐射作用。一方面，低成本优势会直接减少下游产业的生产成本，从而提高最终产品竞争力并使其获取更多超额利润；另一方面，中间环节成本降低还会激励中游企业扩大生产规模，进而增加对原料供应的需求，有助于带动上游环节企业通过规模效应来实现边际成本降低，这一成本降低作用又会向中游和下游环节传递，进而形成良性循环。在此情形下，数字技术中游嵌入带来的成本节约效应通过向不同环节辐射，将成为驱动整个产业链条降低成本、攫取产品附加值的重要引擎，从而为制造业提供更大的增值空间，最大化发挥数字技术对 GVC 分工地位的提升作用。

第三，加强网络链接。中游环节是整个产业链中最核心、对上下游起到承接作用的关键链条部分，在该环节加强数字技术投入力度，通过降低信息沟通、仓储物流等交易成本（Dana & Orlov，2014；Goldfarb & Tucker，2019），有助于提升中间环节细化工序的可分性；同时，数字技术中游嵌入能便利该环节企业充分整合同行业碎片化的生产资源，进而融入更多国内企业成为同一环节上的参与者（王迎等，2023），并凭借数字化平台催生的协同制造模式，提升该环节分工参与者之间的网络链接的紧密程度与协作生产能力，实现中间环节供应质量与多样化水平上升。在此基础上，一方面，中间环节企业基于数字化场景与国内外市场进行有效沟通，可开发下游环节所需产品并精准对接下游环节生产需求，在上述质量提升作用的加持下，有助于实现中间品本土替代，将原本位于国外的中游生产环节进行内部化，从后向关联视角链接并强化 GVC 下的国内生产网络；另一方面，中间环节质量提升又会带动上游环节企业通过不断细化分工协作、延长生产长度以充分吸收本土多样化比较优势，满足中游环节供应需求，从而从前向关联视角链接并强化国内生产网络，最终为 GVC 分工地位攀升奠定强健的本土产业链基础，使得数字技术对 GVC 分工地位的提升作用更大化。综上所述，提出假说 21 和假说 22。

假说 21：数字技术嵌入环节对制造业 GVC 分工地位的影响存在倒 "U" 型特征，数字技术中游嵌入更有利于分工地位攀升。

假说 22：数字技术嵌入制造业中游环节通过放大创新促进、成本降低和链接强化作用，进而使其对 GVC 分工地位提升的促进作用更大化。

一般来说，特定环节的优劣势决定着一国 GVC 分工地位，处于 GVC 较低地位的国家，往往在中间环节有着先天劣势，这成为国内产业链的短板与阻碍产业整体向国际分工中高端攀升的关键因素。对于这些国家而言，推动数字技术中游嵌入，可通过促创新、降成本、强链接等作用有效弥补该环节短板，破除 GVC 分工地位提升的关键阻碍，同时，依靠中间环节对其余环节的联通作用，将这些积极效果向全产业链延伸，可成为补短板、强产业链进而驱动 GVC 分工地位攀升的关键动力。反之，若这些国家的数字技术嵌入环节偏向产业两端，则对中间环节的支撑不足，难以消除中间环节先天劣势这一关键短板对 GVC 分工地位攀升的阻碍，那么数字技术推动 GVC 分工地位提升的作用则会明显下降。因此，对于低地位国家而言，数字技术嵌入环节对其 GVC 分工地位的倒"U"型作用则更为明显，引导数字技术嵌入中游环节则更为紧迫。据此提出假说 23。

假说 23：对于低地位国家，数字技术嵌入环节对 GVC 分工地位的倒"U"型影响更明显。

3. 研究设计

本部分关注数字技术嵌入环节对制造业 GVC 分工地位的影响，基于上文理论分析，将基准计量模型设定如下：

$$GPO_{i,t} = \beta_0 + \beta_1 PH_{ig,t} + \beta_2 PH_{ig,t}^2 + \beta_3 Controls_{i,t} + \vartheta_t + \vartheta_{ig} + \varepsilon_{ig,t}$$

$$(8.16)$$

式中，i 表示国家，t 表示年份，g 表示数字技术行业。$GPO_{i,t}$ 代表各国制造业 GVC 分工地位，度量方法见式（8.15），$PH_{ig,t}$ 表示数字技术行业 g 嵌入 i 国制造业的环节偏好，度量方法见式（8.14），$PH_{ig,t}^2$ 为该变量二次项。$Controls_{i,t}$ 为影响 GVC 分工地位的其他控制变量。为了尽可能减少遗漏变量和不可观测因素对研究结果的影响，在实证分析中控制了时间和个体固定效应，分别以 ϑ_t 和 ϑ_{ig} 表示。$\varepsilon_{ig,t}$ 表示随机扰动项。鉴于 OECD – ICIO 时间跨度限制，本部分的实证研究期为 2000 ~ 2018 年，样本国家为 65 个。

本部分选取的控制变量分别为：①劳动力数量（L），以劳动力总量的对数值度量；②外贸开放度（OPEN），使用进出口贸易总额占 GDP 比重的对数值表示；③经济发展水平（ECD），以对数化的人均 GDP 度量；④税收负担（TAX），使用税收占 GDP 比重的对数值表示；⑤高技术产品出口占比（GJS），用高技术产品出口占制成品总出口比重的对数值表示；⑥外商直接投资强度（FDI），使用外商直接投资净流入占 GDP 的比重表示。以上变量数据均来自世界银行发布的世界发展指标数据库（WDI）。

4. 估计结果与分析

（1）基准回归结果。本部分在同时控制时间和个体固定效应的情况下，利用最小二乘法对计量模型进行基准回归，表 8 – 9 列（1）~（7）分别报告了依次添加控制变量后的回归结果。从结果可知，数字技术嵌入环节偏好变量的系数显著为正，其平方项的系数显著为负，表明数字技术嵌入环节对制造业 GVC 分工地位的影响有明显倒"U"型特征，数字技术偏向中游嵌入可更大化其对 GVC 分工地位的提升作用，与假说 21 相符。

表 8 – 9　　　　　　　　　　　基准回归结果

变量	（1）	（2）	（3）	（4）	（5）	（6）	（7）
PH	0. 7497 *** (0. 0941)	0. 6679 *** (0. 0900)	0. 6513 *** (0. 0821)	0. 6597 *** (0. 0816)	0. 4986 *** (0. 0684)	0. 5113 *** (0. 0677)	0. 5119 *** (0. 0670)
PH^2	– 0. 2663 *** (0. 0341)	– 0. 2370 *** (0. 0324)	– 0. 2320 *** (0. 0296)	– 0. 2340 *** (0. 0293)	– 0. 1764 *** (0. 0247)	– 0. 1817 *** (0. 0243)	– 0. 1816 *** (0. 0241)
L		0. 0878 *** (0. 0078)	0. 0262 *** (0. 0078)	0. 0282 *** (0. 0077)	0. 0256 *** (0. 0073)	0. 0193 *** (0. 0074)	0. 0200 *** (0. 0075)
OPEN			– 0. 0854 *** (0. 0038)	– 0. 0814 *** (0. 0042)	– 0. 0764 *** (0. 0038)	– 0. 0859 *** (0. 0038)	– 0. 0851 *** (0. 0038)
ECD				0. 0072 *** (0. 0024)	0. 0122 *** (0. 0023)	0. 0083 *** (0. 0023)	0. 0087 *** (0. 0023)
TAX					– 0. 0096 *** (0. 0022)	– 0. 0122 *** (0. 0028)	– 0. 0127 *** (0. 0029)
GJS						0. 0019 ** (0. 0009)	0. 0018 * (0. 0009)
FDI							0. 0039 * (0. 0020)

续表

变量	（1）	（2）	（3）	（4）	（5）	（6）	（7）
常数项	−0.5988*** （0.0623）	−0.3228*** （0.0639）	−0.4858*** （0.0591）	−0.4885*** （0.0587）	−0.4084*** （0.0501）	−0.4337*** （0.0498）	−0.4340*** （0.0493）
时间固定效应	控制	控制	控制	控制	控制	控制	控制
国家—行业固定效应	控制	控制	控制	控制	控制	控制	控制
样本量	3648	3648	3642	3642	3396	3231	3231
R^2	0.9346	0.9375	0.9492	0.9494	0.9596	0.9631	0.9631

根据以上结论可推断：第一，目前，我国数字技术嵌入产业链中间环节的水平低于两端（焦勇，2020），脱离了我国中间环节存在明显劣势进而亟待数字赋能的客观需求，无法有效补短板、强产业链进而充分释放数字技术对 GVC 分工地位的提升作用。第二，引导数字技术嵌入制造业中游环节，是促进我国 GVC 分工地位加快赶超发达国家的关键之举。现有文献中普遍建议推动全方位、全角度、全链条数字赋能，未考虑数字技术的作用是否因其嵌入环节而不同，可能难以有效发挥政策效果。未来若要更大化数字技术的积极效能，我国在制定数字化发展战略时则应充分考虑上述倒"U"型特征，大力推动数字技术中游嵌入，进而形成 GVC 分工地位赶超的新动力。

其余变量的估计结果表明：第一，充足的劳动力可以为制造业各环节生产活动提供强健支撑，进而有利于提高 GVC 分工地位。第二，外贸开放度越高表明一国对外部供给和市场需求的依赖性越强，阻碍 GVC 分工地位提升。第三，经济发展程度较高的国家生产力水平较为领先，产业增值能力较强，同时，这些国家较高的居民消费需求会倒逼制造业加强创新，有利于 GVC 分工地位攀升。第四，税收负担会压缩制造业利润空间，降低研发投入能力，是限制 GVC 分工地位攀升的因素之一。第五，高技术产品出口占比越高，表明一国高技术产品生产能力越强，增加值率和 GVC 分工地位越高。第六，FDI 能为一国制造业带来资金支持以及管理经验和先进技术溢出，有助于 GVC 分工地位提高。

（2）内生性检验。考虑到数字技术嵌入环节和 GVC 分工地位之间可能存在互为因果的内生性问题，本部分采用两种方式进行内生性处理，结果如表 8 - 10 所示。

表 8 - 10　　　　　　　　　内生性检验回归结果

变量	（1）	（2）	（3）	（4）	（5）	（6）
	IV - j		IV - k		联立方程	
PH	0. 3604 * (0. 2034)	0. 4678 ** (0. 2192)	1. 2398 *** (0. 1699)	0. 7661 *** (0. 1207)	0. 7322 *** (0. 0714)	0. 4954 *** (0. 0566)
PH^2	- 0. 1328 * (0. 0707)	- 0. 1688 ** (0. 0762)	- 0. 4395 *** (0. 0624)	- 0. 2718 *** (0. 0441)	- 0. 2571 *** (0. 0259)	- 0. 1736 *** (0. 0204)
常数项	- 0. 2596 * (0. 1442)	- 0. 4104 *** (0. 1585)	- 0. 8661 *** (0. 1165)	- 0. 6339 *** (0. 0866)	- 0. 5156 *** (0. 0496)	- 0. 4437 *** (0. 0432)
控制变量	不控制	控制	不控制	控制	不控制	控制
时间固定效应	控制	控制	控制	控制	控制	控制
国家—行业固定效应	控制	控制	控制	控制	控制	控制
LM 检验	8. 53 ***	7. 26 ***	80. 61 ***	121. 34 ***	—	—
C - D 检验	211. 77 [7. 03]	168. 70 [7. 03]	927. 33 [7. 03]	694. 02 [7. 03]	—	—
Hansen J 检验	0. 000	0. 000	0. 000	0. 000		
样本量	3648	3231	3456	3087	3456	3087
R^2	0. 9339	0. 9631	0. 9365	0. 9641	0. 9375	0. 9644

第一，采用基于工具变量的两阶段最小二乘法进行实证研究。一是参考施炳展和游安南（2021）的做法，分别测算数字技术嵌入环节及其平方项与当年对应变量均值之差，取三次方作为工具变量（$\mathrm{IV}-j$），结果见列（1）~（2）；二是参考陈东和秦子洋（2022）的研究，基于移动份额法建立 Bartik 工具变量，即通过借助变量初始值与总体增长率模拟估计值，估计值则具有与实际值相关性强而和残差项不相关的特征。首先测算每一年度全球（除本国以外）数字技术嵌入环节偏向的均值 HP_t，然后测算该均值的变动率 $\mathrm{GP}_t = \mathrm{HP}_t / \mathrm{L.\,HP}_t$，基于移动份额法建立的 Bartik 工具变量为 $\mathrm{IV} = \mathrm{GP}_t \times \mathrm{L.\,PH}_{ig,t}$，其中，$\mathrm{L.\,PH}_{ig,t}$ 表示滞后一期的数字技术嵌入环节偏向指数。本部分对 IV 进行标准化后，以其一次项和二次项分别作为当期数字技术嵌入环节偏向及嵌入环节偏向平方项的工具变量（$\mathrm{IV}-k$），结果见列（3）~（4）。第二，采用联立方程组，将式 8.16 作为方程组的第一个方程，第二个方程为 $\mathrm{PH}_{ih,t} = c + \alpha_1 \mathrm{GPO}_{i,t} + \alpha X_{i,t}$。式中，$X$ 为控制变量，包括就业率、人均 GDP 及其一阶滞后项，回归结果见列（5）~（6）。内生性检验结果显示，数字技术嵌入环节及其平方项的系数并无较大变动，与基准回归结果一致，因此在考虑内生性问题的条件下，数字技术嵌入环节对制造业 GVC 分工地位的倒"U"型影响依然成立。

（3）稳健性检验。为确保基准分析结果的可靠性，本部分采用了四种方法进行稳健性检验，结果见表 8-11。第一，替换解释变量。分别使用封闭条件和开放条件下等间距上游度测度方式，重新测算各国数字技术嵌入制造业的环节偏好，结果对应列（1）~（2）。第二，替换被解释变量。一是将各国 GVC 分工地位测算范围从制造业扩大到全行业，回归结果见列（3）；二是参考王岚和李宏艳（2015）的方法，借助同时考虑分工位置和附加值生产能力的 GS 指数，重新测算各国制造业 GVC 分工地位，结果对应列（4）。第三，排除极端值。鉴于极端值可能会影响计量结果的可靠性，本部分在剔除嵌入环节和 GVC 分工地位变量 1% 的极值后进行实证分析，结果对应列（5）。第四，划分不同时间段进行检验。2008 年美国金融危机导致全球价值链重构，为检验这是否会引起数字技术嵌入环节的作用发生改变，进而导致基准结论不稳健，本部分利用 2000 ~ 2008 年与 2009 ~ 2018 年两个时间段的样本分别进行回归，结果对应列（6）~（7）。经过以上处理后，数字技术嵌入环节对 GVC 分工地位有倒 "U" 型影响的结论恒成立，由此可见，本部分基准回归结果是可靠的。

表 8 - 11   稳健性检验结果

变量	（1） 封闭条件 等间距	（2） 开放条件 等间距	（3） 全行业 GVC 地位	（4） 以 GS 指数 度量地位	（5） 剔除 极端值	（6） 2000 ~ 2008 年	（7） 2009 ~ 2018 年
PH	0.0139 * (0.0080)	0.0105 * (0.0063)	0.1997 *** (0.0537)	0.5626 *** (0.0845)	0.5644 *** (0.0766)	0.2678 *** (0.0937)	0.2450 *** (0.0859)
PH^2	− 0.0024 * (0.0014)	− 0.0017 * (0.0010)	− 0.0686 *** (0.0195)	− 0.1951 *** (0.0308)	− 0.2030 *** (0.0281)	− 0.1017 *** (0.0326)	− 0.0753 *** (0.0298)
常数项	− 0.0948 *** (0.0211)	− 0.0920 *** (0.0205)	− 0.2388 *** (0.0407)	0.3745 *** (0.0616)	− 0.4643 *** (0.0545)	− 0.1346 * (0.0781)	− 0.3010 *** (0.0687)
控制变量	控制	控制	控制	控制	控制	控制	控制
时间固定 效应	控制	控制	控制	控制	控制	控制	控制
国家—行 业固定 效应	控制	控制	控制	控制	控制	控制	控制
样本量	3231	3231	3231	3231	3157	1452	1779
R^2	0.9621	0.9621	0.9770	0.8960	0.9634	0.9819	0.9794

（4）动态检验结果与分析。数字技术发展和产业数字化转型的重大改革不仅涉及大量要素、资金的长期投入，往往还关乎一国产业基本发展格局和未来发展战略规划，因此，考察数字技术嵌入环节对制造业 GVC 分工地位的倒 "U" 型影响是否会随时间推移而发生变化，对一国准确定位数字化发展的长期战略具有重要参考价值。为此，本部分对数字技术嵌入环节的影响进行动态分析，表 8 - 12 报告了对

表 8 – 12　　滞后 1～4 阶的动态检验结果

变量	滞后一期		滞后两期		滞后三期		滞后四期	
	(1)	(2)	(3)	(4)	(5)	(6)	(7)	(8)
L. PH	0.7225 *** (0.1042)	0.4203 *** (0.0675)						
L. PH^2	-0.2546 *** (0.0379)	-0.1483 *** (0.0244)						
L2. PH			0.5954 *** (0.1062)	0.2907 *** (0.0745)				
L2. PH^2			-0.2117 *** (0.0382)	-0.1046 *** (0.0267)				
L3. PH					0.5811 *** (0.0922)	0.2940 *** (0.0628)		
L3. PH^2					-0.2077 *** (0.0325)	-0.1067 *** (0.0223)		
L4. PH							0.5567 *** (0.0957)	0.2318 *** (0.0660)

续表

变量	滞后一期		滞后两期		滞后三期		滞后四期	
	(1)	(2)	(3)	(4)	(5)	(6)	(7)	(8)
L4. PH^2							-0.1983*** (0.0336)	-0.0854*** (0.0238)
常数项	-0.5836*** (0.0687)	-0.3815*** (0.0497)	-0.4963*** (0.0706)	-0.3018*** (0.0547)	-0.4859*** (0.0621)	-0.3241*** (0.0480)	-0.4710*** (0.0647)	-0.2853*** (0.0497)
控制变量	不控制	控制	不控制	控制	不控制	控制	不控制	控制
时间固定效应	控制	控制	控制	控制	控制	控制	控制	控制
国家—行业固定效应	控制	控制	控制	控制	控制	控制	控制	控制
样本量	3456	3087	3264	2940	3072	2787	2880	2634
R^2	0.9375	0.9642	0.9412	0.9647	0.9439	0.9661	0.9472	0.9677

嵌入环节指数及其二次项分别滞后 1~4 阶时获得的回归结果。可见，倒 "U" 型影响始终保持稳定，推动数字技术中游嵌入能够在长期中更大化对制造业 GVC 分工地位攀升的促进效用。该结论意味着，我国未来在深化制造业数字化转型及规划制造业 GVC 分工地位攀升战略时，需遵循该倒 "U" 型影响，重视数字技术对于制造业中游环节的投入。

（5）作用机制检验。结合前文理论分析，数字技术嵌入制造业中游环节可通过放大创新促进、成本降低和链接强化作用，进而使其对 GVC 分工地位的提升作用更大化，因此，本部分将从技术创新、生产成本和网络链接三个方面研究数字技术嵌入环节影响制造业 GVC 分工地位的具体机制。

①对技术创新促进机制的分析。在研究创新促进机制时，本部分从研发投入和创新产出两个维度度量各国创新水平，分别采用人均研发经费（R&D）和人均专利数量（PATENT）作为代理变量。基于以上变量展开两阶段机制分析后，结果见表 8-13。其中，第一阶段结果显示，当以人均研发经费和专利数量作为被解释变量时，数字技术嵌入环节变量的系数显著为正，其平方项系数显著为负，这表明数字技术嵌入制造业中游环节时，能够在强化该环节创新能力的基础上，倒逼上游环节创新并依靠投入产出关联向下游环节溢出创新优势，进而更大化促进制造业创新水平提升。在第二阶段分析中，以制造业 GVC 分工地位作为被解释变量，结果显示创新水平提升对 GVC 分工地位有显著正向影响，进而表明，引导数字技术嵌入制造业中游环节可通过放大创新促进作用而更为有效地提升 GVC 分工地位。

表 8-13　　　　　　　　对创新促进机制的检验结果

变量	（1）	（2）	（3）	（4）
	阶段一	阶段二	阶段一	阶段二
	R&D	GPO	PATENT	GPO
PH	0.6094 *** (0.2214)	0.4763 *** (0.0678)	0.0005 * (0.0003)	0.4889 *** (0.0661)

续表

变量	（1）	（2）	（3）	（4）
	阶段一	阶段二	阶段一	阶段二
	R&D	GPO	PATENT	GPO
PH^2	− 0.2094 *** （0.0743）	− 0.1704 *** （0.0243）	− 0.0002 * （0.0001）	− 0.1740 *** （0.0237）
R&D		0.0152 *** （0.0051）		
PATENT				6.1430 ** （2.7984）
常数项	− 0.2072 （0.1479）	− 0.4299 *** （0.0499）	− 0.0000 （0.0002）	− 0.4355 *** （0.0488）
控制变量	控制	控制	控制	控制
时间固定效应	控制	控制	控制	控制
国家—行业固定效应	控制	控制	控制	控制
样本量	3030	3030	3180	3180
R^2	0.8190	0.9640	0.9417	0.9640

②对生产成本降低机制的分析。目前，部分学者从贸易成本（齐俊妍和任奕达，2021）、劳动力成本（吕越等，2020b）和交易成本（刘宇英和盛斌，2023）等角度出发研究成本作用渠道，但上述度量框架偏离了生产成本的内涵。鉴于此，本部分使用产出投入比度量制造业生产成本，该方法可直观地反映单位产品生产所需要的成本投入水平。为保证机制检验稳健结果可靠，本部分分别使用中间投入与总产出之比（ROI1）、中间投入与增加值产出之比（ROI2）作为代理变量，检验结果见表8－14。

其中，第一阶段结果显示，当以生产成本作为被解释变量时，数字技术嵌入环节变量及其二次项的系数分别显著为负和显著为正，这意味着数字技术嵌入制造业中游环节能够更大化降低一国制造业生产成本，表明数字技术中游嵌入在降低该阶段生产成本的基础上会对上下游形成辐射效应，放大其对制造业的成本降低作用。阶段二的结果显示，以 GVC 分工地位作为被解释变量时，生产成本变量系数显著为负，表明成本降低有利于扩大制造业价值获取空间，从而对 GVC 分工地位攀升产生正向影响。由此可知，推动数字技术中游嵌入可通过放大成本降低作用来促进 GVC 分工地位实现更大化攀升。

表 8 - 14 　　　　　　　　对降低成本机制的检验结果

变量	（1）	（2）	（3）	（4）
	阶段一	阶段二	阶段一	阶段二
	ROI1	GPO	ROI2	GPO
PH	- 0. 1382 ** （0. 0669）	0. 4623 *** （0. 0617）	- 1. 6254 ** （0. 6488）	0. 4576 *** （0. 0616）
PH²	0. 0508 ** （0. 0238）	- 0. 1634 *** （0. 0221）	0. 5385 ** （0. 2284）	- 0. 1636 *** （0. 0222）
ROI1		- 0. 3590 *** （0. 0189）		
ROI2				- 0. 0334 *** （0. 0016）
常数项	0. 6872 *** （0. 0497）	- 0. 1872 *** （0. 0475）	3. 3360 *** （0. 5219）	- 0. 3225 *** （0. 0456）
控制变量	控制	控制	控制	控制
时间固定效应	控制	控制	控制	控制
国家—行业 固定效应	控制	控制	控制	控制
样本量	3231	3231	3231	3231
R²	0. 9021	0. 9676	0. 9127	0. 9684

③对网络链接强化机制的分析。在检验生产网络链接强化机制时，参考王等（Wang et al. , 2017）建立的生产长度测度方法，基于

OECD - ICIO 测算各国在 GVC 下的国内生产步长，以反映生产网络链接强度。

$$PLv = \hat{V}LLY^D / \hat{V}LY^D \qquad (8.17)$$

$$PLy = VLL\hat{Y}^D / VL\hat{Y}^D \qquad (8.18)$$

式中，PLv 和 PLy 分别表示 GVC 分工的前向和后向国内生产长度，两者取值越大，表明 GVC 的国内生产阶段数越多，在 GVC 分工下通过整合本土要素所建立起的国内生产网络链接越发紧密。V 为增加值系数矩阵，$\hat{V}$ 为相应对角矩阵；$L = (I - A^D)^{-1}$ 为局部里昂惕夫逆矩阵，I 为单位矩阵，A^D 为国内直接消耗系数的分块对角矩阵；Y^D 为用于国内消费的产出向量，$\hat{Y}^D$ 为其对角矩阵。本部分根据一国制造业各行业产出份额对生产长度做加权求和，分别计算了各国制造业参与 GVC 的前向国内生产长度（FLVC）和后向国内生产长度（BLVC），并以两者相乘的方法测度总长度。表 8 - 15 报告了基于上述变量的机制分析结果。

表 8 - 15　　　　　　　　对网络链接强化机制的检验结果

变量	(1) 阶段一 FLVC	(2) 阶段二 GPO	(3) 阶段一 BLVC	(4) 阶段二 GPO	(5) 阶段一 FLVC × BLVC	(6) 阶段二 GPO
PH	0.6473 *** (0.1918)	0.4852 *** (0.0645)	1.0021 *** (0.2069)	0.4401 *** (0.0631)	2.8408 *** (0.6944)	0.4611 *** (0.0633)
PH^2	-0.1942 *** (0.0679)	-0.1736 *** (0.0231)	-0.3304 *** (0.0723)	-0.1579 *** (0.0226)	-0.8977 *** (0.2439)	-0.1656 *** (0.0226)
FLVC		0.0412 *** (0.0066)				
BLVC				0.0717 *** (0.0069)		
FLVC × BLVC						0.0179 *** (0.0019)

续表

变量	(1) 阶段一 FLVC	(2) 阶段二 GPO	(3) 阶段一 BLVC	(4) 阶段二 GPO	(5) 阶段一 FLVC × BLVC	(6) 阶段二 GPO
常数项	1.4305 *** (0.1383)	-0.4929 *** (0.0481)	0.9476 *** (0.1533)	-0.5019 *** (0.0473)	0.8736 * (0.5025)	-0.4496 *** (0.0469)
控制变量	控制	控制	控制	控制	控制	控制
时间固定效应	控制	控制	控制	控制	控制	控制
国家—行业 固定效应	控制	控制	控制	控制	控制	控制
样本量	3231	3231	3231	3231	3231	3231
R^2	0.9313	0.9637	0.9396	0.9648	0.9443	0.9644

其中，阶段一结果显示，数字技术嵌入制造业中游环节能够放大其对 GVC 分工下的国内前向、后向和总生产长度的提升作用，进而更大化增强国内生产网络链接紧密度；同时，阶段二结果表明，国内网络链接增强能够形成强健的国内产业链基础，进而显著促进 GVC 分工地位攀升。这说明促进数字技术中游嵌入将放大其对国内生产网络链接的强化作用，从而更大幅度地提升 GVC 分工地位。以上分析印证了假说 22 的判断。

（6）异质性分析。

①考虑分工地位的异质性分析。目前，我国制造业对向 GVC 高端攀升有着迫切需求，但同时也面临着高地位国家对其环节攀升施加的控制，在此背景下，我国能否依靠数字技术中游嵌入，加快 GVC 分工地位赶超进程，是亟待探讨的又一问题。为此，本部分将研究期内各年份样本按照 GVC 分工地位高低进行排列，将地位高于全样本均值的国家定义为高地位国家，反之定义为低地位国家，然后分别进行实证分析，同时，为保证结果的可比性，本部分还对两类国家数字技术嵌入环节进行标准化后再次展开分析，上述实证的结果如表 8 - 16 所示。

表8-16　对不同分工地位样本的回归结果

变量	高地位国家		低地位国家		标准化—高地位国家		标准化—低地位国家	
	(1)	(2)	(3)	(4)	(5)	(6)	(7)	(8)
PH	0.4117***	0.2321***	0.8087***	0.5847***	0.0970***	0.0560***	0.2389***	0.1739***
	(0.0960)	(0.0736)	(0.1493)	(0.1012)	(0.0250)	(0.0192)	(0.0368)	(0.0266)
PH²	-0.1508***	-0.0842***	-0.2766***	-0.1994***	-0.1169***	-0.0653***	-0.2418***	-0.1743***
	(0.0344)	(0.0264)	(0.0562)	(0.0371)	(0.0266)	(0.0205)	(0.0491)	(0.0325)
常数项	-0.2862***	-0.1899***	-0.7272***	-0.6351***	-0.0252***	-0.0420**	-0.1950***	-0.2498***
	(0.0645)	(0.0536)	(0.0959)	(0.0742)	(0.0028)	(0.0163)	(0.0026)	(0.0331)
控制变量	不控制	控制	不控制	控制	不控制	控制	不控制	控制
时间固定效应	控制	控制	控制	控制	控制	控制	控制	控制
国家—行业固定效应	控制	控制	控制	控制	控制	控制	控制	控制
样本量	1773	1503	1863	1719	1773	1503	1863	1719
R²	0.8717	0.9419	0.8170	0.8767	0.8717	0.9419	0.8170	0.8767

从结果中可以得到的结论有：第一，对处在不同 GVC 分工地位的国家而言，数字技术嵌入环节的倒 "U" 型影响均成立，说明无论是高低位国家还是低地位国家，数字技术中游嵌入可以使其对 GVC 分工地位的提升作用更大化。第二，与本部分对高地位国家样本的研究结果相比，低地位国家数字技术嵌入环节及其二次项的显著性和系数要更高，表明数字技术嵌入环节对低地位国家 GVC 分工地位的倒 "U" 型影响更为明显，与假说 23 的判断一致。因此，对于在 GVC 分工中处在较低地位的中国而言，要凭借数字技术加速制造业 GVC 分工地位赶超进程，迫切需要引导数字技术嵌入制造业中游环节，在破除该环节先天劣势的基础上，依靠中游环节对上下游的联通作用将数字赋能的积极影响传递至全产业链，通过最大化促创新、降成本、强链接等作用，夯实分工地位赶超动力。

②考虑行业要素密集度的异质性分析。本部分对数字技术嵌入劳动、资本和技术密集型制造业的环节偏好依次进行识别，然后研究嵌入环节分别对三种不同密集型制造业 GVC 分工地位的影响。表 8 - 17 所示的结果显示，数字技术嵌入环节对 GVC 分工地位的倒 "U" 型影响在资本和技术密集型制造业更为显著，数字技术中游嵌入可以将其对两者 GVC 分工地位的促进效用更大化，然而对于劳动密集型制造业，数字技术嵌入环节的影响并不显著。

表 8 - 17　　　　　　　　　制造业行业异质性回归结果

变量	(1)	(2)	(3)	(4)	(5)	(6)
	劳动密集型制造业		资本密集型制造业		技术密集型制造业	
PH	-2.4145 (2.4641)	-4.2280 (2.6757)	1.9628 *** (0.3358)	1.3044 *** (0.1945)	1.5643 *** (0.2023)	1.0011 *** (0.1491)
PH^2	1.0063 (1.1157)	1.8170 (1.2081)	-0.7731 *** (0.1344)	-0.5131 *** (0.0766)	-0.5787 *** (0.0752)	-0.3700 *** (0.0552)
常数项	1.2817 (1.3495)	2.0756 (1.4730)	-1.2756 *** (0.2027)	-0.9092 *** (0.1225)	-1.1252 *** (0.1301)	-0.6420 *** (0.0989)

续表

变量	（1）	（2）	（3）	（4）	（5）	（6）
	劳动密集型制造业		资本密集型制造业		技术密集型制造业	
控制变量	不控制	控制	不控制	控制	不控制	控制
时间固定效应	控制	控制	控制	控制	控制	控制
国家—行业固定效应	控制	控制	控制	控制	控制	控制
样本量	3648	3231	3648	3231	3648	3231
R^2	0.9023	0.8887	0.9364	0.9583	0.8774	0.9382

这是由于，劳动密集型制造业不同生产环节的替代性较强，导致其生产网络较为松散，难以将中游环节数字赋能的积极效应向其余环节传递，因此，上述倒"U"型影响对该行业并不成立。与之不同，资本和技术密集型制造业在技术、投入品等方面具有较强的复杂性和专用性，进而建立了较为紧密的环节间联系，为数字赋能积极效应的传递奠定了良好基础。更加值得一提的是，资本和技术密集型制造业中间环节的技术难度和附加值较高，是产业竞争优势的主要来源，数字技术中游嵌入则可大幅加强中间环节的竞争优势，并凭借环节间紧密联系将这一优势向上下游延伸，从而更大化对 GVC 分工地位提升的作用。因此，未来我国数字技术嵌入环节的优化战略构建，应以技术和资本密集型行业为重点。

5. 进一步分析

核心中间品和关键技术引进曾是支撑我国制造业竞争力和出口能力提升的重要外力，但目前，针对这些中间品和高技术的封锁手段，已经成为部分国家限制我国制造业 GVC 分工地位攀升的政治工具与制裁利器，使得中间品，尤其是高技术中间品进口成为风险扩散的途径之一，制造业客观上存在被锁定在低利润、低附加值生产阶段的风险，阻碍外贸与国家经济高质量增长。因此，本部分将进一步研究数字技术嵌入环节对中间品进口、出口国内附加值率和经济增长质量的影响，以明晰数字技术中游嵌入能否帮助制造业破解以上困局，从而为我国外贸和经济高质量发展提供更多参考依据。

（1）数字技术嵌入环节与中间品进口。本部分参考陈晓华等（2021）提出的方法，以 OECD - ICIO 中各国制造业消耗他国中间品占中间品总消耗量的比重来计算制造业中间品进口密度（IPD），并使用进口密度和中间品进口复杂度交叉的方式度量制造业对高技术中间品的进口密度（HIPD）。进口复杂度的测算过程是，首先，参考Rodrik（2006）的研究构建计算制造业中间品出口复杂度 $PRODY_{h,t}$的公式。

$$PRODY_{h,t} = \sum_a \frac{IEX_{ah,t}/IEX_{a,t}}{\sum_a IEX_{ah,t}/IEX_{a,t}} Y_{a,t} \qquad (8.19)$$

式中，$IEX_{ah,t}$ 为 a 国 h 行业的中间品出口金额，$IEX_{a,t}$ 表示 a 国中间品总出口，$Y_{a,t}$ 是人均 GDP，然后，依据制造业各行业中间品进口份额对 $PRODY_{h,t}$ 加权，进而度量各国制造业的中间品进口技术复杂度$PRODM_{i,t}$。

$$PRODM_{i,t} = \sum_h \frac{IMP_{ih,t}}{\sum_h IMP_{ih,t}} PRODY_{h,t} \qquad (8.20)$$

式中，$IMP_{ih,t}$ 表示 i 国进口 h 行业中间品金额。以上述变量作为被解释变量的回归结果如表 8 - 18 所示。从结果可见，数字技术嵌入环节对中间品进口密度以及高技术中间品进口密度的影响均有 U 型特征，这表明推动数字技术中游嵌入更有利于夯实一国在中间环节的创新、成本等优势，提升其中间品生产能力和自给比率，进而更大程度地降低中间品进口密度。在经济全球化过程中，我国制造业为了在国际市场中迅速提升竞争力，选择进口替代本土制造的"走捷径"方式攻克中间品生产难题，在长期中导致众多企业在中间品领域存在一定的外源依赖和进口品选择偏好，不仅使我国制造业生产收益被国外中间品供应商所侵占，还会增加遭受国外关键中间品的断供和"卡脖子"

的风险。上述结论为我国借助数字技术嵌入环节优化，在未来实现中间品，尤其是高技术中间品自主生产，减少进口密度进而缩小外部风险传输渠道提供了重要参考。

表 8-18 对嵌入环节和中间品进口的研究结果

变量	(1)	(2)	(3)	(4)
	IPD		HIPD	
PH	-2.1245 *** (0.3880)	-1.9524 *** (0.2650)	-1.8815 *** (0.3854)	-1.7877 *** (0.2646)
PH^2	0.7436 *** (0.1407)	0.6708 *** (0.0959)	0.6632 *** (0.1382)	0.6198 *** (0.0942)
常数项	0.1776 (0.2567)	0.2150 (0.1911)	9.3912 *** (0.2569)	9.3468 *** (0.1951)
控制变量	不控制	控制	不控制	控制
时间固定效应	控制	控制	控制	控制
国家—行业 固定效应	控制	控制	控制	控制
样本量	3648	3231	3648	3231
R^2	0.9357	0.9716	0.9329	0.9698

（2）数字技术嵌入环节与出口国内增加值率。本部分再次根据王等（2013）提出的总值贸易分解框架，结合 OECD-ICIO 测算各国制造业总出口中的国内附加值比重（DV）、被国外吸收的国内附加值比重（DVA）、出口中间品的国内附加值比重（DV_INT）和出口最终品的国内附加值比重（DV_FIN），以上述各项作为一国出口国内附加值率的代理变量来研究数字技术嵌入环节的影响，结果如表 8-19所示。

表 8-19　对嵌入环节和国内附加值率的研究结果

变量	(1)	(2)	(3)	(4)	(5)	(6)	(7)	(8)
	DV		DVA		DV_IINT		DV_IFIN	
PH	0.5628*** (0.0987)	0.4370*** (0.0715)	0.5604*** (0.0970)	0.4346*** (0.0706)	0.5255*** (0.0997)	0.3954*** (0.0753)	0.6431*** (0.0946)	0.5331*** (0.0719)
PH^2	-0.1964*** (0.0359)	-0.1494*** (0.0256)	-0.1946*** (0.0352)	-0.1482*** (0.0252)	-0.1841*** (0.0365)	-0.1367*** (0.0272)	-0.2237*** (0.0342)	-0.1814*** (0.0256)
常数项	0.2476*** (0.0652)	0.3852*** (0.0541)	0.2440*** (0.0641)	0.3788*** (0.0535)	0.2605*** (0.0655)	0.4013*** (0.0566)	0.1994*** (0.0627)	0.3265*** (0.0541)
控制变量	不控制	控制	不控制	控制	不控制	控制	不控制	控制
时间固定效应	控制	控制	控制	控制	控制	控制	控制	控制
国家—行业固定效应	控制	控制	控制	控制	控制	控制	控制	控制
样本量	3648	3231	3648	3231	3648	3231	3648	3231
R^2	0.9421	0.9663	0.9404	0.9644	0.9385	0.9590	0.9426	0.9664

由结果可知，数字技术嵌入环节对各维度的出口国内附加值率均有明显倒"U"型影响，进而意味着数字技术中游嵌入可最大化提高出口商品的本国价值加成率，使一国获取更多出口利益。出口增值水平有限是我国在 GVC 中陷入"低端锁定"的重要表现之一，我国制造业企业在向 GVC 高端环节攀升的过程中，往往会遭受发达国家利用压低价格实施的"利润侵蚀"，使其丧失依靠利润积累为自主研发投入资金的能力，最终可能被迫落入低附加值环节。促进数字技术中游嵌入可赋予我国制造业全产业链更强的自主创新能力和成本优势，并帮助制造业加强国内生产网络链接，进而破解发达国家的制衡，在 GVC 中攫取更多贸易附加值利益进而加快分工地位攀升步伐。

（3）数字技术嵌入环节与经济增长质量。经济增长质量作为复合型指标，难以通过单一变量对其度量，因此，本部分在考察数字技术嵌入环节偏好对经济增长质量的影响时，从经济增速、稳定性和效率三个方面度量经济增长质量。一是经济增速（EG）。以各国国内生产总值的增长率表示，数据来自 WDI 数据库。二是经济增长稳定性（STAB）。首先利用 HP 滤波法剔除各国国内生产总值的趋势项进而获得波动性成分，然后计算该波动性成分的五期滚动标准差，对其取倒数后作为经济增长稳定性的代理变量，STAB 变量数值越大，表明经济增长稳定性越强。三是生产效率（TFP）。首先，参考蒲阿丽和李平（2019）的研究，利用劳动要素生产率、资本要素生产率和其余要素生产率三者相乘的方式反映总体生产效率（EFFI），其中，劳动要素生产率以产出和劳动数量之比表示，资本要素生产率以产出和资本存量之比表示，其余要素生产率以基于 LP 法测算所得全要素生产率表示，测算各项生产率所需产出、劳动数量、资本存量、中间品金额、增加值等数据来自 WIOD 社会经济账户（SEA）数据库；其次，鉴于 SEA 数据库时间跨度较短（2000～2014 年）且国家数量较少，基于此测算生产效率会减少实证分析样本量，因此，本部分还利用 Penn World Table 数据库提供的各国全要素生产率数据度量生产效率。基于以上各变量的回归结果见表 8－20。

表 8 - 20　　　　　　　对嵌入环节和经济增长质量的研究结果

变量	(1)	(2)	(3)	(4)	(5)	(6)
	EG		STAB		EFFI	TFP
PH	0.9382 *** (0.2373)	0.8464 *** (0.2485)	1.2475 *** (0.3125)	1.3959 *** (0.3427)	1.2049 ** (0.5625)	0.4086 ** (0.1734)
PH^2	- 0.3225 *** (0.0840)	- 0.2826 *** (0.0866)	- 0.4276 *** (0.1147)	- 0.4767 *** (0.1245)	- 0.4638 ** (0.1954)	- 0.1454 ** (0.0617)
常数项	- 0.5659 *** (0.1597)	- 0.3595 * (0.1890)	- 0.6203 *** (0.2053)	- 0.4677 * (0.2588)	1.0314 * (0.5764)	0.7038 *** (0.1328)
控制变量	不控制	控制	不控制	控制	控制	控制
时间固定效应	控制	控制	控制	控制	控制	控制
国家—行业 固定效应	控制	控制	控制	控制	控制	控制
样本量	3648	3231	3648	3231	1806	3165
R^2	0.5529	0.6164	0.5340	0.5583	0.8619	0.9408

结果显示，数字技术中游嵌入可以更大化提升经济增速、稳定性及生产效率，从而更为有效地改善一国经济增长质量。联系上述数字技术嵌入环节偏好与中间品进口、出口国内附加值率的实证结果，该结论表明，推动数字技术偏向制造业中游环节嵌入，可通过有效提高出口国内附加值率而增强出口对经济总量增长的贡献，并通过有效减少中间品进口而尽可能遏制外界风险传输，有助于国家经济增速、增长稳定性和效率实现最大化上升，是未来我国提高经济增长质量的重要抓手。

6. 主要研究结论

本部分基于数字技术行业投入制造业环节至最终需求的距离识别数字技术嵌入环节偏好，利用 2000～2018 年 65 国面板数据研究其对制造业 GVC 分工地位的影响和作用渠道。研究发现：

第一，数字技术嵌入环节对制造业 GVC 分工地位有明显倒"U"型影响，鼓励数字技术中游嵌入有利于更大化发挥其对 GVC 分工地位的提高作用，经过内生性、稳健性和动态检验后，该结论始终成立。第二，机制分析表明，数字技术中游嵌入通过放大技术创新促进、生产成本降低和网络链接增强这三个渠道的作用，使其对 GVC 分工地位攀升的积极作用更大化，进而形成上述倒"U"型影响。第三，与高 GVC 分工地位国家相比，数字技术嵌入环节对低地位国家 GVC 分工地位的倒"U"型作用更为明显，处于 GVC 分工低端位置的我国制造业可通过引导数字技术嵌入中游环节而加快 GVC 地位赶超。同时，通过细分行业考察发现，数字技术嵌入环节对劳动密集型行业 GVC 分工地位并无显著影响，而数字技术嵌入资本和技术密集型制造业中游环节更有利于其 GVC 分工地位攀升。第四，进一步研究发现，数字技术嵌入制造业中游环节还有助于更大化地缓解中间品尤其是高技术中间品进口，并更为有效地促进出口国内附加值率和经济增长质量提升，可成为促进外贸和国家经济高质量发展的有力抓手。

（三）本章小结

本章从数字技术这一新型要素切入，从应用水平和嵌入环节两个方面厘清数字技术对 GVC 分工地位的作用与机制，进而为我国优化数字化发展战略、加快 GVC 分工地位赶超进程，进而助力稳增长提供了理论和经验证据。

本章发现应用数字技术可显著提升 GVC 分工地位，其中，国内数字技术是主导力量，技术引进会制约该领域创新，进而弱化上述提升作用。同时，数字技术偏好嵌入产业中游环节时，不仅可更大化发挥数字技术对 GVC 分工地位的提升作用，还能更为有效地破除高技术中间品进口依赖、增强国内附加值获取能力，是提升经济增长速度和增长稳定性的重要抓手。目前，新一轮科技革命为我国向全球价值链中高端跃升提供了新机遇，在此背景下，加快推进产业数字化转型，加大数字技术在各产业部门的应用，积极培育国内数字技术行业竞争优势，并引导数字技术资源向产业链中游环节集聚，是促进我国GVC 分工地位提升进而改善国际经济周期传导效应、保障稳增长的有力抓手。

九、稳增长的国际经验总结

2007 年美国次贷危机爆发，于 2008 年演化为全球金融危机，并迅速波及全球主要经济体，致使世界经济遭受重创。此后，各国经济出现了不同程度的衰退，经济增速普遍下降甚至出现负增长，就业率、消费和投资需求大幅降低，内生增长动力明显减弱，而出口、对外投资等经济活动也遭受严重冲击，各国贸易保护倾向明显增强，进而使得外部经济环境也出现更大不确定性。为了应对全球金融危机的影响，各国迅速出台一系列稳定经济的政策手段，对创新、贸易、投资、消费、就业以及产业链等方面实施重点干预，以夯实内部增长动力，并强化经济体系外部风险抵御能力。这些政策手段帮助各国加速脱离衰退，对我国未来稳增长政策实践有着重要启示。

目前，从全球经济发展态势来看，自全球金融危机后，世界经济波动性显著上升，尤其是近年来，全球经济持续低迷，主要发达国家爆发新一轮危机的风险明显加大，这一外部环境对我国既有稳增长政策的有效性形成了严峻挑战。在此背景下，分析世界主要国家的经济维稳政策手段，可为我国在不确定性上升的世界经济环境下科学定位稳增长政策举措并提升政策效果提供参考。本章将选取美国、日本、德国、英国、法国五个典型发达国家，梳理总结这些国家自全球金融危机后实施的主要经济维稳政策手段，剖析其促进内生增长、强化风险抵御的具体举措，为我国未来稳增长政策设计提供国际经验支撑。

254

（一）美国稳增长政策实践

2008 年全球金融危机发生后，为稳定就业和经济增长，美国在科技创新、对外贸易、产业发展等领域出台一系列政策举措，帮助美国经济抵御全球金融危机的影响，实现就业增加和经济恢复。具体政策手段集中在加强科技创新、促进出口与推动制造业回归三个方面。

第一，以科技创新为动力，积极发展先进制造业。该举措是美国为抵御全球金融危机对制造业发展形成的冲击而实行的保护措施，美国重视发展高端制造业，期望通过率先掌握先进技术来抢占未来产业竞争制高点，扭转全球金融危机对经济社会发展带来的负面效应（贾根良和楚珊珊，2019）。2009 年 9 月，美国政府发布《美国创新战略：推动可持续增长和高质量就业》，并于同年 12 月开始实施《重振美国制造业框架》。具体举措在于，美国加大对技术研发和成果转化的投资力度，将国内三大重点科研机构的研发预算提高一倍，拨出相当于国内生产总值 3% 的资金用于数学、物理、工程学等方面的基础研究，并大力推动科技创新税收抵免政策常态化，以增强企业的研发动力。同时，美国将推动重点领域技术突破作为抵抗外部冲击的重要手段。在能源领域，美国过于依赖石化资源，这导致企业发展和居民消费较易受到国际油价波动的影响。为此，美国着力在生物燃料、太阳能等可再生技术研发领域展开大规模投资，并提出"重塑美国能源科学与工程学优势"教育计划，引导更多劳动力从事清洁能源开发工作，以应对能源挑战。此外，美国还投资 20 亿美元用于汽车电池和电动车配件的研发，推动汽车电池技术研发。在医疗领域，美国政府拨款 190 亿美元用于建立现代化卫生信息系统，同时向国家研发机构直接提供资金支持，鼓励研究成果社会共享，从而促进重点产业发展。

第二，美国更加重视出口，将其作为拉动经济复苏的重要手段。

全球金融危机爆发后，美国产品出口大幅下滑，工业生产萎缩，引发失业率持续攀升。面对全球金融危机，美国延续了一贯推行的"自由且公平贸易"政策，对出口企业进行最大化保护与促进，而对进口施行严格限制。美国于 2009 年 7 月加入《东南亚友好合作条约》，希望通过加强与东盟的合作，帮助美国企业锁定、建立和赢得新兴出口市场。同时，美国将亚太地区作为实施出口促进战略和推动自由贸易协定谈判的重点区域，于 2009 年 11 月，提出扩大跨太平洋伙伴关系（Trans - Pacific Partnership Agreement，TPP）协议，将其定位为创造本土就业机会、提升产品创新能力和出口竞争力的协议（张丽娟，2011）。2010 年 3 月，美国发布"国家出口倡议"，并成立了由总统直接管理的"出口促进内阁"，提出在 5 年内实现出口翻番的目标，试图依靠出口帮助美国走出经济衰退，实现经济增长和就业增加。

第三，推行"再工业化"战略，通过引导制造业回流增强产业链抵御冲击的能力。在全球金融危机发生前，美国已出现严重的"产业空心化"现象，制造业增加值占 GDP 的比重大幅下降，形成了过度依赖金融、房地产等经济部门的增长模式，导致风险抵御能力不足。全球金融危机爆发后，美国国内产业部门遭受了严重冲击，尤其是制造业遭受的冲击更为严重。为此，美国政府先后出台《美国制造业促进法案》《创造美国就业及结束外移法案》等措施，提出对回流制造业企业实行 20% 的税收抵扣、为海外回流员工提供两年工资税减免、严格把控政府采购等措施（胡峰和王芳，2019），积极促进制造业回流，以夯实国内实体经济基础，同时增强供应链的安全稳定性，进而保障经济持续增长。

（二）日本稳增长政策实践

日本作为对外依赖度较高的国家，国内经济受到全球金融危机的强烈冲击，股市、出口、消费均出现严重下滑，失业人数激增。面对全球金融危机的冲击，日本政府实施了一系列经济援助和刺激计划，着力刺激内需、扩大对外投资并提升产业链安全稳定性，以帮助逐渐衰退的社会经济恢复增长态势。

第一，刺激内需，提高居民消费和企业生产的积极性。为改善国内消费疲软这一现状，2008 年 10 月，日本政府推出紧急援助计划，以现金、消费券等方式向全国居民发放生活补助，并给予总额达 2 万亿日元的最高限额，用来刺激消费和补贴困难家庭开支。日本政府还拨款 1.1 万亿日元对房屋贷款实行税收减免，减轻居民税收负担，并继续加大对卫生、教育、社会保障等领域的补助力度，提升居民基本生活保障（陈玉平和乔静，2010）。针对企业发展，日本政府加强反垄断措施，预防大企业向中小企业转嫁危机风险，并拨款约 4000 万日元对航空、运输等重点产业进行特别补贴。同时，日本政府对税制进行修改，削减地方税收 3800 亿日元、国家税收 6900 亿日元，以减轻中小企业税收负担，提高企业生产和投资的积极性。

第二，扩大对外直接投资，为经济增长补充外部动力。为更好地鼓励国内企业"走出去"，日本政府通过整合现有金融资源，为企业进行海外投资提供融资支持。一方面，日本政府通过成立政策性金融机构，完善担保体系，降低企业海外投资难度。建立信用担保协会，向国内中小企业提供融资担保服务，在被担保企业经营困难以致难以清偿贷款时，由该协会优先清偿；另一方面，日本政府利用建立亏损准备金的方式，和企业分担对外投资风险，由此提升企业对外投资的动力和信心。另外，2010 年，日本国际协力银行设立"两步贷款"为对外投资企业提供融资，即先向地方金融机构提供资金，然后由后者为对外直接投资企业提供贷款。值得一提的是，日本国际协力银行、日本贸易振兴机构联合为企业提供对外投资咨询，即通过收集东道国法律、政治、金融、贸易等相关信息，帮助企业对投资项目展开前期调研，同时积极参与对外投资企业和东道国之间的沟通协调，便于企业"走出去"。

第三，注重国内产业链和供应链的安全维护。全球金融危机之

后，日本政策相继出台一系列调整产业链和供应链的政策，具体包括
促进战略性物资生产企业回归本土和推动日本企业在东南亚地区实现
多元化生产（田正和杨功金，2022）。日本进行产业大转移的根本目
的在于维护本国产业链和供应链的安全稳定。一方面，日本将主要的
核心部件生产环节转移至国内，尤其是推动高新制造企业的研发总
部、供应链总部等相继撤回本土，以确保本土企业始终位于全球价值
链最上游，掌握先进技术，避免关键环节遭受外部风险。另一方面，
日本又向中国台湾、越南等具备廉价劳动力的地区和国家转移低端制
造，计划利用这些地区的优惠政策，充分攫取外部市场资源，降低生
产成本，从而实现优化产能布局的目的（刘晶，2007）。这些举措帮
助日本提升了供应链的安全稳定性，并降低了供应成本。

（三）德国稳增长政策实践

2008 年全球金融危机以来，德国主要出口产品订单锐减，失业
率增加，社会投资减少，经济下滑趋势明显。为此，德国实施了经济
振兴计划，通过增加财政支出、刺激消费、促进制造业回归，来缓冲
全球金融危机的影响。

第一，实施积极的财政政策，通过增加政府支出刺激经济复苏。
2018 年 11 月，德国以财政政策为抓手刺激经济复苏，具体手段包
括，为了激发建筑产业和绿色产业发展，德国增加 55 亿欧元投资用
于建筑物节能减排，同时，德国政府还依托复兴信贷银行向社会提供
150 亿欧元贷款，用于提升对企业投资的融资支持，并向中小企业增
加 3 亿欧元贷款。德国还加大了交通设施投资力度，并增加 30 亿欧
元贷款用于该国国内欠发达地区基础设施建设。其后，在 2009 ~
2010 年间，德国支出 100 亿欧元投资于教育、医院等领域基础设施
建设。另外，值得一提的是，德国超过 50% 的工业生产依赖于信息
通信及技术领域，因此，德国于 2009 年发布《联邦德国宽带战略》，

积极增加在宽带网络建设和技术研发方面的支出（赵清华，2014）。据联邦财政部统计，2009～2011年，德国在该领域的研发投入达到11.47亿欧元（刘志明，2014）。

第二，通过保障居民收入、刺激消费，带动经济复苏。全球金融危机使得德国失业人群激增，居民收入下降且消费萎缩，为刺激经济增长，缓解失业带来的不利影响，德国联邦政府于2008～2010年拨款近110亿欧元，通过实施"短时工作"补贴政策稳定就业岗位。在此期间，德国约140万工作者参与"短时工作"，极大降低了失业率，激活了劳动市场，保障了居民收入，加速德国从经济衰退中复苏的步伐。同时，为了刺激内需，德国联邦政府对个人所得税及其起征点进行了数次调整，于2019年1月，将个人所得税税率降低1%，并将个税起征点提升170欧元，2010年1月，德国政府再次将个税起征点提高170欧元，这些举措大幅减少居民税收负担，对提升可支配收入、刺激消费起到了积极作用。

第三，注重产业链的完善与巩固，推动高端制造业回流本土。全球金融危机爆发后，德国装备制造业受到严重冲击。以机床企业为例，德国机床行业以家族产业为主，对冲击风险的抵御能力不足，普遍面临着破产风险。对此，一方面，德国政府制定《中小企业促进法》《中小企业研究与技术政策总纲》等政策，以确保大企业和中小企业公平竞争，促进中小企业快速发展。在长期鼓励政策下，中小企业在德国经济体系中发挥了支柱性作用，凭借其灵活性较高的特点，能够基于市场需求变动灵活调整生产规模、品种及工艺，进而使得德国产业链得到巩固加强（张寒和娄峰，2015）。另一方面，德国政府推行装备制造业回流政策，以健全国内产业链、巩固核心技术优势，维持本国在全球价值链顶端的位置。作为产业创新能力领先的主体之一，装备制造业在产品品质、技术含量、制造工艺、管理模式等方面的突出优势，使其成为联邦政府促进制造业回归的重点领域（王福君，2012），海外高端人才也同制造企业同步回流，为德国回流制造业发展奠定了人才基础。

（四）英国稳增长政策实践

英国政府在应对全球金融危机导致的国内经济衰退时，形成了一系列系统、完整的政策体系。通过梳理这些政策措施可以发现，英国主要从推动创新、刺激内需和引导制造业回归三个方面来发力，以化解外界风险。

第一，推动技术革新及市场化应用，助力经济复苏。全球金融危机后，英国政府意识到实体经济领域的创新动力弱，产业竞争力落后于其他主要发达国家，进而造成出口对经济增长的贡献低，是其冲击抵御能力不足、经济复苏缓慢的重要原因（孙彦红，2019）。因此，英国政府对于航空航天、农业、汽车、能源、商业服务、信息技术等11个可贸易行业实施了重点支持计划，包括提供资金支持、设立专业技术研究机构、加强相应领域人才培养、便利成果转化等举措，希望依靠这些可贸易行业的竞争力提升来扩大本国出口，进而带动经济加速复苏。同时，英国还选择大数据、自动化系统、生物医学、新材料等前沿通用技术领域作为优先发展对象，通过加大政府对这些领域研发活动和成果转化等方面的资金支持和引导，获取关键领域技术先发优势，以增强产业竞争力与冲击抵御能力。

第二，通过扩大内需，刺激经济增长。首先，英国通过出台税收优惠政策刺激消费和投资，进而扩大内需。2008年4月，英国将企业所得税税率由30%降至28%，并在2008年12月至2009年12月期间，将增值税率由17.5%降低至15%，这些政策有效降低了企业和居民税收负担，提高了社会购买力和消费倾向，对恢复经济起到了积极作用。其次，英国还通过增加学校、医院、能源和运输设施等领域公共投资的方式拉动经济增长。具体是在2008年向学校和医院增加7.5亿英镑投资，并在2008~2009年，将5.35亿英镑投资于低碳公交和能源设施。最后，英国对金融机构实施流动性救济，进而在一定程度上遏制了危机蔓延，对维持金融稳定有积极作用，同时，这一举措还稳定了消费信贷，有助于推动国民经济复苏。

第三，促进制造业回归，加强人才培养，夯实实体经济基础。全球金融危机后，为了提升产业竞争力及冲击抵御能力，英国政府借助税收优惠、补贴等政策，大力引导制造业回流本国，鼓励企业将制造环节和业务同步向国内转移。为了便利制造业回流，英国着力提升产业人才教育与培养力度，于2011年出台《开放和了解制造业计划》以及《洞悉制造业项目》，增进劳动者对制造业的了解，引导其提升对制造业就业岗位的选择倾向。另外，英国还于2011年颁布了《创新创业成长计划》《2011～2015实施战略纲要》《技术促进增长——英国国家技能战略》等多个人才培育计划，并凭借其宽松的移民制度体系，为海外制造业人才流入英国提供便利，从而为回流制造业企业提供了坚实的劳动力和人才支撑。

（五）法国稳增长政策实践

面对由2008年国际全球金融危机引发的国民经济困境，法国政府从2008年底开始，连续出台了一系列政策以应对全球金融危机带来的影响。其稳定经济的政策集中在加强科技创新、促进就业、刺激重点领域消费和投资。

第一，大力加强科技创新，夯实经济复苏基础。2008年全球金融危机爆发后，法国大幅提升对科技创新的重视程度和支持力度，提出了增加150亿美元投入科技创新活动的计划，并于2009年1月启动研究与创新战略规划工作，明晰了危机后四年内的科技发展路径，强调基础技术研发、成果转化和交叉学科创新，针对产业发展需求，确定了信息通信、医疗、生物科技、环保技术、纳米技术等重点发展领域（杨朝峰和赵志耘，2011）。这些领域是法国长期以来具备技术优势并优先发展的新兴领域，法国希望通过促进这些领域的科技创新，形成经济增长的内生动力，进而助力经济走出危机。

第二，将解决就业作为振兴经济的重点。法国着重扶持中小型企业的发展，以维持工作岗位稳定，具体措施包括对雇主缴纳的社会分摊金实施减免，对提供工作岗位的雇主进行政府经济补助，并对社会捐款进行税收减免，如 2009 年，法国对于 10 人以下小企业所欠的社会分摊金进行全额减免。2008 年 10 月，法国政府、银行联合会和部分银行签署了"中小企业金融援助协定"，为中小企业提供了 220 亿欧元的贷款。同时，法国政府还拨款 3600 亿欧元用于稳定银行经营，并要求接受救助的银行必须将资金用于企业和个人贷款的发放，尤其要支持创新型中小企业融资，以帮助企业在危机下持续经营，增加工作岗位。此外，法国于 2009 年还采取了一系列刺激就业的政策，诸如设立新的职业中心、组建全国就业办事处与工商就业协会联合体，以加强劳动者与企业间的沟通与供需匹配，增加就业率。

第三，促进重点领域消费和投资，推动经济复苏。2008 年，法国颁布实施周期为两年且总额达到 260 亿欧元的经济刺激计划，以汽车和房地产行业作为重点扶持领域，带动实体经济复苏。为了刺激汽车这一主导产业的消费需求，法国政府给予报废 10 年以上车龄旧车、购置环保新车的购车人 1000 欧元奖励，远远高于危机前实施的对报废 15 年以上车龄旧车购车人奖励 300 欧元的水平。同时，法国政府还向雷诺及标致雪铁龙两大汽车制造商提供 30 亿欧元贷款，并支持企业进行新能源汽车研发（黄宁燕等，2010），进而带动汽车消费。对于房地产行业，2008 年法国出台塞利埃（Scellier）购房优惠条例，对 2009 年、2010 年投资房地产的居民给予最高 7.5 万欧元的购房优惠，这一措施极大地刺激了法国房地产交易，进而通过前向关联刺激了冶金、机械制造、金融等产业的发展，并通过后向关联带动了装修、家电、仪表等相关产业发展，对于稳定就业、促进经济增长有重要贡献。

（六）本章小结

本章选取美国、日本、德国、英国和法国五个主要发达国家，总结梳理了这些国家在全球金融危机后实施的稳增长政策举措。从不同国家来看，在全球金融危机发生后，美国加大了科技创新力度，重视出口对经济复苏的推动作用，并积极实施制造业回流政策；日本着力刺激内需，依靠扩大对外投资为经济增长补充动力，并重视产业链安全性；德国实施了积极的财政政策，并在保障居民收入、刺激消费上持续发力，同时也积极引导制造业回流，促进国内产业链完善；英国推动技术革新，积极扩大内需，通过引导制造业回归夯实实体经济基础；法国大力加强科技创新，以解决就业作为振兴经济重点，积极促进重点领域消费投资。

总体来看，各国稳增长政策的重点在于夯实内部增长动力，并增强对外部风险的抵御能力。具体而言，一方面，上述各国普遍借助加强创新、激发内需、提升就业等手段，以扭转金融危机造成的经济增速下滑，为稳增长提供内部动力；另一方面，普遍依靠制造业回流政策，在夯实实体经济基础的同时，完善国内产业链和供应链，增强供给端的安全性、稳定性，以提升风险抵御能力，减少干扰稳增长的外部因素。这些主要发达国家在金融危机期间实施的政策举措对我国未来构建稳增长政策提供了重要启示，即增强内生增长动力和外部风险抵御能力，是稳增长的关键，延续这一稳增长思路，从价值链视角来看，我国应充分借助 GVC 参与方式转变和 GVC 分工地位提升，尽可能减少中间品进口对本国附加值产出的替代作用，进而在充分吸收国外需求溢出、补充经济增长动力的同时，遏制中间品供应不稳定等风险输入；同时，依靠内需主导型 GVC 分工，降低我国产出对外需的依赖，并依靠其带来的提振内需和生产效率、减少国外贸易保护等作用，强化内生增长动力，减少外部风险；另外，还要通过完善国内价值链、延长国内价值链长度，发挥其创新促进以及增强产业韧性等作用，并依靠其建立的国内投入产出关联夯实本土供应链基础，进而缓解全球价值链带来的外部风险。

十、主要研究结论与政策启示

（一）主要研究结论

为了揭示 GVC 嵌入下的"稳增长"实现机制，本书在特征事实分析的基础上，首先，基于双循环视角，厘清 GVC 分工参与和分工地位、内需主导型 GVC 分工以及国内价值链与稳增长的理论关联，然后，基于贸易流量分解模型等方法对上述三者进行识别，利用 2000~2021 年 42 国双边维度面板数据以及我国省份—行业维度的面板数据展开多维实证分析，在对理论分析结论进行验证的基础上，揭示稳增长实现机制和可行路径。另外，鉴于 GVC 分工地位是决定国际经济周期传导效应与一国经济增长平稳性的关键因素，本书还进一步结合我国当前正在大力实施的数字化转型战略，分析数字技术这一新型要素对 GVC 分工地位的影响与机制，为干预外界经济周期输入进而保障稳增长的政策设计提供了参考。通过以上分析，本书获得的主要结论如下：

第一，世界各国 GVC 参与度整体上升，其中，发达国家参与度更高；我国主要从后向参与 GVC 分工，导致 GVC 参与度和中间品进口保持高度同步关系。同时，GVC 分工地位的国际差异明显，发达国家处在 GVC 高端，发展中国家处于 GVC 低端，而我国 GVC 分工地位不仅低于主要发达国家，甚至还低于部分发展中国家，尤其是我国技术密集型制造业 GVC 分工地位远低于其他行业。另外，在全球价值链深入发展的情况下，世界各国经济周期显著同步，但存在"萧条期同步高于繁荣期同步"的不对称性，对稳增长有一定危害；这一特征对于我国也成立。

第二，参与 GVC 分工使一国经济走势在收敛于世界经济上行的同时又高度同步于世界经济下行，进而导致国际经济周期同步性表现为"萧条期同步高于繁荣期同步"的不对称性，危害稳增长。这一作用有明显国家异质性，其中，发达国家主要作为中间品供应者参与 GVC 分工，对经济平稳性的危害相对较小，而发展中国家主要作为中间品需求者主要从后向参与 GVC 分工，仅能使其经济走势同步于世界经济下行，对经济平稳性产生了较大危害。我国同样从后向参与 GVC 分工，导致经济走势脱离世界经济上行而同步于世界经济下行，对稳增长产生的危害甚至大于其他发展中国家，原因则在于从后向参与 GVC 分工导致我国产业部门中间品高比例进口，进而替代了本国附加值产出并加剧外界风险输入。分贸易伙伴来看，参与 GVC 分工会更大化地驱动我国经济脱离增长较快且稳健的发展中国家、非欧盟国家的经济上行，而更大化地驱动我国经济同步于发达国家、欧盟国家这一高风险群体经济下行，严重危害稳增长。因此，转变 GVC 分工参与方式、减少中间品进口，是改善国际经济周期传导效应进而稳增长的可行路径之一。

第三，GVC 分工地位提升是一国经济增长的"稳定器"，能使一国在凭借更高附加值获取能力来更大化地吸收国外繁荣期需求溢出的同时，提升中间品自给水平与内需主导型贸易分工深度，从而有效遏制国外萧条期风险输入，进而驱动一国经济走势同步于世界经济上行并脱离世界经济下行，改善国际经济周期传导效应。从提升路径来看，以资本密集型中间品对外供应为主导推动 GVC 分工地位提升，会明显弱化该稳定器作用，发展中国家采取了这一分工地位提升路径，导致经济走势仅同步于世界经济上行，而无法脱离世界经济下行，难以稳定经济增长；相反，依靠技术密集型中间品对外供应提升 GVC 分工地位，是稳增长的更优路径。对于我国而言，提升 GVC 分工地位同样可提升经济增长的平稳性，制造业是形成这一作用的主导力量；伴随 GVC 分工地位提升，我国经济走势能更大化地同步于发达国家经济上行并脱离发达国家经济下行，使我国既能有效吸收发达国家繁荣期旺盛的需求溢出，又能遏制此类高风险国家的风险输入，从而更有效地改善发达国家经济周期对我的传导效应，对稳增长的积极作用非常明显。同时，分行业来看，各类密集型制造业 GVC 分工地位提升均有利于经济维稳，并且技术和资本密集型制造业分工地位上升带来的风险抵御能力更强，但值得一提的是，目前我国技术密集型制造业部分高技术中间品无法自主生产而仍依赖进口，该行业 GVC 分工地位仍低于其他行业，进而无法有效遏制外界风险输入。因此，大力提升 GVC 分工地位，并遵循 GVC 分工地位提升路径的经济维稳效果差异和我国现实情况，合理定位提升策略是稳增长的关键。

第四，深化内需主导型 GVC 分工可驱动附加值创造的动力结构发生转换，使一国经济走势在独立于国外经济下行进而获取经济独立利益的同时，脱离国外经济上行，这会有一定弊端，但利大于弊，对改善国际经济周期传导效应、稳定经济有积极作用。然而依靠外包中间品环节深化内需主导型 GVC 分工也会带来风险输入，进而抑制上述经济独立利益。值得一提的是，深化内需主导型 GVC 分工能够赋予一国更强内生增长动力，进而弥补其导致一国脱离国外经济繁荣的弊端，但过度外包劣势环节又会使一国丧失依靠自主创新补齐比较劣势环节短板的动力，抑制内生增长动力提升并使经济增长减速。随着内需主导型 GVC 不断深化，一国参与 GVC 分工的目的将逐渐由服务外需转向服务内需，从而出现内需主导化趋势。从一国单边层面来看，GVC 分工的内需主导化可显著抑制经济波动，该作用发挥的渠道在于减少国外贸易保护、增强国内需求动力与提升生产效率。在深度融入 GVC 分工时，该经济波动抑制作用尤为明显，中国在全面扩大开放的背景下可借助 GVC 分工内需主导化来稳定经济。因此，深化内需主导型 GVC 分工，并减少中间品环节外包，加快构建以内需为主导的国际分工体系，是稳增长的重要抓手。

第五，参与国内价值链，通过强化创新、提升消费活力与市场多元化水平可对稳增长产生直接促进作用，同时也能通过缓解全球价值链参与带来的高复杂度中间品供给依赖而间接稳增长。当深入参与GVC分工时，国内价值链对稳增长的上述直接和间接促进作用更为突出，因此，健全国内价值链体系也是我国在GVC参与下实现稳增长的有力保障。与服务业相比，制造业，尤其是技术密集型制造业参与国内价值链的稳增长作用更强。另外，促进国内价值链长度延伸能够显著降低我国经济波动水平，助力稳增长，其作用机理在于增强产业韧性、优化资源配置及弥补制度环境的不足。当开放度和GVC分工地位较高时，国内价值链长度延伸对经济波动的平抑作用更为显著，因此，我国也可借助国内价值链延伸与全球价值链地位攀升的战略协同而有效稳定经济增长。相比而言，制造业国内价值链长度，以及东部区域各行业国内价值链长度延伸对减缓经济波动发挥了更为关键的作用，值得一提的是，中西部区域各行业国内价值链长度有限，使其平抑经济波动进而稳增长的作用较小。由此可知，完善国内价值链、着力延长国内价值链长度，是借助内循环稳定经济增长的重要手段。

第六，我国可依靠数字技术在各产业部门的深度应用以提升GVC分工地位，进而保障稳增长。数字技术是促进GVC分工地位跃升的新型动力，能够通过提高全要素生产率与中间品竞争力的途径发挥这一作用，其中，国内数字技术是主导力量，技术引进会制约上述作用发挥，实现数字技术自立自强是促进产业向GVC中高端跃升的关键。同时，数字技术嵌入环节对GVC分工地位有明显倒"U"型影响，引导数字技术偏向产业中游环节嵌入，可通过放大促创新、降成本和强链接等作用，进而更有效地推动GVC分工地位提升。另外，数字技术中游嵌入还有助于更大化缓解一国高技术中间品进口、提升出口国内增加值率，并更为有效地促进经济高质量增长。目前，数字技术快速发展为我国GVC分工地位跃升提供了良好机遇，我国应大力实施产业数字化转型战略，加快实现本土数字技术自立自强，提升数字技术在各产业部门的应用水平，同时，遵循数字技术嵌入环节的倒"U"型影响，引导数字技术资源向产业中游环节集聚，形成 GVC 分工地位赶超的新型动力，进而助力稳增长。

（二）政策启示

本书从 GVC 分工参与和分工地位、内需主导型 GVC 和国内价值链三个方面解明了稳增长的实现机制，基于此，结合国际经验借鉴，形成如下价值链嵌入战略优化方案与相应政策体系，为我国稳增长政策设计提供参考。

第一，转变 GVC 分工参与方式，减少各产业部门中间品进口。首先，以制造业为重点，大力培育各产业部门在技术、人力资本等高端要素领域的优势，积极吸引 GVC 分工高附加值环节向中国转移，并鼓励优势企业"走出去"，通过对外直接投资的方式，主动构建以国内企业为核心的 GVC 体系，转变我国依靠低端要素后向嵌入 GVC 分工的方式。另外，我国也可通过提升加工环节的工艺水平与复杂度，塑造产品的国际差异化竞争优势，以提升各产业部门出口品定价能力，使其凭借出口获取更多本国附加值。

其次，通过税收优惠、购买者补贴等措施，提升我国各产业对本土中间品的选择偏好，进而使其在进口和本土中间品质量水平相近时，优先选择本土中间品，鼓励中间品生产和供应的国产化，逐步降低从部分高风险发达国家、欧盟国家进口中间品的比例，以更大化避免供给冲击对稳增长的潜在危害。另外，我国还须继续加强宏观调控力度，大力提高传统调控手段的逆向调节效率，并充分发挥汇率稳定对投资与进出口波动的减缓作用，进而稳定外贸、投资等经济增长的传统驱动力，配合 GVC 分工参与方式转变和中间品进口比例下降，形成推动经济稳增长的更大合力。

第二，大力提升 GVC 分工地位，合理定位提升策略。首先，提升 GVC 分工地位是复杂的系统过程，在国际生产分割深入发展的当前时期，向 GVC 中高端跃升的动力不仅在于产业对技术、品牌、标准、设计等优势的持续开发和积累，更是植根于中间品部门对关键技术、材料等要素的掌控能力，因此，对于我国而言，应着力提升基础研究能力，并加强中间品部门研发资本投入与研发人员培养力度，合力推进中间品制造能力强化与技术深化。另外，将减税降费与营商环境优化等政策向中间品企业倾斜，并通过生产者补贴、价格补贴等形式，在吸引更多本土企业进入中间品领域的同时，激发国内市场对本土中间品的需求，为中间品部门创新发展进而促进我国 GVC 分工地位攀升提供政策与市场支撑。

其次，基于 GVC 分工地位提升路径的经济维稳效果差异与我国现实情况，合理定位提升策略。一方面，引导资本密集型制造业进行中间品精、深加工进而控制 GVC 分工中游环节，避免其过度上游化；另一方面，大力提升技术密集型制造业 GVC 分工地位，积极培育该行业中间品国际竞争力及生产供应能力，以此构建 GVC 分工地位提升的核心动力，同时也要兼顾中间品进口供应稳定性提升，对于短期内无法自主生产而受国外出口管控的高技术中间品，可通过股权控制、收购进口来源企业或与其展开合作研究开发等方式，争取对进口来源的控制权与话语权，在长期中，通过集中研发资源攻克中间品"卡脖子"技术难题以实现自主生产，尽可能遏制外部风险通过中间品供应途径输入国内。

最后，须注意到，一国虽可通过提升 GVC 分工地位在一定程度上遏制国际生产联系带来的风险输入，但各国因技术限制或要素优化配置需要均不可避免进口中间品，进而无法根除外界风险通过这一途径输入，为此，我国应加强全球价值链合作与政策协调，积极打造优势互补、合作共赢的国际分工协作网络，以减少国外贸易保护，建立稳固的中间品国际供需体系，为经济平稳增长营造良好的外贸环境，使 GVC 成为我国和贸易伙伴国稳定经济、共同发展的重要桥梁。

第三，深化内需主导型 GVC 分工，减少中间品环节外包，加快构建以内需为主导的国际分工体系。首先，在全球经济持续低迷的当前时期，应牢抓国内市场需求潜力不断释放的契机，大力推动外需主导型 GVC 分工向内需主导型转变，加快构建以内需为主导的 GVC 分工体系，减少国外需求侧风险因素向国内扩散。鉴于 GVC 分工向内需主导化转变源自国内产业为服务于内需而全球化配置生产环节，进而必然引致产品和劳务多次跨境往返流动，这对一国拥有的国际分工掌控能力及外贸便利化水平提出了更高要求。因此，我国还要以双循环新发展格局构建为契机，引导各产业加强对本土市场需求的重视，在此基础上，一方面，以技术密集型行业为重点，大力增强本土产业对国际分工的掌控能力，同时积极培育大型跨国公司，鼓励各行业优势企业通过跨国并购获取上下游环节控制权，提升企业全球化配置生产环节的能力；另一方面，主动参与国际经贸规则制定，不断优化外贸营商环境，大力推动进出口贸易便利化发展，为深化内需主导型 GVC 分工打下坚实基础。

其次，受限于技术劣势，短期内在将中间品环节外包以构建内需主导型 GVC 分工的同时，不能疏于加强国内该环节技术、材料等要素基础，应着力依靠自主创新与人力资本培育等方式提升国内企业的替代加工能力，防止经济增长受制于中间品回流的"外源约束"；在长期中，应依靠国内中间品加工能力的提升，逐渐减少外包中间品环节这一内需主导型 GVC 分工构建方式。

最后，在深化内需主导型 GVC 分工的过程中，应畅通这一分工模式提升内生增长动力的作用渠道，通过劳动力再培训、促进要素市场化配置等方式，推动要素流向高效率比较优势环节，同时，积极改善国内软、硬件设施，提高对包含在回流中间品与最终品内技术要素的吸收和改造能力；另外，还要积极补齐国内比较劣势环节的短板，避免因外包低效率劣势环节而降低创新主动性，以最大化利用内需主导型 GVC 分工促进内生增长。

第四，完善国内价值链，并延长国内价值链长度。首先，我国应着力推进区域间经济开放，逐步消除流通壁垒与市场分割，降低阻碍国内生产分割的制度性交易成本，推动形成国内统一大市场；在此基础上，以制造业，尤其是技术密集型制造业为重点，培育一批能够主导本土生产分工的龙头企业，鼓励以政府牵头、龙头企业发力、行业协会参与的多方协同方式，积极深化跨区域生产与经济合作，持续织密地区—行业间国内分工网络，充分调动全国多样化生产要素比较优势，不断完善国内价值链，借此促进本地创新，激活消费并提升市场多元化水平，进而畅通经济内循环体系，为稳增长奠定"内力"基础。

其次，进一步完善区域间交通基础设施建设，持续织密国内交通网，提升国内物流体系的智能化水平，改善公路、铁路运输效率，降低运输成本，推动国内贸易便利化发展，为国内价值链长度延伸奠定必要基础。同时，要充分发挥东部区域在国内生产分割中的示范和引领作用，深化畅通"东部从事研发与营销、中部从事加工制造、西部从事资源供应"的国内分工网络，带动中西部区域各产业积极延长国内价值链，避免其成为内循环的短板进而拖累国内价值链长度延伸的稳增长作用。

再次，着力提高中间环节的国内专业化分工程度与竞争水平，深化国内投入产出联系，为中间品部门借助国内价值链实现做大做强提供本土分工网络支撑，进而依靠国内价值链夯实中间环节竞争优势，减少高技术中间品进口，化解全球价值链的供给端风险；同时，还要积极搭建国内价值链和全球价值链的融合对接关系，便利全球价值链下的中间品技术和知识向国内价值链参与企业扩散，与中间品本土创新形成战略协同，以更大化消除全球价值链导致的高复杂度中间品供应依赖。

最后，须注意到，全球价值链外循环下的国际市场需求已成为我国产业最终消费端的重要组成部分，国内价值链形成的内循环并不能对其进行简单替代，在此情形下，我国应引导出口企业积极参与国内价值链，在服务国际市场的同时积极拓展国内销售渠道，基于内需创造新型出口优势，为其出口转内销提供便利条件，逐步消除全球价值链需求端风险对稳增长产生的负面影响。

第五，合理定位数字化战略，有效促 GVC 分工地位提升，进而保障稳增长。首先，以创新为引领加快本土数字技术发展，实现数字技术"自立自强"。大力夯实数字技术领域研发人员、专业技术人才等人力资本基础，并依托政府科技投入引导数字技术企业加强基础研究、核心技术攻关及产业化应用研究，加快构建本土数字技术产业在技术水平、规模、成本等方面的竞争优势，增强其服务于各产业部门改造提升的能力，以适当减少数字技术引进，实现数字技术自立自强。

其次，大力提升数字技术应用水平，形成 GVC 分工地位赶超的新动力。在加快本土数字技术发展的同时，要通过政府补贴、专项技术贷款、设立数字化转型服务机构等形式，推动各行业加大对大数据、物联网、云计算、人工智能等数字技术的应用力度，防止出现数字鸿沟，为各产业向 GVC 中高端跃升、实现国际分工地位赶超打下坚实基础。同时，畅通数字技术作用于 GVC 分工地位的关键渠道。一方面，加快破除限制要素流动的体制机制障碍，以使数字技术充分发挥对要素体系的重构作用进而有效提升生产率；另一方面，加大数字技术在中间品部门的应用力度，增强其获取国内外需求变动及反馈信息的能力，加速中间品改进升级，同时，鼓励设立数字化协同创新平台，推动企业间信息互通与资源集聚，便利产业在核心中间品领域展开协同创新，提升中间品生产能力，使各行业得以掌控核心制造环节，实现 GVC 分工地位跃升。

最后，引导数字技术深度嵌入制造业中游环节。具体而言，以资本和技术密集型制造业为重点，尝试并优先在零部件制造、设备供应等环节落实数字化转型费用加计扣除政策，并依靠财政补贴提升其数字化转型激励，加快引导数字技术资源积聚于中间环节，避免数字技术偏向产业两端的嵌入模式弱化数字化转型效果。同时，要进一步完善数字基础设施建设，大力发展对制造业中间生产环节具有显著支撑配套作用的数字技术服务，为该环节企业数字化转型打造良好的外部环境。另外，我国还可依靠数字技术中游嵌入，充分发挥数字赋能带来的全产业链创新促进、成本降低和链接强化等作用，在加快提升GVC分工地位的基础上，更大化减少中间品进口，提高出口本国附加值率，进而保障经济稳增长。

参 考 文 献

[1] 白俊红，刘宇英. 对外直接投资能否改善中国的资源错配 [J]. 中国工业经济，2018，358（1）：60 - 78.

[2] 白雪洁，宋培，李琳. 数字经济如何平衡"稳增长调结构"目标——基于地区 - 行业层面的分析 [J]. 南开经济研究，2022，229（7）：3 - 22.

[3] 陈东，秦子洋. 人工智能与包容性增长——来自全球工业机器人使用的证据 [J]. 经济研究，2022，57（4）：85 - 102.

[4] 陈凤兰，张鹏飞. 国内生产链延伸发展与企业创新：效应及作用机制 [J]. 国际贸易问题，2022，479（11）：69 - 86.

[5] 陈晓红，李杨扬，宋丽洁，等. 数字经济理论体系与研究展望 [J]. 管理世界，2022，38（2）：13 - 16，208 - 224.

[6] 陈晓华，刘慧，蒋丽. 生产性服务资源环节偏好与中间品进口——来自 34 国 1997—2011 年投入产出数据的经验证据 [J]. 财贸经济，2019，40（3）：101 - 115.

[7] 陈晓华，刘慧，张若洲. 高技术复杂度中间品进口会加剧制造业中间品进口依赖吗？ [J]. 统计研究，2021，38（4）：16 - 29.

[8] 陈晓华，邓贺，杨高举. 出口技术复杂度"瘸腿"型深化与经济增长质量 [J]. 国际贸易问题，2022（8）：103 - 119.

[9] 陈彦斌，陈小亮，刘凯. 宏观政策评价报告 [M]. 北京：科学出版社，2017.

[10] 陈彦斌，刘哲希. 推动资产价格上涨能够"稳增长"

吗？——基于含有市场预期内生变化的 DSGE 模型 ［J］. 经济研究，2017，52（7）：49 - 64.

［11］陈玉平，乔静. 在危机中寻找转机——日本应对全球金融危机的措施和规划 ［J］. 内蒙古农业科技，2010（5）：10 - 11，18.

［12］程大中. 中国参与全球价值链分工的程度及演变趋势——基于跨国投入—产出分析 ［J］. 经济研究，2015，50（9）：4 - 16，99.

［13］程惠芳，岑丽君. FDI、产业结构与国际经济周期协动性研究 ［J］. 经济研究，2010，45（9）：17 - 28.

［14］代谦，何祚宇. 国际分工的代价：垂直专业化的再分解与国际风险传导 ［J］. 经济研究，2015，50（5）：20 - 34.

［15］戴翔. 营商环境优化能够提升全球价值链分工地位吗 ［J］. 经济理论与经济管理，2020（5）：48 - 61.

［16］戴翔，宋婕. "一带一路"倡议的全球价值链优化效应——基于沿线参与国全球价值链分工地位提升的视角 ［J］. 中国工业经济，2021（6）：99 - 117.

［17］戴翔，马皓巍，杨双至. 数字基础设施对制造业 GVC 分工地位的影响 ［J］. 国际商务（对外经济贸易大学学报），2022（5）：20 - 35.

［18］戴翔，杨双至. 数字赋能、数字投入来源与制造业绿色化转型 ［J］. 中国工业经济，2022（9）：83 - 101.

［19］杜群阳，朱剑光. 产业内贸易对东亚经济周期协动性影响的实证研究 ［J］. 国际贸易问题，2011（12）：81 - 89.

［20］杜运苏，彭冬冬. 内涵服务与中国制造业分工地位提升：出口增加值视角 ［J］. 经济理论与经济管理，2018（5）：29 - 42.

［21］杜运苏，彭冬冬，陈启斐. 服务业开放对企业出口国内价值链的影响——基于附加值率和长度视角 ［J］. 国际贸易问题，2021，465（9）：157 - 174.

［22］樊茂清，黄薇. 基于全球价值链分解的中国贸易产业结构

演进研究［J］. 世界经济，2014，37（2）：50-70.

［23］范鑫. 数字经济与出口：基于异质性随机前沿模型的分析［J］. 世界经济研究，2021（2）：64-75，136.

［24］高敬峰，王彬. 数字技术提升了中国全球价值链地位吗［J］. 国际经贸探索，2020，36（11）：35-51.

［25］高培勇，钟春平. 理解中国的宏观经济政策走向——历史回顾，现实判断，理政思路与政策选择［J］. 经济学动态，2014（10）：17-29.

［26］谷方杰，沙秀娟，张文锋. 国内价值链对接全球价值链：中国省域出口增加值获取路径分析［J］. 中国软科学，2022（3）：164-172，182.

［27］顾国达，任祎卓，郭爱美. 垂直专业化贸易对国际经济周期传导的影响——来自中国与东亚9国（地区）间的证据［J］. 财贸经济，2016（7）：121-132.

［28］顾国达，任祎卓. 要素分工对国际经济周期传导的影响——来自中国与东亚9国（地区）间的经验证据［J］. 国际贸易问题，2016（4）：95-106.

［29］郭克莎，宋杰. 关于制造业高质量发展与经济稳增长的理论分析［J］. 社会科学战线，2021（8）：36-46.

［30］郭豫媚，陈伟泽，陈彦斌. 中国货币政策有效性下降与预期管理研究［J］. 经济研究，2016，51（1）：28-41，83.

［31］韩剑，冯帆，姜晓运. 互联网发展与全球价值链嵌入——基于GVC指数的跨国经验研究［J］. 南开经济研究，2018（4）：21-35，52.

［32］胡峰，王芳. 美国制造业回流的原因、影响及对策［J］. 科技进步与对策，2014，31（9）：75-79.

［33］黄繁华，洪银兴. 生产性服务业对我国参与国际循环的影响——基于制造业全球价值链分工地位的研究［J］. 经济学动态，2020，718（12）：15-27.

［34］黄宁燕，杨朝峰，蒯强．全球金融危机下法国科技战略的应急调整及其成效［J］．中国科技论坛，2010（5）：139-144.

［35］黄群慧，陈创练．新发展格局下需求侧管理与供给侧结构性改革的动态协同［J］．改革，2021（3）：1-13.

［36］黄群慧，余泳泽，张松林．互联网发展与制造业生产率提升：内在机制与中国经验［J］．中国工业经济，2019（8）：5-23.

［37］黄赜琳，姚婷婷．中国与"一带一路"沿线国家经济周期协同性及其传导机制［J］．统计研究，2018，35（9）：40-53.

［38］贾根良，楚珊珊．产业政策视角的美国先进制造业计划［J］．财经问题研究，2019（7）：38-48.

［39］江小涓，孟丽君．内循环为主、外循环赋能与更高水平双循环——国际经验与中国实践［J］．管理世界，2021，37（1）：1-19.

［40］姜辉．美国出口管制政策与我国技术引进路径演变［J］．经济地理，2018，38（1）：112-119.

［41］焦勇．数字经济赋能制造业转型：从价值重塑到价值创造［J］．经济学家，2020（6）：87-94.

［42］杰文斯．政治经济学理论［M］．北京：商务印书馆，1984.

［43］金鹏辉，王营，张立光．稳增长条件下的金融摩擦与杠杆治理［J］．金融研究，2017（4）：78-94.

［44］康立，龚六堂．金融摩擦、银行净资产与国际经济危机传导——基于多部门DSGE模型分析［J］．经济研究，2014，49（5）：147-159.

［45］黎峰．增加值视角下的中国国家价值链分工——基于改进的区域投入产出模型［J］．中国工业经济，2016a，336（3）：52-67.

［46］黎峰．中国国内价值链是怎样形成的？［J］．数量经济技术经济研究，2016b，33（9）：76-94.

[47] 李跟强，潘文卿. 国内价值链如何嵌入全球价值链：增加值的视角 [J]. 管理世界，2016，274（7）：10－22，187.

[48] 李跟强，潘文卿. 价值链嵌入与经济周期联动——增加值的视角 [J]. 统计研究，2019，36（9）：18－31.

[49] 李宏亮，谢建国. 服务贸易开放提高了制造业企业加成率吗——基于制度环境视角的微观数据研究 [J]. 国际贸易问题，2018，427（7）：28－40.

[50] 李静，楠玉，刘霞辉. 中国经济稳增长难题：人力资本错配及其解决途径 [J]. 经济研究，2017，52（3）：18－31.

[51] 李静，楠玉. 人才为何流向公共部门——减速期经济稳增长困境及人力资本错配含义 [J]. 财贸经济，2019，40（2）：20－33.

[52] 李腊生，樊星，郑金珏. 遗产税与稳增长——基于跨期替代模型的分析 [J]. 统计研究，2017，34（6）：52－60.

[53] 李翘楚，成力为. 融资约束对 R&D 投资周期特征影响的机理研究 [J]. 科学学研究，2019，37（6）：1022－1032.

[54] 李星，邹战勇. 美国经济周期对中国经济周期的金融传导研究 [J]. 求索，2011（8）：35－37.

[55] 李自若，夏晓华，黄桂田. 中国省际贸易流量再估算与贸易演变特征研究 [J]. 统计研究，2020，37（8）：35－49.

[56] 林祺，林僖. 欧债危机、主权风险冲击与金融传导——来自中国金融市场的证据 [J]. 国际贸易问题，2015（3）：156－167.

[57] 凌永辉，刘志彪. 内需主导型全球价值链的概念、特征与政策启示 [J]. 经济学家，2020，258（6）：26－34.

[58] 刘斌，王乃嘉，屠新泉. 贸易便利化是否提高了出口中的返回增加值 [J]. 世界经济，2018，41（8）：103－128.

[59] 刘斌，顾聪. 互联网是否驱动了双边价值链关联 [J]. 中国工业经济，2019（11）：98－116.

[60] 刘斌，潘彤. 人工智能对制造业价值链分工的影响效应研

究 [J]. 数量经济技术经济研究, 2020, 37 (10): 24 – 44.

[61] 刘斌, 赵晓斐. 制造业投入服务化、服务贸易壁垒与全球价值链分工 [J]. 经济研究, 2020, 55 (7): 159 – 174.

[62] 刘恩专, 刘立军. 东亚经济周期协动性的贸易传导——贸易三元边际视角的一个实证 [J]. 国际贸易问题, 2014 (3): 156 – 166.

[63] 刘瑞翔, 黄帅, 范金. 进口替代下的全球生产链重构及其对中国经济增长的影响 [J]. 数量经济技术经济研究, 2021, 38 (7): 83 – 103.

[64] 刘瑞翔, 徐瑾. 国内外双循环体系下的贸易核算: 一种新型框架及其应用 [J]. 统计研究, 2022, 39 (6): 101 – 116.

[65] 刘诗白. 以科技创新促转型稳增长 [J]. 经济学家, 2013 (11): 5 – 13.

[66] 刘淑春, 闫津臣, 张思雪, 等. 企业管理数字化变革能提升投入产出效率吗 [J]. 管理世界, 2021, 37 (5): 170 – 190, 13.

[67] 刘晓光, 张杰平. 中国杠杆率悖论——兼论货币政策 "稳增长" 和 "降杠杆" 真的两难吗 [J]. 财贸经济, 2016 (8): 5 – 19.

[68] 刘洋, 董久钰, 魏江. 数字创新管理: 理论框架与未来研究 [J]. 管理世界, 2020, 36 (7): 198 – 217, 219.

[69] 刘宇英, 盛斌. 数字经济与全球价值链国内链长 [J]. 财经研究, 2023, 49 (4): 35 – 49.

[70] 吕越, 黄艳希, 陈勇兵. 全球价值链嵌入的生产率效应: 影响与机制分析 [J]. 世界经济, 2017, 40 (7): 28 – 51.

[71] 吕越, 罗伟, 包群. 企业上游度、贸易危机与价值链传导的长鞭效应 [J]. 经济学 (季刊), 2020a, 19 (3): 875 – 896.

[72] 吕越, 谷玮, 包群. 人工智能与中国企业参与全球价值链分工 [J]. 中国工业经济, 2020b, (5): 80 – 98.

[73] 罗长远, 张军. 附加值贸易: 基于中国的实证分析 [J].

经济研究, 2014, 49 (6): 4-17, 43.

[74] 马丹, 何雅兴. 危机传递、逆全球化与世界经济周期联动性 [J]. 统计研究, 2019, 36 (7): 77-90.

[75] 马淑琴, 邵宇佳, 王彬苏. 价值链贸易、全要素生产率与经济周期的联动——来自世界与中国的经验证据 [J]. 国际贸易问题, 2017 (8): 51-61.

[76] 马淑琴, 李敏, 邱询旻. 双边自由贸易协定深度异质性及区内全球价值链效应——基于 GVC 修正引力模型实证研究 [J]. 经济理论与经济管理, 2020 (5): 62-74.

[77] 马歇尔. 经济学原理 [M]. 北京: 商务印书馆, 2021.

[78] 毛振华, 张英杰, 袁海霞. 近年来中国宏观调控和经济政策的特征分析 [J]. 中国人民大学学报, 2016, 30 (5): 21-28.

[79] 梅冬州, 赵晓军, 张梦云. 贸易品类别与国际经济周期协动性 [J]. 经济研究, 2012, 47 (2): 144-155.

[80] 梅冬州, 崔小勇. 制造业比重、生产的垂直专业化与金融危机 [J]. 经济研究, 2017, 52 (2): 96-110.

[81] 孟庆斌, 杨新铭, 靳晓婷. 我国非线性货币政策反应规则研究——从控通胀到稳增长 [J]. 经济学动态, 2012 (5): 76-82.

[82] 倪红福, 龚六堂, 夏杰长. 生产分割的演进路径及其影响因素——基于生产阶段数的考察 [J]. 管理世界, 2016, 271 (4): 10-23, 187.

[83] 倪红福, 王海成. 企业在全球价值链中的位置及其结构变化 [J]. 经济研究, 2022, 57 (2): 107-124.

[84] 欧阳志刚. 中国经济增长的趋势与周期波动的国际协同 [J]. 经济研究, 2013, 48 (7): 35-48.

[85] 潘文卿, 娄莹, 李宏彬. 价值链贸易与经济周期的联动: 国际规律及中国经验 [J]. 经济研究, 2015, 50 (11): 20-33.

[86] 潘文卿, 李跟强. 中国区域的国家价值链与全球价值链: 区域互动与增值收益 [J]. 经济研究, 2018, 53 (3): 171-186.

[87] 蒲阿丽, 李平. 出口、市场化与资源配置效率的行业异质性分析 [J]. 改革, 2019 (9): 93 - 102.

[88] 齐俊妍, 任奕达. 数字经济渗透对全球价值链分工地位的影响——基于行业异质性的跨国经验研究 [J]. 国际贸易问题, 2021 (9): 105 - 121.

[89] 任志祥, 宋玉华. 中外产业内贸易与经济周期协动性的关系研究 [J]. 统计研究, 2004 (5): 17 - 20.

[90] 邵朝对, 苏丹妮. 全球价值链生产率效应的空间溢出 [J]. 中国工业经济, 2017, 349 (4): 94 - 114.

[91] 邵朝对, 苏丹妮. 中国价值链分工的福利效应与空间解构: 双循环视角 [J]. 世界经济, 2023, 46 (1): 32 - 62.

[92] 邵宇佳, 刘文革. 增加值贸易与国际经济周期联动: 理论模拟与经验检验 [J]. 世界经济, 2020, 43 (8): 100 - 122.

[93] 沈春苗, 郑江淮. 内需型经济全球化与开放视角的包容性增长 [J]. 世界经济, 2020, 43 (5): 170 - 192.

[94] 盛斌, 毛其淋. 贸易开放、国内市场一体化与中国省际经济增长: 1985~2008 年 [J]. 世界经济, 2011 (11): 44 - 66.

[95] 盛斌, 苏丹妮, 邵朝对. 全球价值链、国内价值链与经济增长: 替代还是互补 [J]. 世界经济, 2020, 43 (4): 3 - 27.

[96] 施炳展, 张雅睿. 贸易自由化与中国企业进口中间品质量升级 [J]. 数量经济技术经济研究, 2016, 33 (9): 3 - 21.

[97] 施炳展, 李建桐. 互联网是否促进了分工: 来自中国制造业企业的证据 [J]. 管理世界, 2020, 36 (4): 130 - 149.

[98] 施炳展, 游安南. 数字化政府与国际贸易 [J]. 财贸经济, 2021, 42 (7): 145 - 160.

[99] 宋马林, 金培振. 地方保护、资源错配与环境福利绩效 [J]. 经济研究, 2016, 51 (12): 47 - 61.

[100] 宋宪萍, 曹宇驰. 数字经济背景下全球价值链的风险及其放大: 表征透视、机理建构与防控调适 [J]. 经济学家, 2022,

281（5）：78 - 86.

［101］苏立君，王俊，谭清译．经济全球化条件下生产链和价值链的碎片化——基于世界投入产出模型［J］．经济学家，2018（7）：34 - 44.

［102］苏庆义．中国国际分工地位的再评估——基于出口技术复杂度与国内增加值双重视角的分析［J］．财经研究，2016a，42（6）：40 - 51.

［103］苏庆义．中国省级出口的增加值分解及其应用［J］．经济研究，2016b，51（1）：84 - 98，113.

［104］孙彦红．探寻政府经济角色的新定位——试析国际全球金融危机爆发以来英国的产业战略［J］．欧洲研究，2019，37（1）：68 - 90，6 - 7.

［105］粟壬波，陈乐一．中国经济周期的国际协同——基于非线性视角的实证分析［J］．山西财经大学学报，2016，38（3）：1 - 11.

［106］唐遥，陈贞竹，刘柯含．需求和供给冲击对企业投资以及价值链的影响——基于突发事件的研究［J］．金融研究，2020（6）：40 - 59.

［107］唐宜红，张鹏杨，梅冬州．全球价值链嵌入与国际经济周期联动：基于增加值贸易视角［J］．世界经济，2018，41（11）：49 - 73.

［108］唐宜红，张鹏杨．全球价值链嵌入对贸易保护的抑制效应：基于经济波动视角的研究［J］．中国社会科学，2020，295（7）：61 - 80，205.

［109］陶锋，王欣然，徐扬，等．数字化转型、产业链供应链韧性与企业生产率［J］．中国工业经济，2023，422（5）：118 - 136.

［110］田正，杨功金．大变局下日本产业政策的新动向［J］．日本学刊，2022（6）：82 - 103，150.

［111］托马斯·罗伯特·马尔萨斯．政治经济学论文五篇［M］．何新，译．北京：商务印书馆，2016.

［112］王彬，高敬峰，宋玉洁．数字经济对三重价值链协同发展的影响［J］．统计研究，2023，40（1）：18－32.

［113］王福君．后全球金融危机时代美国、日本、德国三国装备制造业回流及对中国的影响［J］．经济研究参考，2012（63）：7－13.

［114］王金明，高铁梅．中美经济波动同步性及贸易驱动效应研究［J］．统计与决策，2014（12）：147－149.

［115］王开科，吴国兵，章贵军．数字经济发展改善了生产效率吗［J］．经济学家，2020（10）：24－34.

［116］王岚．融入全球价值链对中国制造业国际分工地位的影响［J］．统计研究，2014，31（5）：17－23.

［117］王岚，李宏艳．中国制造业融入全球价值链路径研究——嵌入位置和增值能力的视角［J］．中国工业经济，2015（2）：76－88.

［118］王雅琦，张文魁，洪圣杰．出口产品质量与中间品供给［J］．管理世界，2018，34（8）：30－40.

［119］王迎，史亚茹，于津平．数字经济与国内价值链分工［J］．中南财经政法大学学报，2023（2）：118－130.

［120］王振国，张亚斌，单敬，等．中国嵌入全球价值链位置及变动研究［J］．数量经济技术经济研究，2019，36（10）：77－95.

［121］王直，魏尚进，祝坤福．总贸易核算法：官方贸易统计与全球价值链的度量［J］．中国社会科学，2015，237（9）：108－127，205－206.

［122］王志刚，黎恩银．政府基建支出如何兼顾稳增长与调结构——基于生产网络的视角［J］．经济学动态，2022，738（8）：25－44.

[123] 魏杰，施戍杰. 中国当前经济稳增长的重点应当放在哪里？[J] 经济问题探索，2012（9）：1 - 9.

[124] 文东伟. 全球价值链分工与中国的贸易失衡——基于增加值贸易的研究 [J]. 数量经济技术经济研究，2018，35（11）：39 - 57.

[125] 西斯蒙第. 政治经济学新原理 [M]. 北京：商务印书馆，1997.

[126] 向书坚，吴文君. 中国数字经济卫星账户框架设计研究 [J]. 统计研究，2019，36（10）：3 - 16.

[127] 肖威，刘德学. 垂直专业化分工与经济周期的协同性——基于中国和主要贸易伙伴的实证研究 [J]. 国际贸易问题，2013（3）：35 - 45.

[128] 肖文，潘家栋，李晓霞. 中国与东亚产业内贸易对经济周期协动性的影响 [J]. 浙江学刊，2015（3）：163 - 173.

[129] 肖旭，戚聿东. 产业数字化转型的价值维度与理论逻辑 [J]. 改革，2019（8）：61 - 70.

[130] 肖宇，夏杰长，倪红福. 中国制造业全球价值链攀升路径 [J]. 数量经济技术经济研究，2019，36（11）：40 - 59.

[131] 熊彬，罗科. 中国制造业投入服务化与价值链功能攀升——基于内向绿地投资视角 [J]. 国际贸易问题，2023，482（2）：126 - 142.

[132] 许宪春. 准确理解中国现行国内生产总值核算 [J]. 统计研究，2019，36（5）：3 - 15.

[133] 许宪春，张美慧. 中国数字经济规模测算研究——基于国际比较的视角 [J]. 中国工业经济，2020（5）：23 - 41.

[134] 杨朝峰，赵志耘. 金融危机后主要国家科技战略与政策的调整及启示 [J]. 科技与法律，2011（6）：1 - 5.

[135] 杨慧梅，江璐. 数字经济、空间效应与全要素生产率 [J]. 统计研究，2021，38（4）：3 - 15.

[136] 杨继军，范从来．"中国制造"对全球经济"大稳健"的影响——基于价值链的实证检验［J］．中国社会科学，2015，238（10）：92-113，205-206．

[137] 杨继军．增加值贸易对全球经济联动的影响［J］．中国社会科学，2019，280（4）：26-48，204-205．

[138] 杨思涵，佟孟华．人力资本、技术进步与经济稳增长——理论机制与经验证据［J］．浙江社会科学，2022，305（1）：24-38，157．

[139] 杨震宁，侯一凡，李德辉，等．中国企业"双循环"中开放式创新网络的平衡效应——基于数字赋能与组织柔性的考察［J］．管理世界，2021，37（11）：184-205，12．

[140] 姚雯，唐爱迪．金融一体化与经济周期的跨国传导［J］．经济学报，2020，7（2）：61-85．

[141] 易先忠，包群，高凌云，等．出口与内需的结构背离：成因及影响［J］．经济研究，2017，52（7）：79-93．

[142] 尹伟华．全球价值链视角下中国制造业出口贸易分解分析——基于最新的 WIDD 数据［J］．经济学家，2017（8）：33-39．

[143] 余振，周冰惠，谢旭斌，等．参与全球价值链重构与中美贸易摩擦［J］．中国工业经济，2018（7）：24-42．

[144] 张兵．中美经济周期的协动性：基于马尔科夫区制转移模型的研究［J］．南开经济研究，2015（3）：3-18．

[145] 张定胜，刘洪愧，杨志远．中国出口在全球价值链中的位置演变——基于增加值核算的分析［J］．财贸经济，2015（11）：114-130．

[146] 张二震，戴翔．以"双循环"新发展格局引领经济高质量发展：理论逻辑与实现路径［J］．南京社会科学，2023，423（1）：51-59．

[147] 张寒，娄峰．德国经济从全球金融危机中快速复苏原因及启示［J］．现代经济探讨，2015（5）：79-82，87．

［148］张会清，翟孝强．中国参与全球价值链的特征与启示——基于生产分解模型的研究［J］．数量经济技术经济研究，2018，35（1）：3－22．

［149］张建清，陈果，单航．进口贸易、价值链嵌入与制造业生产率进步［J］．科学学研究，2020，38（10）：1768－1781．

［150］张杰，郑文平．全球价值链下中国本土企业的创新效应［J］．经济研究，2017，52（3）：151－165．

［151］张丽娟．金融危机以来美国贸易政策的回顾与展望［J］．国际贸易问题，2011（6）：35－46．

［152］张辽，王俊杰．信息化密度、信息技术能力与制造业全球价值链攀升［J］．国际贸易问题，2020（6）：111－126．

［153］张鹏杨，张硕．数字全球价值链参与如何稳定企业产出波动［J］．经济管理，2022，44（7）：5－22．

［154］张晴，于津平．制造业投入数字化与全球价值链中高端跃升——基于投入来源差异的再检验［J］．财经研究，2021，47（9）：93－107．

［155］张少军．外包造成了经济波动吗？——来自中国省级面板的实证研究［J］．经济学（季刊），2013，12（2）：621－648．

［156］张卫华，刘松竹，梁运文．全球价值链"互联网＋"连接机理研究：态势演进与位势跃升［J］．宏观经济研究，2021（1）：66－78．

［157］张志明，杜明威．全球价值链视角下中美贸易摩擦的非对称贸易效应——基于MRIO模型的分析［J］．数量经济技术经济研究，2018，35（12）：22－39．

［158］赵宸宇，王文春，李雪松．数字化转型如何影响企业全要素生产率［J］．财贸经济，2021，42（7）：114－129．

［159］赵金龙，崔攀越，倪中新．全球价值链视角下深度自由贸易协定对经济波动的影响［J］．国际贸易问题，2022，476（8）：120－135．

［160］赵清华. 德国政府宽带战略及其实施进展［J］. 全球科技经济瞭望，2014，29（12）：1-4，52.

［161］赵晓斐，何卓. 数字服务贸易壁垒与价值链长度［J］. 中南财经政法大学学报，2022，252（3）：139-150.

［162］赵志耘，刘晓路，吕冰洋. 中国要素产出弹性估计［J］. 经济理论与经济管理，2006（6）：5-11.

［163］郑江淮，郑玉. 新兴经济大国中间产品创新驱动全球价值链攀升——基于中国经验的解释［J］. 中国工业经济，2020（5）：61-79.

［164］钟世川，梁经伟，毛艳华. 全球价值链嵌入位置对生产率提升的影响机制研究——基于技术创新方向和资源配置效应的视角［J］. 国际贸易问题，2021（6）：110-125.

［165］周华，李飞飞，赵轩，等. 非等间距产业上游度及贸易上游度测算方法的设计及应用［J］. 数量经济技术经济研究，2016，33（6）：128-143.

［166］朱太辉，魏加宁，刘南希，等. 如何协调推进稳增长和去杠杆？——基于资金配置结构的视角［J］. 管理世界，2018，34（9）：25-32，45.

［167］Acemoglu D，Azar P D. Endogenous Production Networks［J］. Econometrica，2020，88（1）：33-82.

［168］Acemoglu D，Lelarge C，Restrepo P. Competing with Robots：Firm-Level Evidence from France［R］. NBER Working Papers，2020，No 26738.

［169］Aghion P，Jones B F，Jones C I. Artificial Intelligence and Economic Growth［R］. NBER Working Paper，2017，No. 23928.

［170］Akyüz Y. Export Dependence and Sustainability of Growth in China［J］. China & World Economy，2011，12（1）：1-23.

［171］Altomonte C，Mauro F D，Ottaviano G，et al. Global Value Chains During the Great Trade Collapse：A Bullwhip Effect？［R］. ECB

Working Paper, 2012, No. 1412.

[172] Antràs P, Chor D, Thibault F, et al. Measuring the Upstreamness of Production and Trade Flows [J]. American Economic Review, 2012, 102 (3): 412 – 446.

[173] Antràs P, Chor D. Organizing the Global Value Chain [J]. Econometrica, 2013, 81 (6): 2127 – 2204.

[174] Artis M, Okubo T. Does International Trade Really Lead to Business Cycle Synchronization? —A Panel Data Approach [J]. The Manchester School, 2011, 79 (2): 318 – 332.

[175] Athukorala P C. Production Networks and Trade Patterns in East Asia: Regionalization or Globalization? [J]. Asian Economic Papers, 2010, 10 (1): 65 – 95.

[176] Backus D K, Kehoe P J, Kydland F E. International Real Business Cycles [J]. Journal of Political Economy, 1992, 100 (4): 745 – 775.

[177] Backus D K, Kehoe P J, Kydland F E. Frontiers of Business Cycle Research [M]. Princeton: Princeton University Press, 1995: 331 – 356.

[178] Baldwin J R, Yan B. Global Value Chains and the Productivity of Canadian Manufacturing Firms [M]. Ottawa – Ontario: Statistics Canada Publishing, 2014.

[179] Baqaee D R. Cascading Failures in Production Networks [J]. Econometrica, 2018, 86 (5): 1819 – 1838.

[180] Barefoot B, Curtis D, Jolliff W, et al. Defining and Measuring the Digital Economy [R]. BEA Working Paper, 2018.

[181] Baxter M, Crucini M. Business Cycle and the Asset Structure of Foreign Trade [J]. International Economic Review, 1995, 36 (4): 821 – 853.

[182] Baxter M, Kouparitsas M A. Determinants of Business Cycle

Comovement: A Robust Analysis [R]. NBER Working Paper, 2005, No. 10725.

[183] Bergin P R, Feenstra R, Hanson G H. Outsourcing and Volatility [R]. NBER Working Paper, 2007, No. 13144.

[184] Bezemer D, Grydaki M, Zhang L. More Mortgages, Lower Growth? [J]. Economic Inquiry, 2016, 54 (1): 652 –674.

[185] Bharadwaj A, Sawy O A E, Pavlou P A, et al. Digital Business Strategy: Toward a Next Generation of Insights [J]. MIS Quarterly, 2013, 37 (2): 471 –482.

[186] Bordo M D, Helbling T F. International Business Cycle Synchronization in Historical Perspective [R]. NBER Working Papers, 2010, No. 16103.

[187] Brandt L, Tombe T, Zhu X D. Factor Market Distortions across Time, Space and Sectors in China [J]. Review of Economic Dynamics, 2013, 16 (1): 39 –58.

[188] Brynjolfsson E, McAfee A. Machine, Platform, Crowd: Harnessing Our Digital Future [M]. New York: Norton and Company, 2017.

[189] Buch C M, Dopke J, Strotmann H. Does Export Openness Increase Firm-level Output Volatility [J]. World Economy, 2009, 32 (4): 531 –551.

[190] Burstein A, Kurz C, Tesar L. Trade, Production Sharing, and the International Transmission of Business Cycles [J]. Social Science Electronic Publishing, 2008, 55 (4): 775 –795.

[191] Calderon C, Chong A, Stein E. Trade Intensity and Business Cycle Synchronization: Are Developing Countries Any Different? [J]. Journal of international Economics, 2007, 71 (1): 2 –21.

[192] Caselli F, Koren M, Lisicky M, et al. Diversification through Trade [J]. The Quarterly Journal of Economics, 2020, 135 (1), 449 –

502.

［193］ Cerqueira P A, Martins R. Measuring the Determinants of Business Cycle Synchronization Using a Panel Approach ［J］. Economic letters, 2009, 102（2）: 106 – 108.

［194］ Cesa – Bianchi A, Imbs J, Saleheen J. Finance and Synchronization ［J］. Journal of International Economics, 2019, 116（8）: 74 – 87.

［195］ Chen Q R, Gao Y N, Pei J S, et al. China's Domestic Production Networks ［J］. China Economic Review, 2022, 72（4）, 101767.

［196］ Cheng K, Rehman S, Seneviratne D, et al. Reaping the Benefits from Global Value Chains ［R］. IMF Working Papers, 2015（204）.

［197］ Chinn M D, Ito H. What Matters for Financial Development? Capital Controls, Institutions, and Interactions ［J］. Journal of Development Economics, 2006, 81（1）: 163 – 192.

［198］ Chu Y, Tian X, Wang W. Corporate Innovation along the Supply Chain ［J］. Management Science, 2019, 65（6）: 2445 – 2466.

［199］ Clark T E, Wincoop E V. Borders and Business Cycles ［J］. Journal of International Economics, 2001, 55（1）: 59 – 85.

［200］ Costas A, Ananth R. Vertical Specialization and International Business Cycle Synchronization ［J］. The Scandinavian Journal of Economics, 2009, 111（4）: 655 – 680.

［201］ Dana J D, Orlov E. Internet Penetration and Capacity Utilization in the US Airline Industry ［J］. American Economic Journal: Microeconomics, 2014, 6（4）: 106 – 137.

［202］ Dellas H. Cyclical Co-movements in Real Economic Activity and Prices in the World Economy ［D］. New York State of USA: University of Rochester, 1985.

［203］Devereux M B，Yu C H. International Financial Integration and Crisis Contagion［J］. The Review of Economic Studies，2020，87（3）：1174 – 1212.

［204］Ductor L，Leiva – Leon D. Dynamics of Global Business Cycle Interdependence［J］. Journal of International Economics，2016，102（1）：110 – 127.

［205］Duval R，Li N，Saraf R，et al. Value – Added Trade and Business Cycle Synchronization［J］. Journal of International Economics，2016，99：251 – 262.

［206］Eggertsson G，Krugman P. Debt，Deleveraging and the Liquidity Trap：A Fisher – Minsky – Koo Approach［J］. Quarterly Journal of Economics，2012，127（3）：1469 – 1513.

［207］Elekdag S A，Wu Y Q. Rapid Credit Growth：Boon or Boom – Bust?［R］. IMF Working Papers，2011，No. 241.

［208］Fally T. Production Staging：Measurement and Facts［R］. University of Colorado – Boulder Working Paper，2012.

［209］Fidrmuc J. The Endogeneity of the Optimum Currency Area Criteria，Intra-industry Trade，and EMU Enlargement［J］. Contemporary Economic Policy，2004，22（1）：1 – 12.

［210］Frankel J A，Rose A K. The Endogeneity of the Optimum Currency Area Criteria［J］. Economic Journal，1998，108（449）：1009 – 1025.

［211］Giovanni J，Levchenko AA. Putting the Parts Together：Trade，Vertical Linkages，and Business Cycle Comovement［J］. American Economic Journal：Macroeconomics，2010，2（2）：95 – 124.

［212］Giovanni J，Levchenko A，Mejean I. Firms，Destinations，and Aggregate Fluctuations［J］. Econometrica，2014，82（4）：1303 – 1340.

［213］Giovanni J，Levchenko AA，Mejean I. The Micro Origins of

292

International Business – Cycle Comovement [J]. American Economic Review, 2018, 108 (1): 82 – 108.

[214] Goldfarb A, Tucker C. Digital Economics [J]. Journal of Economic Literature, 2019, 57 (1): 3 – 43.

[215] Hall R E. The Long Slump [J]. American Economic Review, 2011, 101 (2): 431 – 69.

[216] Hosseini S, Morshedlou N, Ivanov D, et al. Resilient Supplier Selection and Optimal Order Allocation under Disruption Risks [J]. International Journal of Production Economics, 2019, 213 (7): 124 – 137.

[217] Huang K X D, Liu Z. Business Cycles with Staggered Price and International Trade in Intermediate Inputs [J]. Journal of Monetary Economics, 2007, 54 (4): 1271 – 1289.

[218] Hummels D, Ishii J, Yi K M. The Nature and Growth of Vertical Specialization in World Trade [J]. Journal of International Economics, 2001, 54 (1): 75 – 96.

[219] Humphrey J, Schmitz, H. Does Insertion in Global Value Chains Affect Upgrading in Industrial Clusters [J]. Regional Studies, 2002, 36 (9): 1017 – 1027.

[220] Iossifov P K. Cross – Border Production Chains and Business Cycle Co – Movement between Central and Eastern European Countries and Euro Area Member States [R]. European Central Bank working paper, 2014, No. 1628.

[221] Ismail H S, Sharifi H. A Balanced Approach to Building Agile Supply Chains [J]. International Journal of Physical Distribution & Logistics Management, 2006, 36 (6): 431 – 444.

[222] Jin Z D, Wang J C, Yang M, et al. The Effects of Participation in Global Value Chains on Energy Intensity: Evidence from International Industry – Level Decomposition [J]. Energy Strategy Reviews,

2022，39：100780.

［223］Johnson R C，Noguera G. Fragmentation and Trade in Value Added over Four Decades ［R］. NBER Working Paper，2012，No. 18186.

［224］Johnson R C. Trade in Intermediate Inputs and Business Cycle Comovement ［J］. American Economic Journal：Macroeconomics，2014，6（4）：39 – 83.

［225］Joya O，Rougier E. Do（all）Sectoral Shocks Lead to Aggregate Volatility？Empirics from a Production Network Perspective ［J］. European Economic Review，2019，113：77 – 107.

［226］Kalemli-ozcan S，Papaioannou E，Perri F. Global Banks and Crisis Transmission ［J］. Journal of International Economics，2013，89（2）：495 – 510.

［227］Kaminsky G L，Reinhart C M. On Crises，Contagion，and Confusion ［J］. Journal of international economics，2010，51（1）：145 – 168.

［228］Koopman R，Powers W，Wang Z，et al. Give Credit Where is Due：Tracing Value Added in Global Production Chains ［R］. NBER Working Paper，2010，No. 16426.

［229］Koopman R，Wang Z，Wei S J. Estimating Domestic Content in Exports When Processing Trade is Pervasive ［J］. Journal of Development Economics，2012，99（1）：178 – 189.

［230］Koopman R，Wang Z，Wei S J. Tracing Value-added and Double Counting in Gross Exports ［J］. American Economic Review，2014，104（2）：459 – 494.

［231］Kose M A，Yi K M. International Trade and Business Cycles：Is Vertical Specialization the Missing Link？［J］. American Economic Review，2001，91（2）：371 – 375.

［232］Kose M A，Prasad E S，Terrones M E. How Does Globalization Affect the Synchronization of Business Cycles? [J]. American Economic Review, 2003, 93 (2): 57 –62.

[233] Kose M A, Yi K M. Can the Standard International Business Cycle Model Explain the Relation between Trade and Comovement? [J]. Journal of International Economics, 2006, 68 (2), 267 –295.

[234] Kose M A, Otrok C, Prasad E. Global Business Cycles: Convergence or Decoupling? [J]. International Economic Review, 2012, 53 (2): 511 –538.

[235] Liao W, Santacreu A M. The Trade Comovement Puzzle and the Margins of International Trade [J]. Journal of International Economics, 2015, 96 (2): 266 –288.

[236] Maggioni D, Turco A L, Gallegati M. Does Product Complexity Matter for Firms' Output Volatility? [J]. Journal of Development Economics, 2016, 121 (7): 94 –109.

[237] Melitz M J. The Impact of Trade on Intra – Industry Reallocations and Aggregate Industry Productivity [J]. Econometrica, 2003, 71 (6): 1695 –1725.

[238] Meng B, Zhang Y X, Guo J M, et al. China's Regional Economies and Value Chains: An Interregional Input – Output Analysis [R]. IDE Discussion Paper, 2012, No. 359.

[239] Meng B, Fang Y, Guo J M, et al. Measuring China's Domestic Production Networks Through Trade in Value – Added Perspectives [J]. Economic Systems Research, 2017, 29 (1): 48 –65.

[240] Mensch, G. Stalemate in Technology: Innovations Overcome the Depression [M]. Cambridge, Mass: Ballinger, 1979.

[241] Miller R E, Temurshoev U. Output Upstreamness and Input Downstreamness of Industries/Countries in World Production [J]. International Regional Science Review, 2017, 40 (5): 443 –475.

[242] Nagengast A J, Stehrer R. The Great Collapse in Value Added

Trade〔J〕. Review of International Economics, 2016, 24（2）: 392 - 421.

〔243〕Ng E C Y. Production Fragmentation and Business - CycleCo-movement〔J〕. Journal of International Economics, 2010, 82（1）: 1 - 14.

〔244〕OECD. OECD Digital Economy Outlook 2015〔M〕. Pairs: OECD Publishing, 2015.

〔245〕OECD. Measuring Digital Trade: Towards a Conceptual Framework〔M〕. Pairs: OECD Publishing, 2017.

〔246〕OECD. OECD Digital Economy Outlook 2017〔M〕. Pairs: OECD Publishing, 2017.

〔247〕Patterson C, Sahin A, Topa G, et al. Working Hard in the Wrong Place: A Mismatch - Based Explanation to the UK Productivity Puzzle〔J〕. European Economic Review, 2016, 84（5）: 42 - 56.

〔248〕Rodrik D. What's So Special about China's Exports?〔J〕. China & World Economy, 2006, 14（5）: 1 - 19.

〔249〕Sampath P G, Vallejo B. Trade, Global Value Chains and Upgrading: What, When and How?〔J〕. European Journal of Development Research, 2018, 30（3）: 481 - 504.

〔250〕Shan J, Yang S T, Yang S L, et al. An Empirical Study of the Bullwhip Effect in China〔J〕. Production and Operations Management, 2014, 23（4）: 537 - 551.

〔251〕Shin K, Wang Y J. Trade Integration and Business Cycle Co-movements: The Case of Korea with other Asian Countries〔J〕. Japan and the world economy, 2004, 16: 213 - 230.

〔252〕Swierczek A. The Impact of Supply Chain Integration on the "Snowball Effect" in the Transmission of Disruptions: An Empirical Evaluation of The Model〔J〕. International Journal of Production Economics, 2014, 157（11）: 89 - 104.

［253］ Takeuchi F. The Role of Production Fragmentation in International Business Cycle Synchronization in East Asia ［J］. Journal of Asia Economics, 2011, 22 (6): 441 – 459.

［254］ Timmer M P, Erumban A Reuban, Los B, et al. Slicing Up Global Value Chains ［J］. Journal of Economic Perspectives, 2014, 28 (2): 99 – 118.

［255］ Timmer M P, Los B, Stehrer R, et al. An Anatomy of the Global Trade Slowdown based on the WIOD 2016 Release ［R］. GGDC research memorandum, University of Groningen, 2016, No. 162.

［256］ Vannoorenberghe G. Firm-level volatility and exports ［J］. Journal of International Economics, 2012, 86 (1): 57 – 67.

［257］ Wang Z, Wei S J, Zhu K F. Quantifying International Production Sharing at the Bilateral and Sector Levels ［R］. NBER Working Paper, 2013, No. 19677.

［258］ Wang Z, Wei S J, Yu X D, et al. Characterizing Global Value Chains: Production Length and Upstreamness ［R］. NBER Working Paper, 2017, No. 23261.

［259］ Wang Z, Wei S J, Yu X D, et al. Global Value Chains Over Business Cycles ［J］. Journal of International Money and Finance, 2022, 126: 102643.

［260］ Yao W. International Business Cycles and Financial Frictions ［J］. Journal of International Economics, 2019, 118 (3): 283 – 291.

［261］ Yoo Y, Boland R J, Lyytinen K, et al. Organizing for Innovation in the Digitized World ［J］. Organization Science, 2012, 23 (5): 1398 – 1408.

后　记

　　博士毕业后，本人沿着原有研究方向，结合国家稳增长的战略需求以及产业部门在全球价值链中面临的主要风险和机遇，经过不断思考和研究，确立了该主题并形成了这部书稿。其中，书稿部分内容发表在《财贸经济》《统计研究》《经济学家》《浙江社会科学》等高水平期刊。

　　在本书完成之际，本人要感谢国家社科基金项目、浙江省自然科学基金项目、浙江省哲学社会科学规划项目、浙江理工大学学术著作出版资金资助项目对本书的支持，上述项目提供的资助是本书研究得以顺利开展并高质量完成的基础，对此本人表示衷心感谢！本人还要感谢博士生导师程惠芳教授和胡晨光教授对本书写作提供的指导和帮助，两位导师不仅在本人求学之路上给予宝贵的指引，更是在本人教学和科研工作中给予重要的支持和帮助。特别感谢浙江工业大学袁佳煜博士！得益于她的理解和全力支持，我才能够专心进行教学和科研工作。感谢浙江理工大学成蓉副教授，詹淼华讲师，研究生吕建阳、刘露、卢媛婷等对本书部分章节提供的数据资料支持。最后，还要感谢经济科学出版社李雪同志及其专业团队的辛勤工作，他们为本书付出的心血和努力保证了本书顺利出版。

　　由于本人学识水平有限，本书难免存在一些不足之处或错误和遗漏，敬请各位读者批评指正。本人将积极吸纳读者提供的意见和建议，在后续研究中不断努力，持续修改完善。

文　武

2024 年 6 月于杭州